法律硕士专业学位研究生案例教程系列丛书

主　编◎苗连营
副主编◎王玉辉　李建新

法理学
案例教程

主　编◎王建国

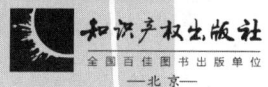

—北京—

图书在版编目（CIP）数据

法理学案例教程/王建国主编. —北京：知识产权出版社，2023.9
（法律硕士专业学位研究生案例教程系列丛书/苗连营主编）
ISBN 978-7-5130-8861-9

Ⅰ.①法… Ⅱ.①王… Ⅲ.①法理学—案例—研究生—入学考试—自学参考资料 Ⅳ.①D90

中国国家版本馆 CIP 数据核字（2023）第 148246 号

内容提要

本书按照本体论、发展论、运行论、方法论、价值论与社会论的理论框架，将法理学的核心教学与研究内容从整体上划分为六个部分。在此基础上，本书收集与整理了一系列典型案例，对案例中所蕴含的法理学知识进行了充分解读，将抽象的法理学内容予以具体化呈现，以期实现理论研究与法律实践的充分结合，满足法律硕士专业学位研究生的培养工作需要。

读者对象：法律硕士专业学位研究生，相关专业师生

策划编辑：崔　玲	责任校对：王　岩
责任编辑：黄清明	责任印制：刘译文
执行编辑：刘林波	封面设计：杨杨工作室·张　冀

法律硕士专业学位研究生案例教程系列丛书

法理学案例教程

主　编◎王建国

出版发行：知识产权出版社有限责任公司	网　址：http://www.ipph.cn
社　址：北京市海淀区气象路 50 号院	邮　编：100081
责编电话：010-82000860 转 8117	责编邮箱：hqm@cnipr.com
发行电话：010-82000860 转 8101/8102	发行传真：010-82000893/82005070/82000270
印　刷：天津嘉恒印务有限公司	经　销：新华书店、各大网上书店及相关专业书店
开　本：787mm×1092mm　1/16	印　张：17
版　次：2023 年 9 月第 1 版	印　次：2023 年 9 月第 1 次印刷
字　数：371 千字	定　价：88.00 元
ISBN 978-7-5130-8861-9	

出版权专有　侵权必究
如有印装质量问题，本社负责调换。

编 委 会

丛 书 主 编　苗连营
丛书副主编　王玉辉　李建新
本 书 主 编　王建国
本 书 编 委　李建新　晁育虎　杨洪斌　周　恒　刘小萌
　　　　　　李　普　肖　冲　张毅伟　时梦琳　刘丰铭
本书审稿人　周　恒
本书统稿人　周　恒
本 书 校 对　刘丰铭　时梦琳

总　序

高等院校是培养法治人才的第一阵地，高校法学教育在法治人才的培养中发挥着基础性作用。中共中央印发的《法治中国建设规划（2020—2025 年）》明确提出：深化高等法学教育改革，优化法学课程体系，强化法学实践教学，培养信念坚定、德法兼修、明法笃行的高素质法治人才。法学学科是实践性极强的学科，法学实践教学改革是促进法学理论与法学实践有机融合、推动法学高等教育改革的重要路径和抓手。

案例教学是法学实践教学的重要组成部分，以学生为中心，通过典型案例的情境呈现、深度评析，将理论与实践紧密结合，引导学生发现问题、分析问题、解决问题，进而掌握理论、形成观点、提高能力。强化案例教学是培养法律硕士专业学位研究生实践能力的重要方式，也是促进教学与实践有机融合、推动高等院校法学实践教学模式改革、提高法治人才培养质量的重要突破点。《教育部关于加强专业学位研究生案例教学和联合培养基地建设的意见》（教研〔2015〕1 号）明确指出，重视案例编写，提高案例质量。通过撰写案例教程，开发和形成一大批基于真实情境、符合案例教学要求、与国际接轨的高质量教学案例，是推进案例教学的重要基础，对法学理论及各部门法的学习与知识创新具有重要意义。

作为国内较早招收法律硕士专业学位研究生的高等院校之一，郑州大学法学院始终致力于培养复合型、应用型专门法律人才，高度重视法律硕士实践教学与案例教学改革，先后组织编写了"卓越法治人才教育培养系列教材""高等法学教育案例教学系列教材"等系列高水平教材。为进一步深化新时代法律硕士专业学位研究生培养模式改革，培养德法兼修、明法笃行的高素质法治人才，我院组织相关学科骨干教师编写了这套"法律硕士专业学位研究生案例教程系列丛书"。

本套丛书内容全面、体系完备，涵盖了《法理学案例教程》《行政法学案例教程》《刑法学案例教程》《民法学案例教程》《商法学案例教程》《经济法学案例教程》《诉讼法学案例教程》《环境法学案例教程》《国际法学案例教程》《知识产权法学案例教程》《法律职业伦理案例教程》《卫生法学案例教程》等法律硕士专业学位教育教学基础课程教学用书。

丛书具有四个特点：其一，坚持思想引领。各学科团队始终以习近平法治思想为指导，努力推动习近平法治思想进教材、进课堂、进头脑，充分保证系列教材坚持正确的政治方向、学术导向、价值取向。其二，理论与实践紧密结合。各教程所涉案例的编写立足真实案情，关注社会热点、知识重点和理论难点，引导学生运用法学理论，分析现实问题，着力培养和训练学生的法学思维能力。其三，知识讲授与案例评析有机统一。各教程既整体反映了各学科知识体系，又重点解读了相关案例所涉及的理论问题，真正做到以案释法、以案说理，着力实现理论知识与典型案例的有机互动。其四，多元结合的编写团队。案例教程的编写广泛吸纳实务部门专家参与，真正实现高等院校与法律实务部门的深度合作，保证了案例的时效性、针对性、专业性。

衷心希望本套丛书能够切实推进法律硕士专业学位研究生教学模式、培养方式的改革，为培养具有坚定的中国特色社会主义法治理念，以及坚持中国特色社会主义法治道路的复合型、应用型高素质法治人才发挥积极作用。

本套丛书的出版得到了知识产权出版社总编及相关编辑的鼎力支持，在此深表感谢！

郑州大学法学院编委会
2022 年 3 月 9 日

前 言

作为法学诸学科中的基础理论、一般理论和方法论,法理学既构成了整体法学教育的基础,也决定着法学研究的发展上限。法理学一方面为部门法学科提供了基本的法学概念、研究工具、理论框架,另一方面也提供了法律职业共同体必不可少的法律思维和法律方法。然而,由于特殊的研究视角与研究方法,法理学常常招致有关实践性缺失的批评,这在客观上导致了对法理学研究重要性的忽视,也影响了以案例为形式的法理学教学工作。在法律专业硕士的培养教学中,法理学并不像其他部门法学一样受到足够的重视,不少法律专业硕士也习惯于将法理学仅仅视作一门"考试学科",以通过课程考核为目标,缺乏对法理学的深入认知、研究,更遑论对法理学关键议题的思考。

事实上,法理学从来不是一门同法律实践相脱离的学科,它既构成了一切法律应用实践之基础,也从法律应用实践中形成知识和理论上的进化。法理学的研究范围是十分广泛的,除了对法的起源、本质、作用、价值、运转等基本议题的思考,法理学研究也关注前沿热点问题,包括互联网、人工智能、算法、元宇宙、辅助生殖技术等在内的一系列新兴热点问题也皆需要法理层面的研究与思考。

为了扭转有关法理学的思维误区,更好地开展法律专业硕士的法理学教学工作,近年来不少权威法理学者与法理学研究阵地组织编写了关于法理学的案例教程,这些成果对我们有着重要的启发和借鉴意义。根据郑州大学法学院的教学工作安排,并充分结合自身的研究特色,郑州大学法理学教研室在参考国内相关案例教程的基础上,组织编写了《法理学案例教程》一书。本书的编写力图表明这样一种观点:法理学是一门有着自我研究特色与特定研究议题的核心法学学科,它与社会实践有着紧密的联系,它思考社会生活,根据社会生活的发展扩充自身的理论体系,并以其理论指导社会生活的正常运转。

本书在写作过程中先组织召开编写讨论会,确定了本书基本的写作风格、案例标准等。随后,由主编拟定本书的框架大纲。在根据参编人员的研究方向进行分工之后,参编人员自行撰写负责章节。初稿完成后由主编进行初步审定，再经多次修改校对，最终定稿成书。本书得以完成，有赖教研室各位老师的积极参加与共同努力。全书的编写分工如下（以章节先后为顺序）：

王建国（郑州大学法学院教授）：绪论、第二十二章；

晁育虎（郑州大学法学院讲师）：第一、二、三、四章；

杨洪斌（郑州大学法学院讲师）：第五、六、七、八章；

李　普（郑州大学法学院讲师）：第九、十章；

周　恒（郑州大学法学院讲师）：第十一、十二、十三、二十一章；

李建新（郑州大学法学院副教授）：第十四章；

肖　冲（郑州大学法学院博士研究生）：第十五章；

张毅伟（郑州大学法学院博士研究生）：第十六章；

刘小萌（郑州大学法学院讲师）：第十七、十九、二十章；

刘小萌、时梦琳（中国银行保险监督管理委员会河南监管局干部、法学硕士）与刘丰铭（广西西江开发投资集团有限公司干部、法学硕士）：第十八章。

此外，在本书的写作过程中，刘丰铭与时梦琳做了大量的资料收集与校对工作，在此一并致谢！

>> CONTENTS 目 录

绪 论 ··· 001
  第一节　法　　学 / 001
    一、法学的历史 / 001
    二、法学的研究方法 / 003
      案例　蔡某某、姚某侵权责任纠纷案 / 003
  第二节　法 理 学 / 005
    一、法理学的研究对象 / 005
    二、法理学的研究意义 / 006
  第三节　马克思主义法理学 / 007
    一、马克思主义法理学的立场 / 007
    二、马克思主义法理学的中国化 / 009

第一编　本体论

第一章　法 ·· 015
  第一节　法的概念 / 015
    一、实证主义的法的概念 / 015
    二、非实证主义的法的概念 / 016
      案例一　纳粹告密者案 / 016
  第二节　法的本质 / 018
    一、法的阶级本质 / 018
      案例二　"画家村"宅基地买卖纠纷案 / 019
    二、法的本质由特定的社会物质生活条件决定 / 020
      案例三　网约车与出租车的区别规制 / 021
  第三节　法的特征 / 023
    一、法是调整社会关系的行为规范 / 023

二、法是由国家制定或认可的行为规范 / 023
　　三、法是规定权利和义务的社会规范 / 024
　　四、法是由国家强制力保证实施的社会规范 / 024
　　　　案例四　强奸"私了"案 / 024
第四节　法的作用 / 026
　　一、法的规范作用 / 026
　　二、法的社会作用 / 027
　　三、法的局限性 / 027
　　　　案例五　"常回家看看"的实施困境 / 027
　　　　案例六　美国禁酒令及其废止 / 029

第二章　法的渊源、分类与效力 ……………………………………………… 032
　第一节　法的渊源 / 032
　　一、成文法 / 032
　　二、不成文法 / 032
　　　　案例一　宾馆"灵堂"案 / 033
　　　　案例二　无锡冷冻胚胎案 / 035
　第二节　法的分类 / 036
　　　　案例三　买卖房屋退税案 / 037
　第三节　法的效力 / 038
　　一、法的对象效力 / 039
　　　　案例四　湄公河案 / 039
　　二、法的空间效力 / 041
　　三、法的时间效力 / 041
　　　　案例五　赖某某走私普通货物案 / 042
　　　　案例六　高某某危险驾驶案 / 043
　　　　案例七　牛某保外就医逾期未归案 / 044
　　四、法的效力冲突及其处理原则 / 045
　　　　案例八　洛阳种子赔偿案 / 046
　　　　案例九　刘某某诉交警部门案 / 048

第三章　法的要素 ……………………………………………………………… 051
　第一节　法律概念 / 051
　　一、法律概念的性质与功能 / 051
　　二、法律概念的分类 / 051
　　　　案例一　职业打假人维权案 / 052
　第二节　法律规则 / 054
　　一、法律规则的结构 / 054

二、法律规则的特点 / 054
　　　　案例二　刘某某伤熊案 / 055
第三节　法律原则 / 056
　　一、法律原则的特点 / 057
　　二、法律原则的适用 / 057
　　　　案例三　帕尔默案 / 057
　　　　案例四　婚外同居遗赠案 / 059

第四章　权利、义务 ... 061
第一节　法律权利 / 061
　　一、权利与义务的基本理论 / 061
　　二、法律权利的概念 / 062
　　三、法律权利的功能 / 062
　　　　案例一　罗伊诉韦德案 / 062
　　　　案例二　祖父母探望权案 / 064
第二节　法律义务 / 065
　　一、法律义务的概念 / 065
　　二、法律义务的功能 / 065
　　　　案例三　佛山小悦悦案 / 065
　　　　案例四　江某某诉刘某某生命权侵权纠纷案 / 067

第五章　法律意识与法律行为 ... 071
第一节　法律意识 / 071
　　一、权利意识 / 071
　　二、法感情与"为权利而斗争" / 072
　　　　案例一　秋菊打官司 / 072
第二节　法律行为 / 074
　　一、遗赠行为 / 075
　　　　案例二　泸州遗赠行为案 / 075
　　二、意思自治与公序良俗 / 076
　　　　案例三　"北雁云依"姓名权案 / 076

第六章　法律关系 ... 079
第一节　法律关系的分类 / 079
　　一、纵向法律关系 / 079
　　　　案例一　中国乙肝歧视第一案 / 079
　　二、第一性法律关系与第二性法律关系 / 081
　　　　案例二　聂某某案 / 081

第二节　法律事实 / 082
　　案例三　唐某诉李某某、唐某乙法定继承纠纷案 / 083
　　案例四　新某公司诉冯某某商铺买卖合同纠纷案 / 084

第七章　法律责任 ……………………………………………………… 087
第一节　法律责任的分类 / 087
　一、民事责任与宪法责任 / 087
　　案例一　齐某某案 / 087
　二、高校的法律地位 / 089
　　案例二　田某诉北京某大学案 / 089
第二节　法律责任的认定与归结 / 091
　一、责任法定与过罚相当 / 091
　　案例三　劣迹艺人案 / 091
　二、归责原则 / 093
　　案例四　中国人肉搜索第一案 / 093
　三、过错责任原则 / 097
　　案例五　郑州电梯劝阻吸烟案 / 097
第三节　法律责任的承担 / 098
　一、株连与责任自负 / 099
　二、责任减免 / 100
　　案例六　好意同乘案 / 100

第八章　法律体系 ……………………………………………………… 103
第一节　法律体系与法律部门 / 103
　一、法律体系的概念 / 103
　二、法律部门的交叉 / 104
　　案例一　王某非法经营再审改判无罪案 / 104
第二节　当代中国的法律体系 / 105
　　案例二　庄某甲案 / 106

| 第二编　发展论 |

第九章　法的历史 ……………………………………………………… 111
第一节　法的起源 / 111
　一、神明裁判 / 111
　二、爱斯基摩人的惩罚措施 / 112
第二节　法的历史类型 / 112

一、奴隶制社会法律制度 / 113
　　二、封建社会法律制度 / 113
　　　　案例一　兰陵长公主与驸马刘辉纠纷案 / 113
　　三、资本主义法律制度 / 115
　　　　案例二　洛克纳诉纽约州案 / 116

第十章　法治现代化与全球化 119
第一节　法治现代化 / 119
　　一、法律继承 / 119
　　二、法律移植 / 120
第二节　法律全球化 / 121
　　一、国际奥委会与《奥林匹克宪章》/ 121
　　二、纽伦堡审判 / 122

第三编　运行论

第十一章　法的创制 125
第一节　依法立法 / 125
　　一、依法立法的意义与依据 / 125
　　二、依法立法的具体要求 / 126
第二节　科学立法 / 128
　　一、科学立法的基本内涵 / 128
　　二、加强重点领域立法 / 128
　　三、合理配置权利义务 / 130
第三节　民主立法 / 131
　　一、民主立法的基本内涵 / 131
　　二、民主立法的主要形式 / 131
第四节　比较立法 / 132
　　一、比较立法的基本内涵 / 132
　　二、比较立法的具体要求 / 133

第十二章　法的实施 135
第一节　执　法 / 135
　　一、执法的概念 / 135
　　二、执法的原则 / 135
　　　　案例一　经营国内和入境旅游业务旅行社设立审批案 / 136
　　三、严格规范公正文明执法 / 136

第二节　司　法 / 138
　　一、司法的概念与性质 / 138
　　二、司法平等原则 / 138
　　　　案例二　杨某贪污受贿案 / 138
　　三、司法公正原则 / 139
　　　　案例三　呼某案 / 139
　　四、司法权依法独立行使 / 141
　　　　案例四　于某案 / 141
第三节　守　法 / 142
　　一、公民的守法义务 / 142
　　　　案例五　"净网2019"专项行动中的网络造谣违法行为 / 142
　　二、领导干部带头尊法学法守法用法 / 143

第十三章　法的监督 ………………………………………………………… 145
第一节　人大监督 / 145
　　一、人大监督的概念与内容 / 145
　　二、备案审查监督 / 146
第二节　监察监督 / 147
　　一、监察权的性质 / 147
　　二、监察权的意义 / 148
第三节　检察监督 / 149
　　一、检察监督的概念 / 149
　　二、民事诉讼检察监督 / 150
　　　　案例一　应某与贵州某医药公司等民间借贷纠纷依职权监督案 / 150
　　三、行政诉讼检察监督 / 151
　　　　案例二　潘某与福建省某市公安局某区分局行政诉讼检察监督案 / 151
　　四、刑事诉讼检察监督 / 153
　　五、公益诉讼检察监督 / 154
　　　　案例三　六盘水市钟山区人民检察院与钟山区某镇政府公益诉讼检察监
　　　　　　　　督案 / 154

第四编　方法论

第十四章　法律解释 ………………………………………………………… 159
第一节　法律解释的概念 / 159
　　一、法律解释的定义 / 159
　　二、法律解释的领域 / 161

三、法律解释的主体和法律解释权 / 162
  第二节　法律解释的原则 / 165
　　一、法律解释的对象与目标 / 165
　　二、法律解释的认知模式 / 165
　　三、法律解释的立场与原则 / 167
  第三节　法律解释的方法 / 169
　　一、法律解释方法概述 / 169
　　二、法律解释的主要方法 / 170
　　三、法律解释不同方法的适用条件 / 172
　　四、法律解释不同方法的优先性 / 173

第十五章　法律推理 …………………………………………………… 175
  第一节　法律推理的概念 / 175
  第二节　形式推理 / 176
　　一、演绎推理的概念及应用 / 176
　　　案例一　陈某某与吴某某民间借贷案 / 176
　　二、类比推理概念及应用 / 178
　　　案例二　韩某与李某某网络虚拟财产买卖案 / 178
　　三、归纳推理的概念及应用 / 180
　　　案例三　王某德与乐山市人力资源和社会保障局行政诉讼案 / 180
  第三节　辩证推理 / 182
　　一、辩证推理的概念 / 182
　　二、辩证推理的应用 / 182
　　　案例四　野生羚牛伤人案 / 182
  第四节　权利推理 / 183
　　一、权利推理的概念 / 183
　　二、权利推理的应用 / 184
　　　案例五　葛某某、宋某某分别诉洪某名誉权纠纷案 / 184

第十六章　法律论证 …………………………………………………… 186
  第一节　法律论证的概念 / 186
　　一、法律论证的应用 / 186
　　　案例一　昆山于某案 / 186
　　二、法律论证的理由 / 187
  第二节　法律论证的方法 / 188
　　一、"正确"的标准 / 189
　　二、"正确"的方式 / 189
　　三、"正确"所需遵循的论证规则 / 189

第三节　法律论证的正当性标准 / 190
　　案例二　夏某某等人非法采矿案 / 190

第五编　价值论

第十七章　法的基本价值 …………………………………………………… 197
第一节　法与秩序 / 197
　　一、法的秩序价值概述 / 197
　　　　案例一　Z市新冠疫情期间的防控通告 / 197
　　二、法对秩序价值的维护作用 / 198
　　　　案例二　张某扰乱人民法院工作秩序案 / 198
第二节　法与自由 / 199
　　一、法对自由价值的确认作用 / 200
　　　　案例三　李某某编造、故意传播虚假信息案 / 200
　　二、法律保障自由价值的原则 / 201
　　　　案例四　刘某变更姓名案 / 201
第三节　法与效率 / 203
　　一、法对效率价值的促进作用 / 203
　　二、法促进效率价值的一般路径 / 203
　　　　案例五　民营企业裁判错误纠正案 / 203
第四节　法与正义 / 205
　　一、法对正义价值的保障作用 / 205
　　　　案例六　中国"高考移民诉讼第一案" / 205
　　二、法在实现诉讼正义中的作用 / 206
　　　　案例七　文某丰故意伤害与欧某某寻衅滋事案 / 206

第十八章　法的价值冲突与整合 …………………………………………… 209
第一节　法的价值冲突 / 209
　　一、法的价值冲突的逻辑形态 / 209
　　　　案例一　李某走私、运输、贩卖毒品案 / 209
　　二、法的价值冲突的成因 / 211
第二节　法的价值整合 / 212
　　　　案例二　陈某与济南客运管理中心行政诉讼案 / 212

| 第六编　社会论 |

第十九章　法　　治 …………………………………………………………… 219
　　第一节　法治的核心要义 / 219
　　　　一、民主是法治的前提与目标 / 219
　　　　二、依法办事是法治的基本准则 / 220
　　　　　　案例一　韦某国家赔偿案 / 220
　　　　三、权力制约是法治的关键之维 / 221
　　　　　　案例二　刘某国家赔偿案 / 221
　　第二节　法治与德治 / 222
　　　　一、法与道德的一般关系 / 222
　　　　二、立法的道德限制 / 223
　　第三节　法治与人治 / 224
　　　　一、人治的基本特征 / 224
　　　　二、法治与人治的区别 / 224

第二十章　法治与经济和科技 …………………………………………………… 226
　　第一节　法治与经济 / 226
　　　　一、法律与经济的互动关系 / 226
　　　　二、法律对市场经济的作用 / 227
　　　　　　案例一　B 公司行政诉讼案 / 227
　　第二节　法治与科技 / 228
　　　　一、法律与科技的辩证关系 / 228
　　　　二、现代科技在法律生活中的影响 / 229
　　　　　　案例二　郭某与 H 市野生动物世界合同纠纷案 / 229

第二十一章　法治与社会发展 …………………………………………………… 232
　　第一节　法治与政治 / 232
　　　　一、法治与政治的一般关系 / 232
　　　　二、法治与民主 / 232
　　第二节　法治与文化 / 234
　　　　一、文化对法治的影响 / 234
　　　　二、法对文化的维护与促进 / 235
　　第三节　法治与社会治理 / 235
　　　　一、社会治理的法治化 / 235
　　　　二、德治、法治、自治相结合 / 236

第四节 法治与生态文明 / 237
　　一、生态文明保护的法治要求 / 237
　　二、法治对生态文明的保护与促进 / 237

第二十二章　法治中国建设 ……………………………………… 239

第一节 全面依法治国方略 / 239
　　一、全面依法治国方略的提出 / 239
　　二、全面依法治国方略的重大意义 / 240
第二节 中国特色社会主义法治道路 / 241
　　一、中国特色社会主义法治道路的核心要义 / 241
　　二、中国特色社会主义法治道路的基本原则 / 243
第三节 中国特色社会主义法治体系 / 245
　　一、完备的法律规范体系 / 245
　　　　案例一　邱某光申请居住权强制执行案 / 245
　　二、高效的法治实施体系 / 246
　　　　案例二　楼某熙诉杜某峰、某网络技术有限公司肖像权纠纷案 / 246
　　三、严密的法治监督体系 / 248
　　　　案例三　魏某某与王某某民间借贷案 / 248
　　四、有力的法治保障体系 / 249
　　　　案例四　吴某某申请国家赔偿案 / 249
　　五、完善的党内法规体系 / 250
第四节 全面推进法治中国建设 / 250
　　一、法治中国概念 / 251
　　二、法治中国的总体要求 / 251

绪 论

法理学是以"法理"为中心主题和研究对象的各种科学活动及其认识成果的总称。法理学,顾名思义为法理之学。它是法学的基础理论、一般理论、方法论和意识形态,构筑为现代法学体系的重要组成部分。学科意义上的法理学形成于19世纪。作为一门学科,法理学内部存在不同学说和学派。马克思主义法理学是当今世界最科学、最先进、最系统的理论学科。马克思主义法理学思想与中国革命建设和法治发展实践以及中国传统法律文化相结合,产生了中国化的马克思主义法理学理论,并经历了三次伟大飞跃。第三次伟大飞跃中形成的习近平法治思想是中国特色社会主义法治理论体系的内核,是中国特色社会主义法学理论体系的重要组成部分。

第一节 法 学

 **本章知识要点**

(1) 法学是以法律现象为研究对象的各种科学活动及其认识成果的总称;(2) 法律现象的特点、性质及法律现象与其他社会现象的区别;(3) 法学历史发展的进程;(4) 法学的研究方法及其特点。

一、法学的历史

自从社会发展到一定阶段而有了法律现象,就有了关于这些现象的思想、观点。但法学作为一门独立的学科和知识体系则出现较晚。法学的产生需要一定的条件,如要有法律现象材料的一定积累,要有专门从事法学研究的法学家阶层等。

(一) 中国法学的发展历史

我国在夏、商、西周时期就出现了以天命和宗法制度为核心的法律思想。《尚书》记载了"以德配天""明德慎罚"的思想和政策。春秋战国是中国法律思想兴盛和大发展的时期。当时各种学说、学派层出不穷，儒、法、墨、道四家都对法学的兴起和发展作出了贡献。中国古代法学一度非常昌盛，但这种局面随着秦朝中央集权专制主义的出现而终止。到了汉代，由于汉武帝采纳董仲舒"罢黜百家，独尊儒术"的主张，儒学在思想领域居于统治地位，也垄断了中国两千多年的法学领域，法学开始成为儒学伦理学的附庸。汉以后的儒家思想以儒学为主，实行儒法合流，在"德主刑辅"的原则下实行礼法合一，中国古代的法律文化遂成为以儒家法律思想为核心的文化系统。从汉代起，法学领域出现了通常所说的"律学"，即根据儒学原则对以律为主的成文法进行讲习、注释的法学。东晋以后，私人注释逐渐为官方注释所取代。在长期的封建社会中，律学是正统的法学，但并不是唯一的法学。除律学之外，还有各种不同风格的法学研究方法和价值取向不一的法律思想。1840年鸦片战争后，中国逐步沦为半殖民地半封建社会。针对帝国主义的侵略，当时的爱国人士都主张变法图强，引进西方的法律制度和法律思想。民国时期官方的法学理论承袭封建的法律思想，移植西方资产阶级的法学思想，为国民党的政治、统治和法统提供理论依据。中国共产党领导的新民主主义革命，结束了帝国主义、封建主义和官僚资本主义在中国的统治地位，也结束了两千多年的封建主义法学和半封建半资本主义的法学，取而代之的是以马克思主义为指导的中国社会主义法学。

(二) 西方法学的发展历史

西方法学始于古希腊。以雅典为代表的古希腊城邦国家的成文法不多，但以习惯法为主体的法律制度已有相当程度的发展。古罗马的法律制度是古代西方法律制度发展的顶峰。中世纪是西方社会灰暗的历史时期，法学沦为神学的"婢女"，独立的法学消失了。到中世纪后期，日益发展的商品经济和资本主义生产方式产生了对法律的需要，催生了以复兴罗马法为中心任务的法学研究和法学教育，并诞生了注释法学派。自十三四世纪开始的文艺复兴和宗教改革运动使西方法学朝着世俗化的方向发展和变革。这个时期法学发展最重要的标志是人文主义法学派的产生。17世纪开始的资产阶级革命和大规模发展起来的市场经济因更加需要法律，从而需要法学，也解放了法学。近代资产阶级法学世界观的核心是自由、平等、人权和法治，其典型的表达形式是自然法学派的"社会契约论"和"天赋人权论"。从18世纪末开始，欧洲陆续出现了哲理法学派、历史法学派和分析法学派。分析法学派的出现标志着作为独立学科的法学的出现。20世纪初，西方社会进入帝国主义阶段，有关社会立法相继出现，法的社会化成为时代潮流，社会法学派适时问世。随后，新黑格尔主义法学派和新康德主义法学派开始在德、意等国传播。20世纪50年代中期以后，新自然法学派、新分析法学派、行为主义法学派、存在主义法学派、综合法学派、经济分析法学派、程序法学派、批判法学派、新马克思主义法学派纷纷问世。以富勒、哈特、德沃金和考夫曼等为代表的现代西方法学理论家群体极大地巩固和提升了西方法学的话语体系。

二、法学的研究方法

对于科学研究来说,用于研究的方法本身是否科学和正确,是决定研究活动成败得失的关键因素。正因为如此,自近代科学产生以来,关于科学方法的研究日益引起人们的关注。可以这样说,与各种非马克思主义法学流派相比,在揭示法律的本质与规律方面,马克思主义法学之所以具有明显的理论优势,主要在于其方法的科学和有效。

法学的研究方法可以分为方法论原则和基本方法两个层面。方法论原则是认识问题、解决问题的基本出发点和基本思路,也是关于如何运用具体方法的一种根本方法。以马克思主义为指导的法学,始终以唯物辩证法和历史唯物论作为自己的根本方法。坚持唯物辩证法和历史唯物论,就要坚持实事求是的思想路线,坚持社会存在决定社会意识的观点,坚持社会现象普遍联系和相互作用的观点,坚持社会历史的发展观点。

 **案例 蔡某某、姚某侵权责任纠纷案**[1]

【基本案情】

2020年1月,全国暴发新冠疫情,各省市纷纷启动重大突发公共卫生事件一级响应,要求民众在外出时佩戴口罩用以阻隔病毒传播。2020年1月24日,蔡某某经姚某介绍,一同到浙江省金华市金东区现场"验货"后,明知涉案商品系"三无"普通防尘口罩,却通过微信朋友圈、好友群等宣称为防细菌病菌、飞沫阻隔效率达到99%以上的N95专业口罩,并对外销售,用于防疫物资捐赠、药店超市销售、单位员工保障和民众自我防御等,其中已进入公共流通领域的伪劣口罩共计28400个,销售金额198100元。

案件的争议焦点之一是杭州市余杭区人民检察院就本案提起民事公益诉讼是否符合法律规定。杭州互联网法院认为,《中华人民共和国民事诉讼法》第55条第2款、《最高人民法院、最高人民检察院关于检察公益诉讼案件适用法律若干问题的解释》第13条通过类型列举加"等"字概括的开放式表述,对人民检察院可提起民事公益诉讼的案件范围进行了界定。因新冠疫情暴发,被告销售口罩具有特定用途,本案有别于侵害消费者权益的普通民事公益诉讼,而是涉及众多消费者重大人身安全的民事公益诉讼,该特点与"等"内列举的"食品药品安全"具有一致性。此外,本案除涉及消费领域的社会公共利益外,在疫情暴发期间还涉及侵害不特定社会公众的重大公共卫生安全利益,而本质上公共卫生安全的核心是社会公众的健康权,"食品药品安全"亦属于公共卫生安全的题中之义,既然人民检察院可对公共卫生领域侵害"食品药品安全"行为提起公益诉讼,同理亦可对公共卫生领域妨害传染性疾病防控、足以侵害不特定社会公众健康权的行为提起公益诉讼。

---

[1] 杭州互联网法院(2020)浙0192民初1147号民事判决书。

【主要法律问题】

法学研究还可采用何种研究方法？以上案例体现了哪些法学的研究方法？

【理论分析】

法学研究的基本方法十分丰富。大体上可以分为三类，即阶级分析法、价值分析法和实证分析法。

1. 阶级分析法

阶级分析法就是用阶级和阶级斗争的观点去观察和分析阶级社会中各种社会现象的方法。它可以被广泛地应用于各门社会科学和人文学科，在法学研究中尤其占有重要地位。对于法学研究而言，坚持阶级分析方法主要就是坚持下述观点：阶级的存在仅仅同生产发展的一定历史阶段相联系，阶级斗争是阶级社会历史发展的直接动力，现实阶级关系决定阶级社会基本的经济、政治和法律制度，阶级斗争必然导致无产阶级专政，无产阶级专政是消灭阶级的必由之路，社会主义社会中阶级斗争仍将在一定范围内长期存在等。在如何对待阶级分析方法这一问题上，必须防止两种错误倾向。第一种倾向是以教条主义的态度来理解和运用阶级分析方法，把科学的阶级分析方法片面归结为"阶级斗争之学"和"对敌专政之学"。这种错误倾向曾给我国的法治建设和法学研究造成了灾难性的影响。第二种倾向是以虚无主义的态度对待阶级分析方法，有意或无意地贬低、轻视甚至否认阶级分析方法的理论意义和认识价值。

2. 价值分析法

显然，蔡某某、姚某侵权责任纠纷案中，杭州互联网法院特别强调公共卫生安全及生命健康安全等价值，并以此作为人民检察院依法提起民事公益诉讼的理论依据。马克思主义哲学是一种实践哲学，因为它强调：哲学家们只是用不同的方式解释世界，而问题在于改变世界。那么，人类为什么要改变世界又应当如何改变世界呢？这样的问题一经提出，我们就来到了价值判断的领域。"价值"这一概念之所以重要，就在于它揭示了实践活动的动机和目的。法作为调整社会生活的规范体系，它的存在本身并不是目的，而是实现一定价值的手段。也就是说，社会中所有的立法、执法、司法和守法活动都是一种进行价值选择的活动。当立法者们为人们确定权利义务的界限时，他们实际上就是力图通过保护、奖励和制裁等法律手段来肯定、支持或反对一定的行为，从而使社会处于一种在立法者看来是正当或理想的状态。当一个法官在裁判法律案件时，他实际上就是适用法律所提供的价值准则在冲突的利益中作出选择。因此，他可以用减少或剥夺某些人的财产、自由、安全和生命的办法来增加或保护另一些人的财产、自由、安全和生命。正因为法与价值之间有着这种不可分割的联系，所以，价值分析法就不能不成为法学研究的重要方法。以马克思主义哲学为指导的法学在进行价值分析时始终坚持以无产阶级和人民大众的需要为出发点和落脚点，在这个意义上，马克思主义法学的价值分析方法与阶级分析方法是相通的。为了使价值分析的阶级性与科学性统一起来，马克思主义法学在运用价值分析方法时遵循生产力标准和人道主义标准，坚持现实主义原则和历史主义原则。

3. 实证分析法

实证分析法是法学研究的一种基本方法，尤其是在立法和司法评估中，实证分析方法是非常管用的方法，其主要特点是通过对经验事实的观察和分析来建立和检验各种理论命题。所谓经验事实是可以通过人们的直接或间接观察而发现的确定的社会事实和事实因素。对于法学的实证研究而言，经验事实既包括与法律的制定和实施有关的一切社会事实，也包括法律文本中的词语、句法和逻辑结构等事实因素。在法学研究中，比较常用的实证分析方法包括社会调查法、历史考察法、比较研究法、逻辑分析法、语义分析法等。

第二节 法理学

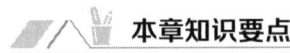 **本章知识要点**

（1）法理学的研究对象及其研究对象与其他部门法研究对象的区别；（2）学习法理学的意义。

一、法理学的研究对象

法学是社会科学中的一门独立学科。同其他学科一样，法学在其内部被科学地划分为许多分支学科。这些分支学科相互联系，共同构成法律科学的有机体系。法学是以法律现象及其规律为研究对象的社会科学，它既要研究人类进入文明时代后各种法律现象发展的一般规律，也要把法律现象发展的特殊规律作为自己的研究对象。相较于法学体系中的其他学科，法理学的研究对象有着不同的特点。

（一）法理学的研究对象具有普遍性

法理学旨在揭示人类社会法律现象的矛盾运动及其外在形式的客观规律性。任何事物的发展都要受到一定规律的支配，"这些规律不仅不以人的意志、意识和意图为转移，反而决定人的意志、意识和意图。"❶ 法律现象的发展变化过程，也不可能超脱这些规律及其关系的制约。一定的法律现象发展的客观规律体现着法律现象的本质性特征，反映了法律现象发展过程中固有的、稳定的、必然的和经常重复的联系和依存关

---

❶ 马克思恩格斯全集（第23卷）[M]. 北京：人民出版社，2016：20.

系。因此，法律现象发展规律是客观存在的，是不以人的意志为转移的。一般来说，法理学所研究的法律现象的客观规律，是法律现象运动过程中具有一般性、普遍性意义的规律。

（二）法理学的研究对象具有宏观性

法理学是在一定的世界观和方法论的指导下，以法和法律最一般的重大的宏观性问题为研究对象的。纵览人类社会法律现象的历史运动过程以及现实的法律生活，我们会发现，法律现象世界中的法律问题确乎琳琅满目，复杂多样。但是，构成法理学研究对象的法律问题，应当是那些能够反映法律现象领域普遍规律的宏观性的重大问题。

（三）法理学的研究对象具有基础性

如上所述，既然法理学的基本任务在于揭示法律现象领域的普遍性规律，研究法律现象领域的宏观性问题，那么就必须形成科学的概念和范畴，建起严密的法学理论体系。因此，法理学的一项重要使命在于探求法理学基本概念、范畴和原理之间的内在关联，形成一个具有严格逻辑联系的法学理论体系。法理学要研究反映法律现象运动过程的基本概念、范畴之间的有机网络的形成和发展过程。这是法理学成为一门科学的基本标志，也是法理学与其他学科相区别的一项基础性工作。

二、法理学的研究意义

法理学作为法理之学，作为法学的一般理论、基础理论、方法论和意识形态，在法学教育、法学研究和法律实践中具有方向引导、思想启蒙、理论指引的功能。在当代中国，学习法理学具有独特的意义。

（一）树立马克思主义法律观的需要

法律观是法理学的核心问题，是法学家们建立其法学理论体系的基础，也是不同法学流派的根本区别之所在。马克思主义法律观以辩证唯物主义和历史唯物主义为指导，深刻地揭示法的本质、价值、作用和历史发展规律，为我们认识和思考法律问题提供科学的理论和方法。当代中国的法理学担负着正确阐述马克思主义法律观、引导学生准确把握中国特色社会主义法律制度的核心价值和时代精神、分清法律观上理论是非的重要任务。

（二）培养中国特色社会主义法治理念的需要

法治理念、法治精神、中国特色社会主义法治理论是当代中国法理学研究和教学的重要内容。以习近平法治思想为主体的中国特色社会主义法治理论体系是关于什么是法治、什么是社会主义法治、为什么实行社会主义法治、如何坚持和发展中国特色社会主义法治、如何全面推进依法治国等重大问题的知识结晶，是建设法治中国、推进社主义法治现代化的美好理想，是尊重法治、崇尚法治、积极参与法治实践的坚定信念。熟知中国特色社会主义法治理论，树立法治理念，弘扬法治精神，是法学专业学生必须具备的基本素质，也是法学专业学生投身于社会主义法治建设的基本条件。

（三）培养法律思维、法治思维和法理思维的需要

法学专业的学生，要想成为一名合格的法律人，就要认真学习法理学，研习法理，培养法律思维、法治思维和法理思维，掌握法律解释、法律推理、法律发现、法理论证等基本方法和技能。这是因为法律人不仅要知道有关的法律规范，还必须知道它们是怎样成为这样的法律规范的以及为什么是这样的法律规范；不仅要知道解释和运用法律规范的技术，还必须知道解释和运用法律规范时应当坚持的价值标准。

第三节　马克思主义法理学

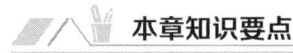 **本章知识要点**

（1）马克思主义法理学的基本立场；（2）马克思主义法理学中国化的三次历史性飞跃。

一、马克思主义法理学的立场

古代中国的法学思想和西方各个历史时期的法学思想和法理学流派，尽管都解释了法律现象某些方面的特征，其中也不乏关于法律本质的某种程度上的认识，但是由于阶级立场、世界观和方法论的多重局限，它们不可能完全科学地揭示法的本质和发展规律。马克思主义法理学在无产阶级革命斗争的实践中产生和发展，在社会主义国家法治建设的实践中不断创新和丰富，是迄今为止人类历史上最进步、最科学、最富有生命力的法理学。

（一）经济基础决定上层建筑

马克思主义法理学的立场之一是经济基础决定上层建筑。

法律不是从来就有的，而是社会历史发展到一定阶段的产物。原始社会不存在阶级，也没有国家存在的根据，也就不需要法律。华夏民族主体生活在长江、黄河流域，辛勤劳作，繁衍不息。氏族成员大会和氏族习惯是协调成员纠纷、约束人们共同劳动以及分配原则的最基本手段。人们都谨守在生产生活中形成的习惯，维持着他们之间比较稳定的关系。随着生产力的发展，畜牧业、手工业与农业分离，劳动产品出现剩余，出现了小规模的商品交换。频繁的氏族战争，掠夺了大量的财富，氏族首领利用

其优越地位，占据财富，战俘不再被杀死，而是被用于进行体力劳动或交换，促进了商品交换的发展，也带来了社会成员的阶级分化。氏族内部贫富分化加大，阶级差异日益明显。原来调整氏族成员平等的氏族习惯为适应社会关系的改变也在不断发生变化，后逐步演变为法律。❶

经济基础是指由社会一定发展阶段的生产力所决定的生产关系的总和，是构成社会的基础，主要包括生产资料所有制、生产过程中人与人之间的关系和分配关系等三个方面，其中生产资料所有制是首要的、决定的部分。上层建筑是建立在经济基础之上的意识形态以及与其相适应的制度、组织和设施，在阶级社会主要指政治法律制度和设施。在经济基础与上层建筑的关系中，经济基础是上层建筑赖以存在的根源，是第一性的；上层建筑是经济基础在政治上和思想上的表现，是第二性的。经济基础决定上层建筑，上层建筑反作用于经济基础。

作为上层建筑的一部分，法律是被经济基础决定的，它是以现实物质生活关系为基础。物质生活即生产方式和交往形式是第一性的、基础的东西，国家与法律是第二性的；后者由前者决定，而非相反。经济基础并不是按照法律的要求来发展的，法律不能创造或废除经济基础，而只能适应和反映经济基础。法律没有自己独立的历史。法和国家都是人类历史一定发展阶段的产物，而不是人类社会从来就有的，法律的发展变化不能脱离社会物质生活关系的发展变化。

(二) 社会存在决定社会意识

马克思主义法理学的立场之二是社会存在决定社会意识。

18世纪末，西欧的犹太人享有了许多权利，出现了许多杰出的人物。有人从文化角度解析，认为这是因为犹太人受到了启蒙运动的影响。这种观点是偏颇的，因为同时代的印第安人和黑人没有获此待遇。

我们可以从社会存在的角度对这种现象进行分析：犹太人流落欧洲各国，受到了歧视和排挤。法律禁止他们从事一些行业，不允许他们做农民，只让他们做商人、从事金融业，这是因为《圣经》中有不允许放贷的经文，基督徒不愿意从事金融业。犹太人从事金融和贸易行业，这些职业符合资本主义生产方式，而资本主义法律建立在平等、自由的基础上，犹太人因此最早介入自由、平等化过程，从而在资本主义最先发展的西欧国家获得了比同时代印第安人和黑人更多的权利。

社会存在指社会的物质生活过程，其决定力量是物质资料的生产方式。社会意识指社会精神生活过程，是社会的一切意识要素和观念形态。社会存在决定社会意识，社会意识反映社会存在，并对社会存在起促进或阻碍的作用。社会存在是第一性的，是社会意识的根源；社会意识是第二性的，是对社会存在的反映。先进的、革命的、科学的社会意识对社会存在的发展产生巨大的促进作用，落后的、反动的、不科学的

---

❶ 王立民. 中国法制史 [M]. 2版. 上海：上海人民出版社，2007：2-3.

社会意识对社会存在的发展起着阻碍作用。社会存在的发展变化决定社会意识的发展变化，但社会意识具有相对独立性，在自身发展中具有历史继承性，一是反映那个时代的社会存在，二是继承前人留下来的精神文化成果。

在几千年的人类思想史上，法作为一种社会现象，一直是思想家集中思考的问题。在马克思之前，人们总是力图从所谓的上帝意志、人类理性、绝对精神、民族精神等因素去说明法律现象，马克思和恩格斯则认为，法的关系既不能从它们本身来理解，也不能从人类精神的一般发展来理解，而应当从与之相应的时代的物质生活条件去理解。在法学研究中，坚持社会存在决定社会意识，即从社会物质生活过程决定社会精神生活过程去理解法律现象。法律制度的内容、权利义务的分配，需要通过人类的理性、观念和意志来确定，但归根结底，决定力量存在于社会物质生活过程之中。社会物质生活条件决定了何种社会意识会占据统治地位，从而最终决定法律制度的内容、权利义务的分配状况。

（三）社会法律发展有其客观规律

马克思主义法理学的立场之三是社会法律发展有其客观规律。

社会发展规律是社会发展过程中内在的本质联系和必然趋势。唯心主义从人们的思想、动机出发，否认社会发展有其自身的规律；与之相反，历史唯物主义从社会物质生活过程出发，主张社会是变化发展的，这种变化发展有其客观规律。生产关系一定要适应生产力的发展，经济基础与上层建筑也要相匹配，这是任何社会都要遵循的客观规律。社会发展规律是历史发展中的一种必然联系。承认历史必然性丝毫不会损害人在历史上的作用。因为全部的社会历史都是由人的活动构成，社会发展规律只是揭示在何种条件下人们的活动可以取得成功。

用社会发展规律观察和分析法律现象，就会发现世界上根本没有永恒的正义标准或神的意志，以及体现这些标准和意志的超时空的法律制度；任何法律现象都具有时代特征，它必须与时代的社会条件相适应并随着这些社会条件的变化而变化。社会发展的过程与社会基本矛盾的运动过程有着深刻的联系，法律制度在准确反映社会发展主题和基本趋势的情况下，能够成为推动社会进步的力量，并在发展过程中获得强大的生命力。

二、马克思主义法理学的中国化

20世纪以来，马克思主义在中国得到广泛传播与深入发展。中国共产党人在领导全国各族人民进行新民主主义革命和社会主义革命、建设与改革的历史进程中，把马克思主义写在自己的旗帜上，坚持马克思主义基本原理与中国革命、建设和改革的具体实际相结合，形成了毛泽东思想和中国特色社会主义理论体系这两大理论成果。与此同时，伴随着中华民族迎来了从站起来、富起来到强起来的伟大飞跃的历史过程，马克思主义法理学中国化的伟大进程波澜壮阔、与时俱进，极大地推动了马克思主义法理学的新发展。

(一) 第一次历史性飞跃

1919年五四运动以后,马克思列宁主义日益与中国革命的具体实践相结合,并逐渐形成了标志着马克思主义与中国革命实际相结合的第一次历史性飞跃的毛泽东思想。毛泽东法律思想是毛泽东思想的重要组成部分,是以毛泽东同志为主要代表的中国共产党人运用马克思主义法律观的一般原理来解决中国革命和建设中的法律问题的具体产物,实现了马克思主义法理学中国化进程的第一次历史性飞跃。

在新民主主义革命时期,毛泽东强调,要根据中国新民主主义革命的实际来建设新民主主义革命的法制,以马克思主义法律观作为观察中国法律状况的工具,分析中国的法律问题,开展新民主主义法制建设。经过不懈地探索实践,新民主主义法制确立了一系列重要的法律原则与法律制度,如工农兵代表大会制度、法律面前一律平等、保障人权、镇压与宽大相结合、死刑复核、管制、男女平等、婚姻自由、审判公开、辩护、人民调解制度等。

1949年新民主主义革命的胜利,催生了当代中国的第一次法律革命。这场法律革命适应全新的社会经济和政治条件的需要,创造了一个全新的政权形式、政府组织和运行机制。毛泽东指出:"总结我们的经验,集中到一点,就是工人阶级(经过共产党)领导的以工农联盟为基础的人民民主专政。"❶ 在这一理论指导下,1949年9月中国人民政治协商会议第一次全体会议通过的《中国人民政治协商会议共同纲领》以及《中华人民共和国中央人民政府组织法》,对新中国成立初期的国家政权系统作了明确的规定,建立了一个全新的国家政治制度。随着我国社会由新民主主义向社会主义过渡,1954年9月召开的第一届全国人大第一次会议通过了《中华人民共和国宪法》。1954年《宪法》确立了我国社会主义政治、经济、社会制度的基本原则,为社会主义制度在中国的全面确立奠定了根本法基础。

(二) 第二次历史性飞跃

以1978年12月中共十一届三中全会为标志,中国开始了改革开放的伟大社会变革,法制也由此进入了一个重建与迅速发展的历史新时期,展开了当代中国法治发展进程中的第二次法律革命。这一法律革命的基本目标,就是要实行依法治国,建设社会主义法治国家。而构成这一法律革命的理论基础,正是邓小平的法治理论。

邓小平认为,在中国这样一个经济文化比较落后的东方大国建设社会主义法治,必须始终考虑中国的国情特点,探索出一个具有中国特色的法治发展模式。

法治反映了人类文明社会法律制度成长与变迁的基本走向,体现了社会主体从事法律变革的价值理想。邓小平在谈到政治体制改革的目标时指出:"进行政治体制改革

---

❶ 毛泽东选集(第4卷)[M]. 北京:人民出版社,1991:1480.

的目的，总的来讲是要消除官僚主义，发展社会主义民主，调动人民和基层单位的积极性。要通过改革，处理好法治和人治的关系，处理好党和政府的关系。"❶ 实现人治社会向法治社会的历史性转变，建设社会主义法治国家，牢固确立法律的权威，是当代中国法治建设的一项时代使命。

中国共产党第十三届中央委员会第四次全体会议以后，以江泽民同志为主要代表的中国共产党人，运用马克思主义基本原理，科学分析国际国内形势的新变化，深刻总结中国共产党的历史经验，提出了"三个代表"重要思想，正确回答了建设中国特色社会主义法治实践中迫切需要解决的重大问题，促进了马克思主义法理学中国化进程的第二次历史性飞跃。

中共十六大以来，以胡锦涛同志为主要代表的中国共产党人在领导人民全面建成小康社会的伟大实践中，深刻分析当代中国改革开放关键时期出现的新情况和新问题，提出并系统阐述了科学发展观的指导思想，大大丰富了马克思主义关于共产党执政规律、社会主义建设规律和人类社会发展规律的思想，深化了马克思主义法理学中国化进程的第二次历史性飞跃，开辟了马克思主义法理学中国化进程的新境界。

(三) 第三次伟大飞跃

党的十八大以来，以习近平同志为核心的党中央立足全新视野，不断深化对共产党执政规律、社会主义建设规律、人类社会发展规律的认识，经过艰辛的理论探索和丰富的实践创新，创立了习近平新时代中国特色社会主义思想。习近平新时代中国特色社会主义思想包含丰富的法治理论和法学理论，集中体现为习近平法治思想，开启了马克思主义法理学中国化新的历史进程。

2020 年 11 月召开的中央全面依法治国工作会议中明确提出"习近平法治思想"。习近平法治思想的基本精神和核心要义为"十一个坚持"。

第一，坚持党对全面依法治国的领导。

中国共产党是领导党和执政党，党的领导是中国特色社会主义最本质的特征，是社会主义法治最根本的保证。

第二，坚持以人民为中心。

以人民为中心，是社会主义法治的核心价值。全面依法治国最广泛、最深厚的基础是人民，必须坚持为了人民、依靠人民。

第三，坚持中国特色社会主义法治道路。

党的十八大以来，以习近平同志为核心的党中央总结、概括、拓展了中国特色社会主义法治道路，创新了法治道路的理论，明确提出中国特色社会主义法治道路是中国特色社会主义道路在法治领域的具体体现，是建设社会主义法治国家的唯一正确道路。

第四，坚持依宪治国、依宪执政。

---

❶ 邓小平文选（第 3 卷）[M]. 北京：人民出版社，1993：177.

宪法是国家的根本法，是治国理政的总章程，是中国特色社会主义法律体系的总依据，是中国共产党长期执政的根本法律依据。

第五，坚持在法治轨道上推进国家治理体系和治理能力现代化。

党的十八大以来，以习近平同志为核心的党中央把国家治理体系和治理能力现代化纳入现代化范畴，推动中国进入全面现代化的新时代。

第六，坚持建设中国特色社会主义法治体系。

全面推进依法治国，涉及立法、执法、司法、守法、法律监督、法治保障、法学教育，涉及依法治国、依法执政、依法行政共同推进，法治国家、法治政府、法治社会一体建设，涉及国家法治、地方法治、社会法治统筹互动、协调发展，在实际工作中必须有一个总揽全局、牵引各方的总抓手，这个总抓手就是建设中国特色社会主义法治体系。

第七，坚持依法治国、依法执政、依法行政共同推进，法治国家、法治政府、法治社会一体建设。

党的十八大之后，习近平同志从实现"两个一百年"奋斗目标、实现中华民族伟大复兴中国梦的战略出发，明确提出"建设法治中国"。

第八，坚持全面推进科学立法、严格执法、公正司法、全民守法。

这四个方面是全面推进依法治国、建设社会主义法治国家的基本任务。

第九，坚持统筹推进国内法治和涉外法治。

统筹推进国内和国际两个大局是我们党治国理政的基本理念和基本经验。

第十，坚持建设德才兼备的高素质法治工作队伍。

人才强法是人才强国的重要组成部分，是全面依法治国的根本保证。

第十一，坚持抓住领导干部这个"关键少数"。

全面推进依法治国，建设法治中国，必须坚持全民守法。为此，一方面，要抓住"绝大多数"，努力培育社会主义法治文化，弘扬社会主义法治精神，在全社会形成尊法学法守法用法的良好氛围；另一方面，要切实抓住"关键少数"，关键少数就是各级领导干部。

上述"十一个坚持"既是习近平法治思想的科学内涵，也是其核心要义。

深刻把握习近平法治思想的重大意义、科学定位和核心要义，是我们在新时代中国特色社会主义伟大事业中坚定法治自信、坚守法治信仰、坚持法治兴国的思想基础，是我们在全面依法治国实践中增进理论认同、提升理论自觉、凝聚理论共识的政治前提。法治实践永不止步，理论创新永无止境。与时俱进、创新发展，始终站在时代前沿，是马克思主义法理学的内在品格和鲜明特征。创新发展中国特色社会主义法治理论，必须始终坚持习近平新时代中国特色社会主义思想的根本指导地位，贯彻落实中国特色社会主义法治理论，善于把法治普遍原理同全面依法治国的伟大实践相结合，不断研究新问题、总结新经验、形成新概念、发展新理论，为全面依法治国、建设法治中国进一步夯实理论基础。

第一编 本体论

CHAPTER 1 第一章 法

 **本章知识要点**

本章主要从"内涵"方面揭示"法是什么",主要内容包括:(1)实证主义与非实证主义对于"法是否与道德存在必然联系"问题的观点存在根本对立。(2)法在本质上是统治阶级意志的体现,而这些意志在更深层次上,是由客观的物质生活条件所决定的。(3)法具有调整社会行为、被国家制定和认可、以权利和义务为机制、由国家强制力保证实施等基本特征。(4)法具有告知、指引、评价、预测、教育、强制的规范作用,也具有维护阶级统治、执行公共事务的社会作用。(5)法具有一定的局限性,并非在一切领域、任何条件下,都能充分发挥作用并实现既定目标。

第一节 法的概念

"法是什么",是法学本体论问题的核心命题和终极追问。但迄今为止,中外学者对这一问题,并没有形成统一的认识,不同学者的观点甚至存在着根本的对立和冲突。对"法是什么"这一问题的不同回答,一定程度上可以决定如何确认法律、如何裁断案件、如何维护法治等重大法律问题。

纵观古今中外法律思想史,对"法是什么"这一问题的解答,大致可以区分出两种不同的立场,即实证主义的概念和非实证主义的概念。

一、实证主义的法的概念

实证主义的法的概念以分析法学派和社会法学派为代表,这两个学派都认为,内容的正确性与法的定义无关,法与道德没有必然性联系。

分析法学主张研究"实然的法律"(law as it is),即国家制定或认可的法律。分析法学认为,"法的存在是一个问题,法的优劣,则是另外一个问题。……一个法,只要是实际存在的，就是一个法，即使我们恰恰并不喜欢它，或者，即使它有悖于我们的价值标准。"❶ 意即，只要通过了权威的认可或基础规范的承认，恶法亦法。进而，分析法学认为法理学的首要任务是对各种法律的概念进行分析，为立法和司法提供严格的逻辑。

社会法学派主张研究"有效的法律"（law in operation），即在生活中被实际遵守的规则，尽管这些规则可能并未经过国家的认可，也并不符合道德的要求。之所以如此，是由于社会法学派认为，法律的重心不在于立法，也不在于法学或司法判决，而在于社会本身，法律从根本而言，是一种特殊的社会控制手段。

二、非实证主义的法的概念

非实证主义的法的概念以自然法学派为代表，主张研究"应然的法律"（law as it ought to be）。自然法学者普遍认为，内容的正确性是法的概念的必要因素，法与道德不可分离，法理学的核心问题是道德原则问题，而不是法律事实或战术问题。在制定法之上存在着更高位阶的理想和正义——自然法。自然法不是实证的和经验的，而是先验的和不变的。

在上述观点的基础上，自然法学派赞成"恶法非法"的主张，认为如果制定法与自然法产生冲突，违背了道德要求、侵害了社会正义，那么这些制定法便不是真正的法，不值得被人们遵守，也不应当被执法和司法机构适用。

实证主义与非实证主义关于法律与道德是否存在必然性联系，以及"恶法非法"与"恶法亦法"的对立在一些疑难案件中均有突出的体现。

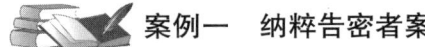

案例一 纳粹告密者案

【基本案情】

1944 年，一个德国士兵在奉命出差执行任务期间，回家短暂探亲。有一天，他私下里向他妻子说了一些对希特勒及纳粹党其他领导人不满的话。他的妻子这时已经偷偷有了一个情夫，也想趁机除掉她的丈夫，于是就把丈夫的言论报告给了当地的纳粹党头目。由于 1934 年纳粹德国的《禁止恶意攻击国家与党以及保护党的统一法》（简称《阴谋法》）第二节规定：1. 任何公开发表恶意或煽动性言论反对民族及民族社会主义德国工人党领导人物、或者发表之言论透露他们府邸之位置或针对他们采取之措施与建立之制度，及其他性质上削弱人民对其政治领袖人物之信任者，应判处监禁；2. 虽未公开发表恶意言论，但当其意识到或应当意识到这些言论可能被公开时，以公开言论论处，所以她丈夫遭到了军事特别法庭的审讯并被判处死刑，但经过短时期的

---

❶ [英] 约翰·奥斯丁. 法理学的范围 [M]. 刘星，译. 北京：中国法制出版社，2002：208.

囚禁后，她丈夫未被处死，又被送到了前线服苦役。

战后，这位妻子和军事法庭的法官被交付审判，检察官根据1871年制定并一直有效的《德国刑法典》第239条，起诉二人犯有非法剥夺他人自由罪。上诉法院在二审中判定涉案法官无罪，因为他是在其法律职责范围内行事；但这位妻子由于知道自己即使当时不告发丈夫也不会受到责难，所以被法庭判定罪名成立，因为她是通过自由选择，利用纳粹法律导致了她丈夫的自由被剥夺，而这些法律违背了所有正派人士所持的健全良知与正义观念。

【主要法律问题】

在纳粹统治被推翻并被认为邪恶和不道德的情形下，本案中妻子的告密行为是否还具有合法性？如果不具有合法性，可以采取何种理由和方法进行论证？

【理论分析】

第二次世界大战结束后，法学界面临着一系列棘手的法律问题，这些问题的核心便是法律与道德关系的困境。如果严格坚持分析法学"恶法亦法"的主张，那么本案中的被告便不会得到法律的惩处；如果要惩罚这些人，似乎又缺乏足够的法律依据。甚至在纽伦堡审判和东京审判中，法庭面对那些犯下滔天罪行的战犯，也面临着同样的困境。当时起诉战犯的检察官们尽管用打动人心的修辞削弱了普通人的疑虑，但作为法律人，他们内心也深感惶恐：纳粹分子进行了赤裸裸的侵略，犯下了罄竹难书的罪行，但是他们究竟触犯了哪些法律？检察官和法官们又应该援引哪部法律呢？

在迫切的形势和棘手的困境面前，审判战犯的法庭和审理此案的德国法院采取了相同的做法，他们摒弃了在此之前已蔚然成风的实证分析法学的立场，重新回归自然法学派的传统，依据法律之外（也可以说是法律之上）的道德原则进行审判。审理此案的德国法院援引了"良知"和"正义"的观念，认为判决丈夫有罪的纳粹法律违背正常人的健全良知和正义观念，并在以后的许多案件中采用了类似的推理方式，明确宣布"完全否认人格价值和尊严的法律不能够被看作法"。对此，亲身经历了纳粹统治的德国法学家拉德布鲁赫提出了一个关于"恶法非法"的公式，即：通常情况下法的安定性应居于首位，即便法律不善也不能动摇安定性，但如果安定性与正义的冲突达到了"不能容忍"的程度，法律已经沦为"非正当法"，法律就必须向正义屈服。

但是，对于这种认定"恶法非法"并诉诸"自然法"观念的做法，新分析法学的代表人物哈特却并不认可，因为在哈特看来，判定战犯和告密的妻子有罪完全可以有另外一种替代性的方法，即颁布和实施一部具有溯及力的刑事法律。这种做法不仅更为坦率和直接，而且可以在法律与道德两分的基础上，凸显出类似困境的道德性质，而不是寻找一个更高级别的"法"去否定过去的"法"，使人们继续沉浸在法与道德

纠缠不清的泥沼中而不自知，由此陷入一种浪漫的乐观主义中。❶

本案及其处理鲜明体现出实证主义和非实证主义对于法的概念的不同认识，它们在法与道德的关系、"恶法"是否还是法等问题方面持有截然不同的立场。但通过本案也可以看到，实证主义和非实证主义在面对本案和战犯审判等具体案件时，殊途同归，都认为以当时纳粹法律为依据而进行的行为违法，只是在方法和路径方面存在差别。

从事实和结果来看，非实证主义的方法在实践中被广泛采纳，占了上风，自然法学的观点也借此在学界重获新生。但哈特的替代性方法和提醒不可谓没有意义：凭借道德的直觉否定"恶法"的效力固然简单便捷，也迎合大众的习惯，但这样一来，人们会继续处在法与道德纠缠不清的泥沼中。且从技术而言，仍有问题悬而未决，比如：(1) 在价值观日益多元的情况下，会不会因为"恶法非法"的主张导致过多规则合理性的质疑进而损害法律的权威？(2) 在确认过去的"恶法"不是法律之后，应凭借何种"善法"去惩治过去的恶行？(3) 对已经根据"恶法"作出并履行的生效判决，如何改判和补救？

第二节　法的本质

对于法的本质，历史上曾经有意志说、命令说、规则说、判决说、行为说、社会控制说、事业说等不同的主张。但马克思主义经典作家认为，法的本质不能从法律自身或者人类精神的一般发展来理解，法在本质上，是统治阶级（或人民）意志的体现，而这些意志在根本上又是由客观的社会物质生活条件所决定的。

一、法的阶级本质

根据马克思主义创始人关于法的阶级本质的一系列论述，我国法学界一般以"法是统治阶级意志的体现"来表述法的本质。此处的统治阶级，泛指在经济、政治、意识形态上占支配地位的阶级，在剥削阶级社会分别指奴隶主阶级、封建地主阶级、资产阶级，在社会主义社会则指全体人民。

具体而言，"法是统治阶级意志的体现"包括以下丰富而深刻的思想内容：首先，法是"意志"的体现，是作为一种心理状态、心理过程和精神力量的主观意志投射为国家机关制定和认可的规则的过程，属于社会结构中上层建筑的范畴；其次，法是"统治"阶级意志的体现，而非"神的意志""民族意志""公共意志"或"主权者意志"的体现，但同时统治阶级在制定与实施法律的过程中，必须考虑到被统治阶级的承受能力，意识到法律除政治统治的作用以外，还具有执行公共事务的职能；再次，

---

❶ 强世功. 法律的现代性剧场：哈特与富勒的论战 [M]. 北京：法律出版社，2006：129.

法是统治"阶级"意志的体现,代表着统治阶级的整体利益,而不是某个人的利益,更不是个别人的任性;最后,法是"被奉为法律"的统治阶级的意志,统治阶级的意志必须经过国家有权机关的制定或认可,经过权利义务的配置、法律责任的确认等规范化的过程,才能成为法律。法的这种阶级意志属性在诸多法律实践中都有体现。

 案例二 "画家村"宅基地买卖纠纷案

【基本案情】

2000年前后,北京市通州区宋庄镇辛店村很多村民将自己名下的宅基地及地上房屋卖给或出租给在村里居住的画家,该地区成为远近闻名的"画家村"。

马某原系北京市通州区宋庄镇辛店村农民,于1998年转为居民,李某系城市居民,户籍地为河北省邯郸市。2002年,马某与李某签订《买卖房协议书》,将所有权为村集体所有但使用权归马某所有的诉争房屋及院落以45000元的价格卖与李某,双方按照协议履行完毕。李某入住后对原有房屋进行装修,并于2003年10月经北京市通州区宋庄镇辛店村民委员会批准新建西厢房三间。

2006年,马某将李某诉至法院,称因李某不属于通州区宋庄镇辛店村农民,无权使用辛店村宅基地,故起诉请求确认其与李某所签房屋买卖协议无效,诉请李某返还房屋,其同意按照有关部门认定的房屋现值退还李某购房价款。

后两级法院都认为,宅基地使用权是农村集体经济组织成员享有的权利,与享有者特定的身份相联系,非本集体经济组织成员无权取得或变相取得。马某与李某所签之《买卖房协议书》的买卖标的物不仅是房屋,还包含相应的宅基地使用权。李某并非通州区宋庄镇辛店村村民,且诉争院落的《集体土地建设用地使用证》至今未由原土地登记机关依法变更登记至李某名下。因此,双方买卖合同无效,因该合同取得的财产,应当予以返还,李某应当把该房产返还给马某,马某应依照房产的现值对李某进行补偿,房产的现值应当以评估值为准。二审最终判决:一、李某将位于北京市通州区辛店村的北房三间、西厢房六间及院落腾退给马某;二、马某给付李某补偿款九万三千八百零八元。

但二审法院同时埋下"伏笔",认为考虑到出卖人在出卖时即明知其所出卖的房屋及宅基地属禁止流转范围,出卖多年后又以违法出售房屋为由主张合同无效,故出卖人应对合同无效承担主要责任。对于买受人信赖利益损失的赔偿,应当全面考虑出卖人因土地升值或拆迁、补偿所获利益,以及买受人因房屋现值和原买卖价格的差异造成损失两方面因素予以确定,并认为李某可就赔偿问题另行主张。后李某也因此另行提起诉讼,法院判定对于李某信赖利益的损失应予赔偿,参照出卖人因土地升值或拆迁、补偿所获利益的因素及出售房屋宅基地区位总价,由马某赔偿李某损失十八万五

千二百九十元。

【主要法律问题】

（1）法律规定，农民集体所有的土地的使用权不得出让、转让或者出租用于非农业建设，是出于何种原因？

（2）上述规定与我国人民民主专政的社会主义国家性质有何关联？

【理论分析】

本案即为俗称的"小产权房"买卖问题，乍看这一案例，似乎是法院鼓励人们违约，但隐藏在这一判决背后的却是更加深刻的问题，即国家利益、集体利益与个人利益的矛盾。而法律对这种利益的处理，鲜明地体现出法的阶级本质。对农民集体所有土地保护的背后，是当下我国法律对统治阶级（人民）利益和意志的表达与坚守。法律不允许为了个人利益，动摇宅基地集体所有的基本制度，否则，整个统治阶级（人民）和国家的利益会受到严重损害。

《中华人民共和国宪法》（以下简称《宪法》）第1条即明确了我国的根本制度和阶级属性，即"中华人民共和国是工人阶级领导的、以工农联盟为基础的人民民主专政的社会主义国家。社会主义制度是中华人民共和国的根本制度。中国共产党领导是中国特色社会主义最本质的特征。禁止任何组织或者个人破坏社会主义制度"。《宪法》第6条明确了全民所有制和集体所有制的公有制主体地位，《宪法》第10条明确了作为基本生产和生活资料的土地的公有制制度。这种制度在《土地法》《土地管理法》《民法典》等诸多部门法和不同渊源的法律中予以充分贯彻。在改革开放以后，虽然土地制度有了一些变动，但土地所有权的公有制仍然是统治阶级（人民）利益和社会主义国家立场的根本体现。所以，本案的判决也深刻体现出统治阶级（人民）利益对法律的决定性影响。

但同时，本案最后对于合同无效责任的认定及李某信赖利益的支持，也体现出道德、习惯、经济变迁等因素对法律的相对作用。

二、法的本质由特定的社会物质生活条件决定

马克思主义经典作家坚持唯物主义的观点，认为认识法产生和发展的规律，还必须深入认识到那些决定着统治阶级意志或人民意志的社会物质生活条件，是社会物质生活条件使人们产生了法律需要，同时又决定着法的本质和发展。

社会物质生活条件指与人类生存相关的地理环境、人口和物质资料的生产方式，其中，物质资料的生产方式是决定性的内容。生产方式作为生产力与生产关系的对立统一，使生物的人上升为社会的人，在人与人的各种关系中具有根本性。其他一切关系包括法律关系都是从生产关系中派生出来的。所以，一方面，法作为国家意志进而是统治阶级意志的体现，是人的有意识的活动的产物，但它最终决定于客观的物质生

活条件及物质资料的生产方式,具有客观性,是主客观统一的产物。

另一方面,根据唯物辩证法的立场,还必须认识到,除了社会物质生活条件,政治、思想、道德、文化、历史传统、民族、科技等因素也会对统治阶级的意志和法律制度产生不同程度的影响。❶

 **案例三　网约车与出租车的区别规制**

【基本案情】

美国芝加哥市2014年出台的一部网约车法规,设定了比传统的出租车和汽车租赁行业更为宽松的管理规则。出租车和汽车租赁行业不服该法规,认为这一立法未经补偿就剥夺了其财产权,且有违法律的平等对待原则。为此,伊利诺伊州运输贸易协会等组织将芝加哥政府诉至法院,一审后,原告和被告均上诉至美国联邦第七巡回上诉法院,巡回法官波斯纳(Posner)、威廉姆斯(Williams)和赛克斯(Sykes)对此案进行了审理,波斯纳法官撰写了判决书。

巡回法院认为,首先,财产权并非一项免于竞争的权利。准许网约车行业进入出租车和汽车租赁市场,并不等于芝加哥市没收了出租车执照,而是仅仅使出租车公司面临新的竞争,即来自优步和其他网约车公司的竞争。正如向咖啡馆颁发一纸营业执照,并不赋予该执照持有人去阻止茶馆开业之权利一样,当涉及在市场中以特定方式进行营业的执照之时,财产权并不包含在该市场中免受竞争之权能。芝加哥市的做法意在推动各种商业模式间的竞争,而非本案原告极力主张的那样,是在压制出租车所有人。

其次,对芝加哥市出租车和网约车分别制定不同的管理规则,此种差异化的规则设计也非任意武断,而是合情合理的。与出租车业不同,优步等网约车公司承担起了审查驾驶员资质以确保只聘用合格驾驶员的主要职责,乘客可以预先获得更多的行程信息,这些信息不仅包括驾驶员的姓名,还包括驾驶员的相片以及所乘车辆的照片。此外,网约车普遍是由兼职司机来驾驶的,兼职司机每日的平均驾驶里程要少于出租车司机,驾驶里程越少,车辆受到磨损的可能性也就越小。此类磨损折旧可能影响乘车的舒适感,甚至增加发生事故或故障的概率。出租车行业与网约车行业之间有太多的差异点了,这足以证成对这两类车辆采取不同规制方案的正当性,从而消解原告提出的平等保护主张。这恰如养狗需要狗证、养猫不需要猫证一样。

巡回法院最终判决,驳回出租车公司提出的认为该法规构成歧视的诉讼请求,对网约车进行比传统的出租车和汽车租赁行业更为宽松的管理规则并无不妥。❷

---

❶ 张文显. 法理学[M]. 北京:高等教育出版社,北京大学出版社,2018:68-72.
❷ 施立栋. 波斯纳法官谈网约车的规制——伊利诺伊州运输贸易协会诉芝加哥市案[J]. 苏州大学学报(法学版),2017(4):153-157.

【主要法律问题】

（1）对网约出租车进行较为宽松的管制是否合理？

（2）科技发展能如何影响客观的物质生活条件和法律？

【理论分析】

从汽车旅客运输服务法律规制的变化中，可以窥见客观的社会物质生活条件对法律的深刻影响。汽车发明之后，利用汽车进行的旅客运输服务随之产生，公共汽车、出租车都属此类，城市中巡游揽客的出租车是其中重要但非常特殊的一种。出租车服务的特殊性，使得服务双方信息的不对称和不信任比起其他交易更甚，进而导致此种交易成本极高。出租车是随机接单的，很难通过重复交易消除人们的不信任；出租车司机通常对车辆情况和路线更为熟悉，可能会"绕路"或是"宰客"；如果没有事先确定的定价机制，双方的讨价还价往往耗时耗力；司机是否有犯罪记录，是否会对乘客图谋不轨也常常是单独乘车人尤其是女性乘客的担忧；面对短途或是易拥堵的路段，出租车司机时常还会"拒载"。现实就是如此，为了随时随地招手即停的便捷，就要面对这些麻烦。正如著名经济学家罗纳德·科斯揭示的那样，政府的管制是降低交易成本的有效途径之一。❶ 我们可以看到，传统的巡游出租车上便附加了不少政府的管制手段：出租车牌照是特许的，普通家用车辆不允许私自拉客营运；车辆虽可能归私人所有，但需要挂靠专门的公司以增强偿付能力和管理力度；乘车费用标准是固定的，乘客每次乘车时无须讨价还价；司机需要资格审查和培训，有基本的资格限制和服务准则；车型往往是政府指定范围的，并有特殊的报废年限规定，以保证车辆能达到基本的安全和舒适要求；如有绕路、拒载、宰客等行为，有专门的投诉和管理机构。这些管制，貌似烦琐甚至多余，其实是为了降低纯粹市场化运行所带来的高额交易成本，或许不尽合理，但每一项都有其设置的初衷。准入限制和多重管制才带来了便捷高效的出租车服务和出租车营运人的稳定收益。

但21世纪以来，科技的进步从根本上降低了上述交易成本，使得附加于传统巡游出租车之上的管制措施有了替代性的更低成本的解决方案：互联网服务可以让乘客事先了解车辆和司机的基本情况；手机定位和路线设定解决了绕路与否的难题；预估的价格和错峰调价解决了讨价还价的问题；实时的语音和视频监控，极大地提高了安全性；互联网也提供了更为便捷的评价和投诉机制。便利的技术手段从根本上降低了传统巡游出租车需要政府管制才能降低的交易成本。从更深的层面来看，就是制约汽车旅客运输服务的客观物质生活条件已经从根本上发生了变化，统治阶级的意志也必然要顺应这一变化，使得法律为新物质生活条件下的新业态、新模式保驾护航。

---

❶ [美] 罗纳德·哈里·科斯. 企业、市场与法律 [M]. 盛洪, 陈郁, 译校. 上海：格致出版社, 上海三联书店, 上海人民出版社, 2009：113-117.

但是，必须指出的是，网约出租车等新业态和新模式不可能没有任何弊端，其天然的垄断趋势、对个人隐私和信息安全的侵扰都为法律带来新的挑战，而对这些弊端的克服和管控，同样可以被看作客观物质生活条件对统治阶级意志和法律发挥最终决定性影响的体现。

第三节 法的特征

特征是本质的外化，法的特征是法区别于道德、习惯、宗教规范、行业规章等其他行为规范的根本所在。根据马克思主义法本质的理论并进行综合的外部考察，可以发现，法具有如下四个基本特征。

一、法是调整社会关系的行为规范

法是调整社会关系的规范，它通过规范人们的行为而达到调整社会关系的目的。作为社会规范，法区别于思想意识和政治实体，也区别于自然法则和命令裁决。

相对于思想意识、政治实体和自然法则，法是一种具有应然性的指示，这和属于实然范畴的思想意识、政治实体和自然法则不同；相对于单个的命令或具体的裁决等应然性指示而言，法又具有一般性和概括性的特征，可以对社会成员反复适用且持续有效。

法作为调整社会关系的行为规范，其调整对象是人们的行为，并且是会影响到他人的具有社会意义的交互性的行为。在这个意义上，法不直接塑造和控制人们的思想，也不对单单涉及自我的行为予以调整。当然，思想表达与纯粹的思想不同，思想表达往往具有一定的社会影响，已经属于"行为"的范畴；并且，随着社会条件的改变和认识规律的发展，什么行为会对他人产生影响也是一个不断变化的范畴。

二、法是由国家制定或认可的行为规范

行为规范种类繁多，法律规范只是其中的一种，此外还有道德、习惯、宗教规范、行业规章等，而法律区别于其他行为规范的首要之处在于法是由国家制定或认可的行为规范。

制定和认可，是国家创制法的两种方式。其中，制定的法就是通常所说的"成文法"，是由有权创制法律规范的国家机关制定的；认可的法一般是指"习惯法"，是由国家立法机关或司法机关赋予社会上既存的某些习惯、教义、礼仪等以法律的效力。由于被认可的法一般不以规范性文件的形式表现出来，所以也被称为"不成文法"。

现代社会，各种社会组织众多，但国家是最重要也最具基础性的社会组织，由于法律是由国家制定或认可的，所以必然具有国家意志的属性，因此具有高度的统一性和极大的权威性。这些属性，大大减少了不同社会规范之间的冲突，明确了人们的预

期，为法律作用的发挥奠定了基础。

三、法是规定权利和义务的社会规范

法通过规定人们的权利和义务，影响人们的行为动机，指引人们的行为，调节社会关系。法的权利义务机制使得法与道德、习惯、宗教规范进一步区别开来。

一般情况下，道德和宗教规范是以单向的义务机制来调整人们行为的，其内容多是对他人或神明的义务。习惯则是人们在长期共同劳动和生活中自发形成的，以内在需要为根本驱动，无所谓强制意义上的权利义务可言。只有法，不但规定了义务，而且规定了对应的权利，双向地使用了权利义务的机制对人们的行为进行调整。

四、法是由国家强制力保证实施的社会规范

任何一种社会规范都具有保证其实施的社会力量和机理，都具有一定的强制性。例如，道德是通过人们的内心信念、社会舆论实施的，违反道德者通常会受到舆论的谴责、他人的轻蔑或是适当的报复；违反其他社会组织的行为规则，也会受到相应的处分。但法的实施则不同，法是由国家强制力保证实施的，对违反法律的行为，国家将通过切实的物理强制力予以制裁或要求赔偿。

所以，国家对法的制定或认可，不仅是一种形式上的承认，而且是一种强制上的保障。鉴于与其他社会组织相比，国家的强制力往往是最强的，也是最具有系统性的，所以法具有了充分实施并发挥作用的物质和组织基础。

值得注意的是，法由国家强制力保证实施，是从终极意义上而言的，而非意味着每一个实施过程、每一个规范的实施都要依靠暴力系统来维护。国家的暴力不是无限的，也不是不受成本制约的。符合社会发展条件和社会需求的良法善治，不仅能引起多数人的心理认同、道德拥护和自觉遵守，而且能节约国家成本。所以，好的法应当是"理"与"力"的结合。

从法学流派的视角审视，可以发现，上述法的四项特征具有明显的分析法学的痕迹，即较为重视"实然的法律"，或者称为"国家法"。如果从自然法学或社会法学的视角来观察，可能会有不同的看法。20世纪末期，随着我国法学界对社会法学方法的引入，兴起了对"民间法"和"习惯法"研究的热潮，开始对各种"有效的法律"进行深入的研究。在"实然的法律"和"有效的法律"的对比之下，"国家法"的意义可能有所削弱，但本节所述"国家法"的各种特征也更加凸显。

 **案例四 强奸"私了"案**

【基本案情】

一位男青年甲结识了另一个村子的女青年乙。一天，男方邀女方约会，女方接受

了。在约会期间，男方要求发生性关系，女方拒绝了，但男方以暴力奸污了女方，女方回家后哭诉了经过，其父母向当地派出所报了案。在警察正式逮捕男青年之前，男方父母来到女方家中请求私了。条件是：男方娶女方，并支付女方人民币 3000 元，而女方应以撤诉作为回报。女方家中原则上同意这些条件，只是要求更多的赔偿，数额为 10000 元。双方家长就赔偿费讨价还价，最后达成赔 5000 元的协议。尽管男女双方都未达到法定年龄，他们还是通过熟人领取了结婚证。但是，这一规避法律的私了行为被政府发现了。婚姻被宣布无效，男青年受到正式起诉并被判刑。❶

【主要法律问题】

（1）什么是"民间法"，其与"国家法"有何异同？
（2）人们会按照"民间法"却违反"国家法"行事的原因有哪些？

【理论分析】

本案例是苏力教授在 20 世纪 90 年代根据新闻界报道的几个类似案件在删减增益之后自己构想出来的。苏力本人认为虽然案件是构想的，但在现实生活中具有一定的普遍意义，绝非不可能，甚至非常有可能发生。我们认为，案例中支付彩礼的金钱数目或许会随着时代的发展而变化，其协商的时机和妥协的方式或许因人而异，但案例所揭示的意义至今仍值得借鉴。

苏力认为，此案是典型的"法律规避"行为，用更为通俗的说法，即"私了"。这种行为的根本动因不是当事人不知法、不懂法，而是"国家法"规定的处理方式不能使当事人双方满意，苏力借此提出了与"国家法"相对应的"民间法"概念，并论述和揭示了基于法社会学、法经济学等理论而产生的"法律多元"理念和"民间法"的合理性基础。苏力和其他许多学者的这种观点，引发了我国学界对"民间法""习惯法"、法社会学、法经济学等理论的深入研究。

但我们在法的特征部分引用此案例，视角和苏力教授不同，我们意在指明"民间法"和"国家法"的显著区别，即法是由国家制定和认可，并由国家强制力保障实施的行为规范。在这个意义上，法和习惯虽同为行为规范，但其差异也甚为明显。虽然法律并非绝对排斥习惯——正如民法中的公序良俗原则所肯定的那样——但法律也并非绝对认可习惯。法律和习惯并不一致，有时会发生冲突。如果一个案件进入了法律程序，那么其基本的处理依据多数情况下会是"国家法"，而非"民间法"。尽管私了的情况，不论在过去、现在还是将来，都会继续发生，但国家法的作用及其被国家制定和认可并由国家强制力保障实施的特点都不容忽视，随着法治社会的不断推进，国家法的作用正日益凸显。

---

❶ 苏力. 法治及其本土资源 [M]. 北京：中国政法大学出版社，1996：43.

第四节 法的作用

法的作用，就是指法律对人们的行为、社会生活和社会关系产生的影响。从本质上而言，法的作用是统治阶级（或人民）的意志影响社会生活的体现，是国家权力运行过程的体现，也是社会生产方式自身力量的体现。❶ 具体来说，法的作用有一般作用与具体作用、整体作用与局部作用、预期作用与实际作用、直接作用与间接作用、积极作用与消极作用、规范作用与社会作用等分类。其中由英国法学家拉兹提出的规范作用与社会作用的区分，在学界被广泛引用并深入讨论。

一、法的规范作用

法的规范作用主要表现为：

（1）告知作用。现代社会普遍认为，欲使法律得到普遍遵守，必先使人们知晓法律，这和早期传统社会"刑不可知则威不可测"的观念有着很大的区别。因此，通过法律，人们可以对权利义务、行为边界予以明确，对法律背后的国家意志有一定的了解。知法懂法也成为人们遵守法律的重要制约条件。

（2）指引作用。法律通过规定人们的权利义务以及违反法律后的法律责任来调整和指引人们的行为。指引又有两种情况：一是确定性的指引，即通过义务性的机制，要求人们必须作出或不作某种行为；二是不确定的指引，即通过权利机制，给人们选择的机会。

（3）评价作用。评价作用是指法律作为一种行为的标准和尺度，具有判断衡量某种行为合法与否的作用。这在价值多元的现代社会中具有非常重要的意义。

（4）预测作用。预测作用是指根据法律规定，人们可以预先估计到主体之间会如何行为，并根据这种预测来确定自己的行为方向、方式和界限。对他人行为的预期是形成社会秩序、展开社会合作、组织社会生产必不可少的条件。

（5）教育作用。教育作用是指通过法律的实施对一般人今后的行为产生影响。对违法行为的制裁可以对违法人员自身和他人都形成警示，对合法行为的保护可以对一般人的行为起到示范和促进作用。

（6）强制作用。法律的强制作用在于制裁违法行为。通过最强和最具系统化的国家强制力手段保障的法律制裁，可以对那些不愿主动履行法律义务，甚或凭借个人力量难以令其就范的违法者，最终受到法律的制裁，使权利义务和社会秩序得到有力的保障。

---

❶ 张文显. 法理学［M］. 北京：高等教育出版社，北京大学出版社，2018：77.

二、法的社会作用

法的社会作用是指法作为一种社会事务对其他社会事务与社会本身产生的影响。马克思主义法学认为,在阶级对立社会中,法既具有维护阶级统治的作用,也具有执行公共事务的作用。

法的规范作用与法的社会作用很大程度上是手段与目的的关系,法通过作为手段的规范作用影响人们的行为,从而实现其影响社会关系的根本目的。当下中国,法的社会作用主要表现为推动物质文明、政治文明、精神文明、社会文明、生态文明协调发展的政治治理和社会治理功能。

三、法的局限性

现代社会中,在充分认识和重视法的作用的同时,还必须意识到,法在作用于社会生活的范围、方式、效果等方面都存在一定的局限性,因此,必须警惕"法律万能论"的误区和教条主义的法律思维方式。法的局限性主要表现在以下几个方面：

第一,法只是许多社会调整方法中的一种。除法律之外,还有政策、纪律、规章、道德、宗教等其他社会规范。在某些社会关系和社会生活领域,法并不是主要的也不是成本最低的调整方法。

第二,法的作用范围不是无限的,也并非在任何问题上都是适当的。在思想、认识、信仰等问题上,在情感、家庭等领域中,有时就不宜采取强行干预的法律手段,不然可能会适得其反。

第三,法对千姿百态、不断变化的社会生活的涵盖性和适应性不可避免地存在一定的局限。法律不能频繁变动,因此往往呈现出一定的滞后性,此时就需要一定的技术方法或其他社会机制来处理最新出现的社会问题。

第四,在实施法律所需要的人力资源、精神条件和物质条件不具备的情况下,法也不可能充分发挥作用。

 **案例五　"常回家看看"的实施困境**

【基本案情】

年逾80岁的原告黄某,育有三子一女,近年来,一直随其长子生活。黄某曾于2009年起诉各子女,要求给付赡养费,同时要求子女对其看望。当时,法院判决每个子女每月给付黄某赡养费400元,但驳回其要求子女看望的请求。

2013年,新修订的《中华人民共和国老年人权益保障法》(以下简称《老年人权益保障法》)施行后,黄某再次向法院起诉,除了要求各子女每人每月给付赡养费500元,还明确要求不与其共同生活的子女每月看望其一次。最后,法院二审判决,黄某子女每人每月给付的赡养费标准提高到 450 元，不与黄某共同生活的子女每个月看望黄某一次。该判决同时指出，在决定探望方式时，双方当事人都应从有利于黄某身心健康的角度出发。子女应当充分保障老年人的合法权益，发扬中华民族敬老、爱老的传统美德，不仅应对老年人经济上进行供养，还应对其精神上给予关心，使老年人安享晚年。

案子老人虽然胜诉了，但是，主审法官后续了解到，"常回家看看"的判决并没有得到有效执行，主要原因在于，双方的心结还在。并且很多养老案件都存在这种状况，老人虽然赢了官司，但是却赢不来亲情。

《老年人权益保障法》第 18 条明确将"经常看望或者问候老年人"作为子女等家庭成员应当履行的法定义务，使得老年人精神赡养的立法保障迈出了重要一步。此后，不少地方性立法也将老年人的精神赡养纳入法律保障。

尽管该条款具有深厚的传统文化渊源和民意基础，也已在司法实践中被数百份判决作为裁判依据，但该条款的落实在司法保障环节仍然面临诸多困境。由于《老年人权益保障法》第 18 条对义务主体的规定较为模糊，条款的尺度标准难以明确，其可操作性缺乏社会认同，与传统伦理存在实现模式的冲突等原因，导致仅有极少数老人拿起法律武器来主张精神赡养的权利，此类案件的同案不同判现象也较为突出。甚至有学者认为，该条款不是需要入法的严重不道德行为，其条款很大程度上不具有可诉性和可执行性。[1]

【主要法律问题】

"常回家看看"的法律条款主要能发挥何种规范作用？

【理论分析】

法的作用有规范作用和社会作用的区别。以此框架审视《老年人权益保障法》第 18 条不难发现，该条款在促进精神文明和社会文明的发展方面，具有显而易见的积极意义。但法律的落实需要权利义务的机制，尤其是法律责任的机制，该条款在责任主体、责任内容的确定性和强制实施方面存在天然的困境。并且，以强制力为保障的"常回家看看"，突出的是法律的刚需，强调的是义务人的"必须履行"；而以亲情、人伦等传统伦理为纽带的"常回家看看"，强调的是亲人之间精神与情感的其乐融融，二者并不一致，甚至存在冲突。想以诉讼的方式实现情谊的目的，常常可能适得其反。所以该条款的社会作用虽好，但规范作用存在欠缺。如果再以规范作用具体包括告知、指引、评价、预测、教育、强制等不同导向而言，可以发现，该条款的告知、指引、

---

[1] 姚明，陈广明. "常回家看看"的困境与破局：老年人精神赡养权益保障的实证分析 [J]. 华侨大学学报（哲学社会科学版），2018（4）：107-116；曹鑫. 精神赡养权利的司法保障研究——以"常回家看看"条款实证分析为例 [J]. 四川理工学院学报（社会科学版），2019，34（3）：38-57.

评价、教育作用较强，但预测和强制作用较差。

所以有学者认为，"常回家看看"的法律条款，很大程度上不具有可诉性和可执行性。并且"强扭的瓜不甜"，以强制力的法律方式实现"常回家看看"的目的，不仅可能适得其反，也贬损了自发精神赡养的意义。

 案例六　美国禁酒令及其废止

【基本案情】

19世纪末20世纪初，随着妇女运动的发展、进步主义法律观的盛行，深源于清教徒宗教思想的禁酒理念在美国逐渐兴盛，第一次世界大战的爆发，更为禁酒提供了最后的推手。1917年美国国会通过宪法第18条修正案，"禁止在合众国及其管辖下的一切领土内酿造、出售和运送致醉酒类，并且不准此种酒类输入或输出合众国及其管辖下的一切领土"。这一宪法禁酒令于1920年1月17日生效，将美国的禁酒运动推到了顶点。

然而围绕禁酒问题的争论却并没有因此停止。同时，该修正案本身也成为争议的焦点之一。从宪法禁酒修正案生效到被废止，美国联邦最高法院受理了11个有关该修正案合宪性的案件。这些案件涉及联邦最高法院的管辖权，以及禁酒修正案的程序和实体合宪性等诸多问题，但法院最后的判决均认为禁酒修正案合宪。❶

尽管禁酒修宪的民意基础很高，但禁酒令在实施过程中还是遇到了诸多困境，原因主要有：首先，禁酒令在实践中难以执行。根据1919年美国国会通过的《沃尔斯特法令》规定，凡是制造、售卖及运输酒精含量超过0.5%以上的饮料均属违法；虽然自己在家喝酒不算犯法，但与朋友共饮或举行酒宴就属违法，最高可罚款1000美元并监禁半年。由于这种规定严重背离了社会习惯，影响了人们的正常生活，执行起来面临着很大的困难。禁酒令的实际执法能力，远远赶不上所需要的执法能力，致使法网留下了很大的漏洞，逐步就变成了一纸空文。

其次，禁酒令的实施客观上带来了许多新的犯罪。对于喜欢喝酒的人来说，禁酒令实施的后果是，它迫使个人自己去做决定：他是应该打破这项法律，还是遵守它。据统计，在禁酒期间，政府总共逮捕了50多万人，其中30万人被判刑。这些被逮捕和判刑的人中，大部分是平时有喝酒习惯而之前没有犯罪前科的人。禁酒令反而使贩卖私酒在那时成了一种一本万利的买卖，吸引了无数的犯罪分子介入其中，有组织犯罪活动益形普遍，他们在积聚了巨额财富的同时，也为后来从事毒品走私贩卖积累了丰富的经验，培育了严密的组织和犯罪网络。并且越来越多的政府官员和执法人员也卷入其中，政府腐败和受贿的丑闻层出不穷，禁酒提供了惊人的诱因去贿赂、欺骗，以

---

❶ 王茂生. 美国联邦最高法院对禁酒修正案的支持及启示 [J]. 政治与法律, 2013（12）: 150-160.

及侵蚀法律与命令的正常力量。

再次，禁酒令的执行往往造成对个人自由与权利的侵犯。美国是一个自由主义历史久远且内涵广泛的国家，对个人的权利和自由极其尊重。越来越多的人感到，禁酒令实施过程中，在侵犯公民的个人权利方面已经超出了他们所能容忍的范围，甚至侵害了宪法第4条修正案对公民个人权利的保护。有的人本来是一个坚定的禁酒主义者，然而当他看到禁酒带来对人权的极大侵犯时，就主动承认自己犯了一个大错误并要求对自己的错误行为进行弥补，提出废止禁酒令，从而转变成为坚定的反禁酒主义者。

最后，经济危机成了压垮禁酒令的最后一根稻草。在1929年到1933年经济大危机期间，美国国内的注意力迅速转移到经济问题上，由于经济出现困难，许多农民开始要求取消禁酒令以扩大粮食需求，带动农业的发展；广大的工商界也呼吁酒的生产和消费，以拉动经济。在经济大萧条时期的生活中，酒实际上成为慰藉人们心灵的"宠物"。1933年罗斯福顺应时局和民意，在新政的第一批法案中提出宪法第21条修正案废除禁酒令，禁酒主义者奋斗了多年的成果就此付诸东流。[1]

【主要法律问题】

美国禁酒令的实施与废止从何种角度体现了法的局限性？

【理论分析】

有学者认为，从美国禁酒令的实施与废止中可以得到如下三点启示：

其一，应正确处理公共利益与个人自由的关系。公共利益、公共秩序与个人自由、个人权利，是任何法律所追求的价值的两个方面。这两种价值很难简单地讲哪个价值就绝对地优先于另一个价值，不同的思想家有不同的理解，不同的国家、不同的发展阶段也有不同的安排次序。如果法律的干预过了头，便不具有实施的可持续性。

其二，应正确处理法律与道德的关系。尽管法律和道德的分界并不是绝对的，一定条件下法律可能道德化，道德也可能法律化，但它们毕竟是两种不同的社会行为规范，法律的强制性与道德的自觉性各有价值。法律有力，但这种他律机制如果过分使用就会使人们铤而走险、以身试法；道德无形，但这种自律机制在约束人们行为的同时却能够提供给人们自治、自尊的空间。解决道德的问题，主要靠教育劝导、潜移默化的方式。如果用法律手段去解决道德问题，法律就变成了"双刃剑"，用不好，就会适得其反，引起人们对法律的蔑视和反抗，导致越来越多的人公然践踏法律，带来新的更严重的问题。

其三，应正确处理立法与执法的关系。要使"纸上的法"变成"活的法"，关键要看执法。一个国家实际执法能力与一部法律执行所需要的能力有多大的差距，供需

---

[1] 王晓光. 美国宪法禁酒令的立与废——兼谈美国进步主义时期的法制变迁[J]. 法制与社会发展，2011（6）：155-156.

是否平衡，决定了一部法律是否具有可持续性、是否有生命力。❶

所以，在大力推进法治化进程和建设社会主义法治国家的同时，我们也必须警惕"法律万能论"和教条主义的法治思维模式，对法的局限性有充分的认识，甚至要给法律留下些"不入之地"，使法的调整机制与其他社会调整机制有机地结合起来。

---

❶ 王晓光. 美国宪法禁酒令的立与废——兼谈美国进步主义时期的法制变迁 [J]. 法制与社会发展，2011（6）：156.

CHAPTER 2　第二章

法的渊源、分类与效力

 **本章知识要点**

本章主要从"外延"方面揭示"法是什么",介绍法的若干分类及与这些分类相关的适用规则。主要内容包括:(1)法的渊源主要指法的形式渊源,包括成文法和不成文法两大类,主要依据法的制定主体不同而划分。(2)除了法的渊源,法还有国内法和国际法、公法和私法、实体法和程序法、根本法和普通法、一般法和特别法等其他分类。(3)法的效力分为对象效力、时间效力与空间效力三个方面,不同的法发生效力冲突时,需要按照特定的方法确定何者有效。

第一节　法的渊源

法的渊源是法学的专门术语和基本范畴,语出罗马法,原意为"法的源泉"。在实际使用中虽有多种含义,但目前学界主要指法的形式渊源,即作为具有法的效力和意义的法的外部表现形式,或者说是法的具体样态。纵观各国法律,大致可以将法的渊源分为成文法和不成文法两大类。

一、成文法

成文法,或称制定法,是现代国家主要的法的渊源,在大陆法系国家尤其突出。成文法既包括国内制定的规范性法律文件,也包括成文的国际协定和国际条约。

当代中国,作为正式渊源的成文法包括宪法、法律、行政法规、地方性法规、自治法规、特别行政区的法律法规、部门规章、地方政府规章、国际条约与协定、法律解释等。上述法的正式渊源的划分主要依据制定主体的差异,这种差异进而决定了不同规范性法律文件的效力位阶和效力空间。

二、不成文法

不成文法,或称非制定法,也是法的渊源之一,在英美法系国家较为突出。不成文法主要包括习惯法、判例法和惯例。

当代中国，不成文法比重较小，是法的非正式渊源，主要包括政策、习惯、指导性案例、道德规范和正义观念以及法理等。法的非正式渊源只有在缺少正式渊源或者适用正式渊源会产生明显不公的结果时才使用，是补充性的法律渊源。

 **案例一　宾馆"灵堂"案**

【基本案情】

2017年10月，祖籍S省C市的秦某，从外省携全家老小三代一行11人驱车回到阔别多年的家乡，欲安葬去世一年母亲的骨灰。拿到骨灰后，秦某在当地亲戚的带领下，入住C市某酒店，办理了入住手续后，他们陆续将车内物品搬至房间，其中包括母亲的骨灰盒和两个直径50厘米用菊花扎制的小花环。店主白某发现后非常生气，提出必须拿出10万元赔偿金，否则不让离开，并且关闭了酒店门口的停车电动门，将秦先生的4台车辆堵在院内。

后经当地干部斡旋协商，秦某向店主赔偿7万元，才离开酒店。店主白某事后介绍，入住时询问秦某是不是拿骨灰盒上去了，秦某说没有。再一追问，他说已经摆上去了，连花圈也摆上去了，放在了房间，打算在那里设个灵堂。店主认为宾馆酒店是公共场所，骨灰盒和灵堂在本地是大忌讳，对当天和以后酒店的经营都会产生影响，对经营者的精神和心理也产生了损害。提及事发后酒店是否扣留车辆时，店主说当时秦某开来了4辆车，他们开出去两辆，只留下两辆车不让出门，门口留有很宽的缝，人可以自由出入。店主白某还说，对方认为是敲诈勒索，但是店主认为不是钱的问题，钱解决不了心理问题，感觉此事对酒店太忌讳了，即使赔偿了也感觉很不公平。

事后有民俗专家表示，按照当地的民俗习惯，骨灰盒一般是不允许带到公共场所的，这一点客人做得不妥。如果要带着骨灰盒进酒店，首先要和酒店店主打个招呼说明，店主同意带进去才能带，否则就不能带进去。但店主索要的赔偿数额似乎过多。

有律师认为，店主行为带有"胁迫"之嫌。酒店认为客人携带骨灰入住会对酒店的正常经营和其他入住客人产生不适的心理担忧可以理解。酒店业主可以拒绝秦某携带其亲人骨灰入住的请求，但酒店业主采取限制秦某车辆离开的方式强行索要赔偿的行为方式不当，有"胁迫"之嫌。其最终索要7万元的赔偿款是否有依据，以及与给其造成的负面影响或心理不安是否相当，有待商榷。是否"维权过度"、是否构成刑事犯罪则需司法机关进一步调查后依法认定。

【主要法律问题】

（1）店主要求在房间布置灵堂的客人赔偿是否有法律依据？
（2）习惯如果被法律认可需要什么样的条件？

【理论分析】

对于是否能够在租住的宾馆房间内安放骨灰盒和设置灵堂，法律当然不可能有具体的规定，所以本案的法律依据不能在作为正式渊源的规范性法律文件内发现。那么，应考虑的就是是否存在习惯可以作为补充性法律渊源。

对习惯作为补充性法律渊源的功能，案发时有效的《中华人民共和国民法通则》未予以明确，但《中华人民共和国合同法》有9条规定了"交易习惯"；《最高人民法院关于适用〈中华人民共和国合同法〉若干问题的解释（二）》第7条规定了可以认定为合同法所称"交易习惯"的两种情形；《中华人民共和国物权法》有一条规定了"当地习惯"，一条规定了"交易习惯"；《最高人民法院关于适用〈中华人民共和国物权法〉若干问题的解释（一）》有两条规定了"交易习惯"。而2021年1月1日正式施行的《中华人民共和国民法典》（以下简称《民法典》）第10条则规定"处理民事纠纷，应当依照法律；法律没有规定的，可以适用习惯，但是不得违背公序良俗"。本案发生时，《民法典》尚未施行，但合同法的相关规定可以为习惯的适用提供法律依据。

结合本案实际情况可以发现，按照S省C市的民俗，骨灰盒一般是不允许带到公共场所和他人私人所有空间的，其中原因应该是中国传统文化中"晦气""吉凶"等思想。但这种思想是否属于封建迷信的"陈规陋俗"，不符合当下中国的文化政策和现代社会秩序要求，进而属于违反公序良俗的习惯？可能从纯粹科学的角度看来，确实如此。但从观念现状考察，这种不科学的观念在诸多人的思想中确实还根深蒂固，并且这种观念对现代社会秩序并无根本性侵扰，甚至对于人们寄托哀思、排解恐惧、舒缓情绪具有一定的正面作用。如果仅仅说店主是迷信，那么秦某迁坟和在宾馆房间设置灵堂又何尝不是迷信呢？并且世界各地的不同文化中都或多或少地保留着一些不那么科学的风俗习惯。所以，秦某未经店主同意，在租住的房间内放置骨灰盒和设置灵堂，属于违反公序良俗的习惯，应当可以被作为处理此案基础纠纷的法律依据，应当对店主进行适当的赔偿。但赔偿的具体数额需参考其他相关因素确定，可能并非店主当时主张的数额。

值得注意的是，习惯作为法律依据，相对于法律的明文规定而言，必然具有一定的不确定性。首先，习惯存在明显的地域差异，正所谓"十里不同风，百里不同俗"；其次，民族、文化程度、年龄、经济状况、行业等因素也可能促使习惯发生改变。所以，决定一个习惯是否适合作为法律依据来适用，应当依据特定时空条件和风土人情综合考量。

最后必须再次强调的是，并非任何习惯都适合作为法律渊源，有些明显违背法律、政策和公序良俗的习惯，如"重男轻女""配阴婚"、体罚学生等是不可能得到法律的确认和司法部门的适用的。

案例二　无锡冷冻胚胎案

【基本案情】

沈某与刘某都是独生子女，两人于 2010 年 10 月登记结婚。2012 年 8 月，因自然生育困难，沈某与刘某到南京市某医院，通过人工辅助生殖方式培育了 13 枚受精胚胎，其中 4 枚符合移植标准。但就在植入母体前几日，夫妻二人因交通事故死亡。夫妻双方的父母就 4 枚冷冻胚胎的归属产生争议，协商不成，诉诸法院。

2013 年 11 月 25 日，江苏省宜兴市人民法院立案后，依法追加南京市某医院为第三人。某医院认为，根据原卫生部的相关规定，胚胎不能买卖、赠送和禁止实施代孕。由此提出，胚胎不具有财产的属性，原、被告都无法继承；沈某夫妇生前已与医院签署手术同意书，同意将过期胚胎丢弃；所以请求法院驳回原告的诉讼请求。由此，双方父母间的争夺胚胎大战，逐渐转向了家属与医院的争夺。

一审法院经审理认为，体外受精胚胎具有发展为生命的潜能，是含有未来生命特征的特殊之物，不能像一般物一样任意转让或继承，故其不能成为继承的标的。沈某夫妇已死亡，通过手术达到生育的目的已无法实现，故手术过程中留下的胚胎不能被继承。据此，一审法院驳回了原告的诉请。原告不服，向无锡市中级人民法院提起上诉。

审理期间，二审法院在充分了解当事人诉求实质的基础上，对于一审确定的案由进行了变更，将 4 名失独老人就子女遗留的冷冻胚胎权属矛盾确定为"监管、处置权纠纷"。二审法院审理认为，虽然沈某夫妇生前与医院签订了相关知情同意书，约定胚胎冷冻保存期为一年，超过保存期即同意将胚胎丢弃，但是沈某夫妇因意外死亡导致合同不能继续履行，南京市某医院不能根据知情同意书中的相关条款单方面处置涉案胚胎。

二审法院认为，在我国现行法律对胚胎的法律属性没有明确规定的情况下，确定涉案胚胎的相关权利归属，还应考虑以下因素：一是伦理。该受精胚胎不仅含有沈某夫妇的 DNA 等遗传物质，而且含有双方两个家族的遗传信息，双方父母与涉案胚胎亦具有生命伦理上的密切关联性。二是情感。双方父母"失独"之痛，非常人所能体味。沈某夫妇遗留下的胚胎成为双方家族血脉的唯一载体，承载着精神慰藉、情感抚慰等人格利益。三是特殊利益保护。胚胎具有孕育成生命的潜质，比非生命体具有更高的道德地位，应受到特殊尊重与保护。

法院同时认为，原卫生部的相关规定，是卫生行政管理部门对相关医疗机构和人员在从事人工生殖辅助技术工作时的管理规定。南京市某医院不得基于部门规章的行政管理规定对抗当事人基于法律享有的正当权利。

2014 年 9 月 17 日，二审法院作出终审判决：撤销一审判决；沈某夫妇存放于南京市某医院的4枚冷冻胚胎由上诉人（沈某父母）和被上诉人（刘某父母）共同监管和处置。2017年12月9日，由胚胎发育成的男孩被一名28岁的老挝籍代孕妈妈带到这个世界，取名甜甜。

【主要法律问题】

（1）胚胎是否属于遗产？为什么？
（2）在没有法律明确规定和习惯做法的情形下，如何寻找法律依据？

【理论分析】

体外受精、胚胎移植和代孕技术是现代医疗辅助生殖的新手段，在实际临床中已广泛采用，但在我国，代孕尚未合法化，根据原卫生部的相关规定，胚胎亦不能买卖和赠送。

社会生活千姿百态并不断变化，由于本案情况极其特殊，所以没有现行法律依据，也没有可资参考的习惯做法。尽管两级法院的判决结果截然不同，但在审理中都是在依照"法理"作出裁判。法理作为法律渊源之一的地位在本案中跃然纸上。

一审法院认定胚胎是含有未来生命特征的特殊之物，不能像一般物一样任意转让或继承，故其不能成为继承的标的，是根据物权法和继承法的"学理"，判断胚胎是否能够继承；二审法院则在更广阔的视角下，依据伦理学、情感和生命体与非生命体法律保护的理论，从人文精神的角度，综合进行辨析，同样是在为本案寻找"法理"依据。

我国《民法典》第10条规定，处理民事纠纷，应当依照法律；法律没有规定的，可以适用习惯，但是不得违背公序良俗。但如果没有法律规定也没有习惯该怎么办，语焉不详。其实在民法总则和民法典立法过程中，已有学者提出应该在本条规定中加入：如果没有法律规定也没有习惯参考，可以依据法理。

在本案中我们还可以看到，作为法律渊源之一的法理，其确定性程度较习惯和法律规定更低，所以一审、二审法院虽然都依据法理裁判，但结果却大相径庭。这也提示我们，法理的范围和视角并不统一，可能会随着时空条件的变化而变化，在适用时必须慎重，需要反复比较并充分说理。

第二节　法的分类

法的分类除了前述法的渊源，还有其他划分标准。如根据制定主体和适用范围为标准，可以区分为国内法和国际法；依据是否涉及公共利益和适用意思自治原则，可以区分为公法和私法；依据规定内容的不同，可以区分为实体法和程序法；依据效力等级、基本内容和制定程序的不同，可以区分为根本法和普通法；依据适用于一般事项还是特殊事项,可以区分为一般法和特别法;依据生效时间的不同,可以区分为新法和旧法等。

上述分类中,根本法和普通法、一般法和特别法、新法和旧法的区分,常常与法的渊源的分类结合在一起,成为解决法律冲突问题时确定法律效力的判别标准。

而公法和私法的区分,在学界和实践中,也被经常使用。这一区分,最早由古罗马法学家乌尔比安提出,他认为公法是关于罗马国家的法律,私法是关于个人利益的法律。后来,这一区分被大陆法系国家广泛采用,并在很大程度上被认为是人类社会文明发展的重大成果和整个法律秩序的基础。一般认为,公法主要调整公权力组织与私人个体、组织之间的关系;私法则调整平等的私人个体或组织之间的关系。前者包括宪法、行政法、刑法等,后者则主要指民法、商法。

第二次世界大战以来,伴随着所谓的"法的社会化"运动,出现了介于公法和私法之间,以经济法、劳动法和社会保障法为代表的"社会法",以及"公法私法化"和"私法公法化"运动,公法和私法的区分日渐模糊。但对于市场经济和法治社会而言,这一区分在诸多法律领域仍具有重要的基础性意义,在司法实践中也有一定的体现。

 **案例三 买卖房屋退税案**

【基本案情】

2016年6月,肖某(卖方)与庄某(买方)签订《二手房屋买卖合同》约定,庄某购买肖某名下房产一处,房产交易总额为180万元,由肖某实收;有关购买该物业所需要办理房产证过户的税费包括但不限于测量费、评估费、签约办按揭所需律师费、保险费、工本费、抵押登记费、个税、营业税、契税、合同印花税等双方交易费用全部由庄某支付;合同还约定了其他事项。

合同签订后,肖某与庄某各自履行义务。庄某依约向肖某支付预付款60万元,并向税务部门缴纳了所有税款。但由于税务部门对面积属性计税错误,导致需要向二人退税。根据房地产交易税收政策,部分税种费用由卖方承担,部分由买方承担,税务部门依此开具相关税收票据、记载纳税人名称,并按照票据记载名称退还部分税款。其中庄某收到退税款9733.11元,肖某收到退税款44807.4元。

2016年12月,庄某向肖某支付购房款116万元。肖某认为,庄某合计支付购房款仅176万元,尚欠4万元未付,遂诉至一审法院,庄某认为税务局退给肖某的税款可以抵扣房款,故提起反诉,要求退还抵扣房款后多余的4807.4元。

【主要法律问题】

(1)由买方庄某实际缴纳,但记载为卖方肖某的退税款应否冲抵房款?原因是什么？

（2）从这一案例中可以看出公法和私法有什么样的区别？又如何发生转换？

【理论分析】

本案二审法院在判决书中进行了颇为精彩的法理分析，不仅厘清了退税款项的合法所有人，而且从实践的角度对公法与私法的区别进行了阐释。

二审法院认为，双方当事人签订的《二手房屋买卖合同》是双方真实意思表示，内容不违反法律、行政法规的强制性规定，合法有效。在房屋买卖合同关系中，涉及缴纳交易税费的义务，它兼具公法和私法双重属性。从公法上看，根据税收征管法的规定，应遵循税收法定原则，依法纳税是交易主体应尽的法定义务，纳税人如果存在偷逃税款、不足额缴纳等行为，税务机关应根据税收征管法的规定加以追缴，并追究相关责任人的法律责任（如进行行政处罚或对构成犯罪的移送司法机关处理）。从私法上讲，法不禁止就是法所允许，交易双方可就税费承担自由约定。司法实务中，针对具体的纠纷，在不同的法律性质所依据的不同法律关系中，应作区别判断。

本案双方当事人之间就购房款所生之争议属于私法领域纠纷，应根据双方签订的《二手房屋买卖合同》来确定双方之间的权利义务。根据该合同约定，案涉房屋购买价为180万元，由肖某实收，相关税费（款）由庄某承担。现庄某已向肖某实付176万元，相关税款亦全部由庄某缴纳，由于税局工作人员的失误，导致多收取了税款，虽然该局根据税收征管规程退回44807.4元给公法上法定纳税义务人肖某，但因全部税款系根据双方之间签订的《二手房屋买卖合同》由庄某缴纳，故该退税款在私法上亦应由庄某享有。在肖某拒绝向庄某退还该款，且庄某尚欠购房款的情况下，鉴于二者属于同类金钱对待给付，庄某主张抵扣，应予支持。抵扣后，肖某应返还庄某4807.4元。肖某一审中提出双方在签订合同后对购房价有新约定，二审中又主张庄某以行为表示同意退税款归肖某，庄某对此不予认可，肖某亦无充足有效证据证明其主张，本院依法不予采信。二审法院最终维持了驳回肖某诉讼请求，肖某退还庄某4807.4元的一审判决。❶

第三节 法的效力

法的效力泛指法的约束力，具体而言，是指某项法律对某种行为是否构成规范性约束。行为具有主体、客体、时间、空间等多重因素，所以法的约束力也分为对象效力、时间效力与空间效力三个方面。

---

❶ 广东省中山市中级人民法院（2017）粤20民终2204号民事判决书。

一、法的对象效力

法的对象效力,即法对人的效力,或法对人的行为的效力。各国法律因历史传统和其他因素,在法对人的行为的效力上往往采取不同的原则。这些原则有:

属人主义原则,以人的国籍和组织的国别作为管辖的依据,即凡本国的人和组织,无论是在国内还是国外,均受本国法律约束。

属地主义原则,依领土来确定法的适用范围,即凡属一国管辖范围的人,无论是本国公民还是外国公民或无国籍人,都受该国法律的保护和约束。

保护主义原则,这项原则以保护本国利益为目的来确定法的适用范围。即只要有碍本国利益,不论违法者是具有任何国籍的公民还是无国籍的人,一律受该国法律约束。

综合主义原则,该原则结合属人主义和保护主义原则,有限度有区别地平衡决定法律管辖问题。该原则既维护了本国主权,也尊重了他国主权,便于国际交往和国际合作。目前我国也适用这一原则。

此外,在国际刑法上还有普遍管辖原则,普遍管辖原则是指只要是一国缔结或者参加的条约中规定的犯罪,不论犯罪人的国籍、罪行的发生地、犯罪所侵犯的国家利益,只要犯罪分子在该国出现,该国就可根据参加或缔结的条约,行使对该案件的刑事管辖权。

 **案例四 湄公河案**

【基本案情】

2011年10月5日,中国籍船只"华平号"和缅甸籍船只"玉兴8号"在湄公河流域被两艘不明身份的武装快艇劫持,12名中国籍船员遇害。2011年10月13日,中国外交部召见泰国、老挝及缅甸驻华使节,提出紧急交涉。2011年11月3日,公安部、云南省公安厅、西双版纳州公安局以及中国国内相关执法部门组成了"10·5"案件联合专案组,抽调200余名精兵强将全力破案。经过大量分析和研判,专案组把"金三角"地区特大武装贩毒集团糯康组织纳入视线。2012年4月25日,专案组在老挝波乔省抓获案件主犯、贩毒集团首脑糯康。2012年5月10日,中老警方在老挝万象机场举行了移交仪式。当日,糯康被押送抵京。中国公安机关在机场向糯康宣读了对其的逮捕令。

2012年8月12日,昆明市人民检察院对"10·5"湄公河惨案的糯康(缅甸籍)、桑康·乍萨(泰国籍)、依莱(国籍不明)、扎西卡(国籍不明)、扎波、扎拖波6名被告人分别以故意杀人罪、运输毒品罪、绑架罪、劫持船只罪依法向昆明市中级人民法院提起公诉。2012年11月6日,昆明市中级人民法院一审宣判,以故意杀人罪、运输毒品罪、绑架罪、劫持船只罪数罪并罚，判处糯康、桑康·乍萨、依莱死刑；以故意杀人罪、绑架罪、劫持船只罪数罪并罚，判处扎西卡死刑，判处扎波死刑，缓期两年执行；以劫持船只罪判处扎拖波有期徒刑 8 年。法院当庭判决，糯康等 6 名被告人，连带赔偿各附带民事诉讼原告人共计人民币 600 万元。2012 年 12 月 26 日，云南省高级人民法院对湄公河中国船员遇害案进行二审宣判，裁定驳回上诉，维持对糯康等 6 人的判决。2013 年 3 月 1 日，糯康、桑康·乍萨、依莱、扎西卡 4 名罪犯在云南昆明被执行死刑。

【主要法律问题】

（1）缅甸、泰国、老挝三国分别可以依据什么原则对本案提出管辖权？
（2）中国是依据什么原则对本案行使管辖权的？

【理论分析】

本案犯罪嫌疑人众多，国籍不同。被害人虽然皆为中国国籍，而且本案的第一现场在中国籍的船只"华平号"上，但当时该船只行驶于外国的水域内，本案的后续犯罪行为在外国境内，且与之前的犯罪有着紧密的联系，多个犯罪嫌疑人分别在不同国家被抓获。正是因为湄公河案件存在着种种复杂的因素，所以多国都主张对该案行使管辖权。

缅甸主张对本案进行管辖的理由有两点：（1）基于属地主义原则。船舶"玉兴 8 号"被查证拥有缅甸籍。而一国的船舶或者航空器在国际上一般被认为是该国领土的延伸领域，该国可基于国家主权对其船舶及航空器内的犯罪行使刑事管辖权。此外，糯康与其同伙起初谋划犯罪的地点是位于缅甸散布岛的糯康集团基地内，因此，缅甸应被认定为该犯罪行为的预备地。（2）基于属人主义原则。湄公河案的主犯糯康拥有缅甸国籍，他是该案件的始作俑者和主要责任人。他虽然没有参与实行具体犯罪，但其在整个案件中所起到的作用远远大于其他同案犯。因此，缅甸政府基于属人原则，可以获得该案的管辖权。

泰国政府主张管辖权的依据也有两点：（1）基于属地主义原则。糯康集团与泰国不法军人杀人并沉尸的地点是泰国清莱政府清盛县的湄公河水域，该地点在泰国领域内，根据属地原则，泰国有权对该案行使刑事管辖权。（2）基于属人主义原则。糯康集团的二号人物桑康拥有泰国国籍，他在案发前参与了案件的谋划与组织，之后在糯康的授权下作为湄公河惨案的指挥者与监督者参与了全案，对案件的发生起到了直接而重要的作用，故而泰国政府可以主张对桑康所参与的案件的管辖权。

老挝政府主张管辖权的依据是普遍管辖原则。尽管犯罪行为人、被害人以及犯罪地都不在老挝，但糯康最终是被中、老警方合作于老挝博乔省码头抓获，这也就符合了犯罪分子在本国境内被发现的属地管辖要求。再者，老挝于 2003 年 12 月签署并于 2009 年 9 月正式加入《联合国打击跨国有组织犯罪公约》（以下简称《公约》），因此老挝负有该《公约》所规定的惩治跨国有组织犯罪的义务。而糯康案件属于典型的跨国有组织犯罪，因此，老挝应拥有对该案件的管辖权。而且该案犯罪嫌疑人糯康在老挝领土内被抓获，由老挝管辖最为方便。这一原则一般适用于被认为是危害全人类的并且极为严重的罪行，不容有管辖权投机行为。

中国自案件发生起就主张对该案件行使管辖权。中国政府主张对本案进行管辖的依据主要有二：(1) 基于属地主义原则。案发时两艘船只都挂有中国国旗，且"华平号"于 2006 年 5 月 22 日在中国思茅海事局登记并取得中国籍，另一艘船"玉兴 8 号"虽然已注销了中国籍，但截至案发时该船未在他国登记注册。此外，该船于 2011 年 1 月 31 日被我国公民购买，案发时悬挂中国国旗，包括船长在内的所有船员均为中国籍，因而按照国际惯例，"玉兴 8 号"也应被认定为中国船只。故依照属地主义原则，我国有权对湄公河案件行使管辖权。(2) 基于保护主义原则。在本案中，被害的 12 名船员皆被证实为中国国籍，尽管该案件是在属于泰国领土的湄公河流域发生的，但所侵害的是中华人民共和国公民的生命权。根据我国《刑法》第 8 条的规定，中国可以主张该案的管辖权。

综合上述分析发现，依据不同的原则，缅甸、泰国、老挝和我国都可对湄公河案主张管辖权，但由于该案对我国的国家和人民利益侵害最大，加上中国近几十年综合国力的迅速增长，所以在多国协作的前提下，最终由我国行使了对本案的主要管辖权。❶

二、法的空间效力

就法的空间效力而言，根据我国目前的情况，可以大致分为三种：(1) 全国有效；(2) 在制定机关管辖范围内有效；(3) 由全国人大制定的有关特别行政区的法律只针对特别行政区有效。

三、法的时间效力

法的时间效力包括法何时生效、何时失效以及法对其生效以前的事件和行为有无溯及力三方面的问题。其中，尤其需要注意的是法的溯及力问题。由于行为发生和对该行为进行法律裁断天然存在一定的时间过程，而法律又随着社会的变化而不断变化，所以必然会产生法对其生效以前的事件和行为是否有效的问题。

探讨法的溯及力，首先需要满足的条件是，在事件或行为发生之后，且是在对该行为或事件进行法律裁断之前，对该事件或行为进行调整的法律发生了变化。否则，如果该事件或行为发生在新法生效之后，或者在新法生效之前对该事件或行为的法律裁断已经进行完毕，那就理所当然应适用新法或者旧法，而根本不涉及法的溯及力问题。

---

❶ 赵远. 糯康案件所涉刑事管辖权暨国际刑事司法合作问题研究 [J]. 法学杂志, 2014 (6): 127-140.

现代法治社会，为了维护法的普遍性和可预测性，通常采用法不溯及既往的原则。但为了适应社会和法律的不断进步和发展，在刑法领域中，会在新法认为不构成犯罪或处刑较轻时，适用新法，即采用"从旧兼从轻"或"有利追溯"的原则。

必须指出的是，溯及力问题其实是一个非常复杂的问题，除了"不溯及既往"和"从旧兼从轻"原则，在实体法与程序法的区分、公法与私法的区分、法律解释的溯及力、处罚的轻重比较等方面，都还有着一些复杂的问题值得深入研究。

 案例五　赖某某走私普通货物案

【基本案情】

1991年起，赖某某通过在香港、厦门等地设立公司、建立据点、网罗人员等，形成走私犯罪集团。1995年12月至1999年5月，赖某某犯罪集团采取伪报品名、假报出口、闯关等手段，走私香烟、汽车、成品油、植物油、化工原料、纺织原料及其他普通货物，案值共计人民币273.95亿元，偷逃应缴税额人民币139.99亿元。为实施走私活动和谋取其他不正当利益，赖某某于1991年至1999年，直接经手或指使犯罪集团成员先后向64名国家工作人员贿送钱款、房产、汽车等财物，折合人民币共计3912.89万元。1999年8月，赖某某畏罪自香港潜逃加拿大，并向加拿大移民部提出了难民资格申请，企图长期滞留加拿大，以逃避法律制裁。加拿大有关部门经甄别，驳回了赖某某的难民资格申请。随后加拿大移民部启动了对赖某某的遣返程序，并最终于当地时间2011年7月依法将其递解出境，中加双方在北京首都国际机场办理了有关交接手续。随后，我公安机关依法向赖某某宣布了逮捕令。

赖某某潜逃期间，共有600多名涉案人员被审查，有近300人被追究刑事责任，其中5人是以"走私普通货物罪"的罪名被判处死刑并已被执行。

赖某某滞留加拿大期间，向加拿大司法机关提出不能遣返的一个重要理由是，回国后有可能被判处死刑，而加拿大则是已废除死刑的国家。2011年初，中国《刑法修正案（八）》出台，废除了走私普通货物、物品罪的死刑。

2012年5月，厦门市中级人民法院依法公开宣判。法院认定，赖某某犯走私普通货物罪，判处无期徒刑，剥夺政治权利终身，并处没收个人全部财产；犯行贿罪，判处有期徒刑十五年，并处没收个人财产人民币二千万元，两罪并罚，决定执行无期徒刑，剥夺政治权利终身，并处没收个人全部财产。

【主要法律问题】

（1）赖某某案是否满足法的溯及力问题适用的条件？
（2）对赖某某应适用修正前的刑法还是修正后的刑法进行处罚？

【理论分析】

赖某某的走私犯罪行为发生在 1995 年 12 月至 1999 年 5 月，行贿犯罪行为发生在 1991 年至 1999 年，对其走私和行贿犯罪行为的宣判是在 2012 年。其间，针对两种犯罪行为的刑事法律也发生了两次主要变化，一是 1979 年刑法及各单行刑法于 1997 年经过了全面修订，二是 2011 年《刑法修正案（八）》废除了走私普通货物、物品罪的死刑。对相关时间点进行分析可以发现，在犯罪行为发生以后，在对赖某某进行法律裁断之前，相关法律发生了变化，所以本案满足法的溯及力问题适用的条件。

由于满足了法的溯及力问题的适用条件，就需要按照"从旧兼从轻"原则进行处理。赖某某同时触犯走私普通货物罪和行贿罪，应数罪并罚，但根据具体情节，在其处罚量刑中起决定性作用的是走私罪，行贿罪虽然需要量刑，但在数罪并罚时会被走私罪的处罚吸收。对走私罪而言，《刑法修正案（八）》取消走私普通货物罪的死刑是对量刑起决定性作用的变化，即新法处罚较轻，所以按照"从旧兼从轻"原则，应按照修订后的新法进行处罚，最高只能判处无期徒刑。法院最终也是按照这一原则依法进行了判决。

案例六　高某某危险驾驶案

【基本案情】

2011 年 2 月 25 日，《中华人民共和国刑法修正案（八）》（以下简称《刑法修正案（八）》）由中华人民共和国第十一届全国人民代表大会常务委员会第十九次会议通过，自 2011 年 5 月 1 日起施行。此番修法，意味着醉驾正式入刑。

2011 年 5 月 9 日，音乐人高某某因酒后叫的代驾迟迟未到，便自己开车走了，最终造成 4 车追尾。2011 年 5 月 17 日，高某某醉驾案在北京市东城区法院开庭审理。最终，高某某以"危险驾驶罪"被判拘役 6 个月，罚款 4000 元人民币。在庭审过程中，高某某态度较好，完全认罪，他还称"酒令智昏以我为戒"。

【主要法律问题】

（1）高某某案是否满足法的溯及力问题的适用条件？
（2）对高某某应适用修正前的刑法还是修正后的刑法进行处罚？

【理论分析】

高某某的醉驾行为发生在 2011 年 5 月 9 日，对其醉驾行为的法律裁断发生在 2011 年 5 月 17 日，而将醉驾入刑的《刑法修正案（八）》于醉驾行为发生之前的 2011 年 5 月 1 日开始施行。由于新法在行为发生前已经开始实施，所以高某某案不符合法的溯及力问题的前提条件,不适用"从旧兼从轻"的原则,理所当然地应该适用新法,法院最终也是按照修订后的刑法对高某某以"危险驾驶罪"顶格处罚,判处6个月的拘役。

 **案例七　牛某保外就医逾期未归案**

【基本案情】

1983年,北京青年郑某纠集牛某等十人组成"菜刀队",准备了数把菜刀并制作了黑面罩,牛某作为骨干分子,多次参与聚众持械斗殴,寻衅滋事,经人举报后牛某等人被公安机关抓获。法院认为,牛某所在团伙危害一方,民愤极大,犯罪情节特别严重,应依法严惩。北京市中级人民法院以流氓罪判处牛某死刑,缓期两年执行,剥夺政治权利终身。

后来,牛某开始在新疆石河子某监狱服刑。1986年,由于表现良好,被减为无期徒刑,4年后,又被减刑至18年。1990年10月,牛某由于染上空洞型肺结核且病情严重被允许保外就医,时效期为一年,后又续一年。时效过后,没有收到继续服刑通知的他,继续滞留家中。留家期间,与刘某在1997年结婚,由于还是没有收到来自新疆监狱的召回命令,需每个月到派出所进行思想汇报。值得一提的是,按照1997年修订后的刑法规定,流氓罪被取消。

2004年,两名新疆警官来到牛某家中,要求他返回监狱继续服刑。根据警察的描述,监狱方面其实一直都在给牛某写信,让他尽快归狱,甚至还分别于1999年和2001年在网上发布过两次通缉。然而牛某却表示从来没有收到过任何来自监狱的信件,也完全没有收到过被通缉的音信。由于超时未归,牛某的刑期也相应延长,原本该于2008年出狱的他因为"保外就医14年"而不得不延至2020年出狱。对此牛某的家人多次向法院反映情况,但最终法院还是决定对其执行延期释放的判罚。

此事一出即引起热议,因为我国在1997年7月份的时候取消了流氓罪这个罪名,碰巧就是牛某结婚当天,所以牛某的罪名不存在了,但是还需要服刑。牛某也被网友称为"中国最后一个流氓犯",不少网友觉得,牛某受到了不公平对待,一是罪与罚不相当,二是不应该再为不存在的罪名服刑。

【主要法律问题】

(1) 对牛某是否可以按照修订后的刑法重新判决?为什么?
(2) 对已经生效的裁判,为什么不宜依据新法改判?

【理论分析】

由于流氓罪入罪标准较为模糊,在特殊历史时期,不免被扩大使用。法条中"其他流氓活动"的表述常被指摘打击面过宽，"流氓罪是个筐，什么都可以往里装"，成为事实上的口袋罪。在学界和实务界的共同呼吁下，1997年修订后的刑法通过并开始施行，流氓罪被取消。该罪被具体拆解为聚众斗殴罪，寻衅滋事罪，聚众淫乱罪，引诱未成年人参加聚众淫乱罪，盗窃、侮辱、故意毁坏尸体罪，强制猥亵、侮辱妇女罪以及猥亵儿童罪等。新分解出的罪名全部废除了死刑和无期徒刑。

本案中，牛某的聚众斗殴、寻衅滋事行为发生在1983年，对其法律裁断也发生在同年，而取消流氓罪的新刑法是从1997年10月1日开始实施的。由于法律变化是在法律裁断之后才发生，所以不涉及法的溯及力问题，不适用"从旧兼从轻"的原则，应按照《中华人民共和国刑法》（1997）第12条第2款之规定，继续履行对牛某已经生效的刑事判决，不得改判。

本案引起大家热议的核心其实不是溯及力问题及"从旧兼从轻"原则的合理性，而是由于执法机关的疏失，导致牛某未能及时服刑完毕，而需要"再次"入狱服刑。由于保外就医时间过长，人们法律观念已经有了较大变化，导致新旧法律之间的差异在新的时空条件下被戏剧性地呈现。但是执法机关的疏失和过长的保外就医时间并不构成法的溯及力问题的前提条件，也不构成改判的理由。其实不论保外就医时间是否过长，不论刑期长短，甚至不论是有期徒刑、无期徒刑还是死刑，法律裁断一经生效，便不因时间因素而更改，除非在认定事实或适用法律上确有错误并经再审程序改判，或者经由赦免。但本案并不符合申请再审的条件，在未经赦免的情况下，只有继续让牛某服刑完毕。

对社会和法治迅猛发展的当代中国而言，以2004年的刑法看待1983年的犯罪，难免会有罪责不相称的感慨。但是为了维护司法裁判的既判力和权威性，让依照旧法作出的生效判决继续有效的做法，其实也是两难之下的较优选择。如果法律一经修改便要对尚未执行完毕的裁判改判，不但有损民众对既有法律的信赖，也会极大增加司法机关的工作量。

细究之下，"两难"的源头不在其他，而在法律自身，法律既要变化以适应社会的变迁——对处于社会转型时期的中国而言尤其如此——又要保持稳定来维护预期和充实权威。在多重需求下，不管是从旧还是从新，从轻还是从重，改判还是继续有效，"不公"或"不妥"都在所难免。而目前我国刑法关于法的时间效力和溯及力方面的规定，很大程度上已经在利害轻重之间做了权衡。在规则的刚性约束下，完美的个案处理其实是不可能的任务。

四、法的效力冲突及其处理原则

现代社会中，即使同为有效，但由于各种法律卷帙浩繁、数量繁多、制定主体多样、产生时间和侧重点也有不同，所以彼此之间难免产生冲突。这势必直接影响国家法制的统一和人们的预期，是现代法治国家必须解决的问题。

我国《立法法》依据法治的基本原则和中国特色社会主义的立法体制，确立了解决法律冲突的基本方法：第一，根本法（宪法）优于普通法；第二，上位法优于下位法；第三，新法优于旧法；第四，特别法优于一般法。

值得注意的是，根本法优于普通法，上位法优于下位法，是没有生效时间早晚和规定事项是一般还是特别的限制的，位阶高低是首要适用的原则；新法优于旧法，特别法优于一般法，只有在同一机关制定的不同规定（其效力位阶自然是相同的）之间冲突时才能适用；如果是同一机关制定的新的一般规定与旧的特别规定发生冲突，基本由制定机关裁决；如果是不同机关制定的，但没有位阶高低区分的规定之间的冲突，需特别机关裁决。

值得注意的是，法的效力冲突时的"新法优于旧法"与探讨法的溯及力问题时的"从旧"原则，是在不同场景下使用的，并不矛盾。"新法优于旧法"是行为时都有效且制定机关相同的不同法律之间冲突时须遵循的，而法一般没有溯及力的"从旧"原则是在行为发生时的旧法已经失效、行为处理时的新法已经生效时的处理方法。

 案例八　洛阳种子赔偿案

【基本案情】

2003年1月5日，洛阳市中级人民法院开庭审理了甲公司委托乙公司代为繁殖玉米杂交种子的纠纷，在案件事实认定上双方没有分歧，但在赔偿损失的计算方法上原被告双方却存在巨大分歧。原告甲公司认为，玉米种子的销售价格应依照《中华人民共和国种子法》（以下简称《种子法》）的相关规定，按市场价赔偿约70万元；被告乙公司则认为，应当依据《河南省农作物种子管理条例》（以下简称《条例》）及省物价局、农业厅根据该《条例》制定的《河南省主要农作物种子价格管理办法的通知》（以下简称《通知》）的相关规定，按政府指导价赔偿7万元即可，"市场价"和"政府指导价"两者差距甚大。

2003年5月27日，洛阳中院对此案作出一审判决，基本支持原告甲公司的诉讼请求，判令被告乙公司赔偿原告经济损失近60万元及其他费用。关于适用法律的问题，承办法官在判决书中解释说："《种子法》实施后，玉米种子的价格已由市场调节，《条例》作为法律阶位较低的地方性法规，其与《种子法》相冲突的条款自然无效，而河南省物价局、农业厅联合下发的《通知》又是依据该条例制定的一般性规范性文件，其与《种子法》相冲突的条款亦为无效条款。"此后，本案被上诉至河南省高级人民法院。

洛阳中院判决书的表述激起河南省人大的强烈反响，河南省人大常委会认为"民事判决书中宣告地方性法规有关内容无效，这种行为的实质是对省人大常委会通过的地方性法规的违法审查，违背了我国人民代表大会制度，侵犯了权力机关的职权，是严重违法行为"。10月18日，河南省人大常委会办公厅下发了《关于洛阳市中级人民

法院在民事审判中违法宣告省人大常委会通过的地方性法规有关内容无效问题的通报》，要求河南省高院对洛阳市中院的"严重违法行为作出认真、严肃的处理，对直接责任人和主管领导依法作出处理"。洛阳市中院党组根据要求作出决定，撤销判决书签发人的副庭长职务和承办人的审判长职务，但该决定最终未履行。

河南省高级人民法院受理此案后，向最高人民法院进行了请示。最高人民法院于2004年3月30日作出答复，指出根据《立法法》第79条和当时适用的《中华人民共和国合同法解释（一）》第4条的规定，人民法院在审理案件过程中，认为地方性法规与法律、行政法规的规定不一致，应当适用法律、行政法规的相关规定。由此，河南省高级人民法院作出终审判决，维持洛阳市中级人民法院的原判决。

【主要法律问题】

（1）《中华人民共和国种子法》属于何种法律渊源？《河南省农作物种子管理条例》属于何种法律渊源？

（2）针对本案，应该适用《中华人民共和国种子法》还是《河南省农作物种子管理条例》？为什么？

【理论分析】

面对法律冲突应该如何解决的问题，我国《立法法》给出了基本方法：第一，根本法（宪法）优于普通法；第二，上位法优于下位法；第三，新法优于旧法；第四，特别法优于一般法。在这套方法体系中，效力位阶是首要原则；而新法优于旧法、特别法优于一般法是在没有位阶高低且系同一机关制定的情况下适用的第二性原则。

结合本案实际，发生冲突的两部法律分别是《种子法》和《条例》，前者的制定主体是全国人民代表大会常务委员会，在法律渊源中属于法律；后者的制定主体是河南省人民代表大会常务委员会，在法律渊源中属于地方性法规。二者存在位阶差异，法律的效力高于地方性法规，本案应当以《种子法》为依据进行裁判。

《立法法》不仅给出了法律冲突时的效力判别办法，同时对违反上位法等不适当的规范性法律文件的权限和机关也作出了严格规定，根据《立法法》（2000年）第88条的规定，省、自治区、直辖市的人民代表大会常务委员会制定和批准的不适当的地方性法规，只有全国人民代表大会常务委员会或该省、自治区、直辖市的人民代表大会才有权改变或撤销。易言之，在我国的违宪和违法审查机制中，各级法院是没有权限的。所以，本案的关键不在于法院适用了位阶较高的《种子法》（这自然是正确的做法），而在于一审法院在判决书中直接指明位阶较低的地方性法规由于违反上位法的规定而"无效"。在我国现行宪法框架和司法体制下，各级人民法院是没有审查规范性法律文件效力的权限的。

那么，在审判实践中遇到法律冲突的情况该如何解决？目前可行的做法可能有二，一是直接适用上位法，避开下位法的效力判断；二是中止审理，逐级上报，等待有权部门的确认和回复。

案例九 刘某某诉交警部门案

【基本案情】

刘某某2005年1月27日驾驶摩托车被值勤交通民警以不按规定车道行驶为由以简易程序处以100元罚款。刘某某不服，于2005年3月18日将交警部门诉至广西南宁市青秀区人民法院。

原告认为，根据《中华人民共和国行政处罚法》（以下简称《行政处罚法》）第33条规定，对公民处以警告或50元以下罚款的处罚才能适用简易程序当场处罚；而且《行政处罚法》第3条还特别规定，法律、法规、规章对行政处罚的规定和行政机关实施行政处罚的程序，都必须"依照本法"，这是明确排除其他法律、法规、规章作出除外规定的效力的。所以，被告对原告的处罚违反了《行政处罚法》规定的法定程序，应属违法，并应予以撤销。

被告则认为，根据《中华人民共和国道路交通安全法》（以下简称《道路交通安全法》）第107条第1款和公安部《道路交通安全违法行为处理程序规定》第7条第2款的规定，对原告作出的处罚是符合法律规定的，所以此案应适用《道路交通安全法》而非《行政处罚法》。

一审法院审理认为，被告对原告作出处罚依据的是《道路交通安全法》，该法是规范道路交通秩序的特别法，按照特别规定优于一般规定的法律适用规则，被告适用上述法律规定对原告作出当场处罚100元，适用法律、法规正确，程序合法。据此，原告主张被告适用简易程序作出处罚决定，处罚程序不合法的理由不成立，判决驳回原告诉讼请求。

二审法院审理认为，本案出现了法律规定的选择适用问题。全国人大常委会作为全国人大的常设机关，没有上下级的区分，应视为同一机关；全国人大和全国人大常委会制定的法律也不存在上位法和下位法的区分，只存在"基本法律"和"基本法律以外的法律"的区别。《行政处罚法》是全国人大制定的关于行政处罚的基本法律，《道路交通安全法》是全国人大常委会制定的关于道路交通安全管理的法律，属于基本法律以外的法律。由于两法不存在上位法和下位法的区分，故不存在下位法的规定与上位法的规定相抵触的情形，只是出现了同一机关制定的法律一般规定与特别规定不一致的情形，即《行政处罚法》的上述规定属于行政处罚适用简易程序的一般规定，《道路交通安全法》的上述规定属于对道路交通违法行为实施行政处罚适用简易程序的特别规定。根据《立法法》第83条关于特别规定优于一般规定的规定，交管部门实施行政处罚没有违反法定程序，故而判决驳回上诉，维持原判。

【主要法律问题】

（1）《中华人民共和国行政处罚法》属于何种法律渊源？《中华人民共和国道路交通安全法》属于何种法律渊源？

（2）全国人大制定的法律和全国人大常委会制定的法律有无位阶上的高低之分？

【理论分析】

本案的争议焦点是《行政处罚法》与《道路交通安全法》对行政处罚简易程序的规定不一致，应当如何选择适用的问题，属于典型的法律冲突问题。正如前文所述，位阶区分是解决法的效力冲突时应首先适用的原则，而新法优于旧法、特别法优于一般法是在没有位阶高低且系同一机关制定的情况下适用的第二性原则。而法律位阶的区分，在形式上是要确定不同法律的渊源性质，实质上一般是依据制定主体的差异来进行的。

本案中，发生冲突的两部法律是《行政处罚法》和《道路交通安全法》，前者由全国人大通过，后者由全国人大常委会通过。从法律渊源的性质上而言，都属于法律，没有位阶高低。所以，应该根据法律的新旧和特别法与一般法的属性来进一步考量。由于《行政处罚法》是1996年通过的一般法，而《道路交通安全法》是2003年通过的特别法，所以《行政处罚法》是旧的一般法，而《道路交通安全法》是新的特别法，根据新法优于旧法、特别法优于一般法的原则，应该适用《道路交通安全法》。这也是一二审法院判决原告败诉的根本原因。

但原告其实也早已注意到了这种法律冲突解决方案的基本逻辑，并且并不反对法律位阶区分的基本原则，只是依据相关法条和法律原则，为既有的位阶识别引入了新的考量要素，即全国人大和全国人大常委会是否属于同一机关？以及全国人大制定的属于"基本法"性质的法律与全国人大常委会制定的属于"非基本法"性质的法律，是否也应该有位阶的高低？这些质疑并非毫无道理，所以本案也引起了学界的广泛关注和热烈讨论。

第一，全国人大常委会是全国人大的常设机构，将其视为不同的机关显然是不合适的。但我国现行《宪法》和《立法法》又确实对全国人大和全国人大常委会的立法权限进行了区分，并将基本法律的立法权单独授予全国人大，所以将其完全视为同一机关也是不合适的。

第二，在我国目前宪法居于最高地位，法律居于第二层级，行政法规居于第三层级、地方性法规、自治条例、单行条例以及规章居于较低层级的法律位阶序列中，对全国人大和全国人大常委会制定的法律之间的位阶，没有明示，由此导致学界一直存在"不同位阶说"和"相同位阶说"两种不同的观点。本案中，原告主张的其实是"不同位阶说"，而法院判决依据的则是"相同位阶说"。

与前述法院判决所依据的"相同位阶说"不同，原告主张的"不同位阶说"认为，鉴于我国《宪法》和《立法法》都规定了全国人大对基本法律的专属立法权，所以虽然从渊源性质而言都属法律，但全国人大制定的基本法律与全国人大常委会制定的非基本法律之间也应当有位阶区别，基本法律的位阶应当高于非基本法律。如果以此逻辑切入本案，便会得出《行政处罚法》位阶高于《道路交通安全法》，应适用《行政处罚法》而非《道路交通安全法》这一与本案两审判决迥然不同的结论。而这一结论，甚至更加契合人们对法律体系严密性和我国法治发展的期待。

但在基本法和非基本法区分的问题上，有学者早已指出，基本法律的制定权是全国人大的专属立法权，但不是其全部立法权，全国人大既可以制定基本法律，也可以制定非基本法律。不仅现行《宪法》和《立法法》在文本中没有排除全国人大对非基本法律的制定权，而且从立宪史和立法实践的角度，全国人大也一直在行使部分非基本法律的制定权。所以，仅从制定机关是全国人大，就来判定一部法律属于基本法律可能出现前提性错误。并且，不论官方还是学界，对于基本法律和非基本法律的界限并无定论。所以，以基本法律与非基本法律的区分作为依据，很难使法律位阶问题得到良好的解决。基本法律和非基本法律、上级机关和下级机关、上位法和下位法这三对概念，分别具有不同的指向，不能简单地将其混同。❶ 因此，在目前的情形下，法院判决所依据的"相同位阶说"，不失为既不突破《宪法》和《立法法》文本，又得到实践逻辑验证的较为合理的主张。

---

❶ 马英娟. 再论全国人大法律与全国人大常委会法律的位阶判断——从刘家海诉交警部门行政处罚案切入[J]. 华东政法大学学报, 2013（3）: 79-96.

CHAPTER 3 第三章

法的要素

 **本章知识要点**

本章主要在"整体与部分"的层面,从"微观构成"的角度明确"法是什么"。主要内容包括:(1)法包括概念、规则、原则三种要素。(2)法律概念是认识与表达法律问题的基本质料,其作用在于将特定的主体、客体、内容等事实要素与一定的法律规则或原则相连接。(3)法律规则是具体规定权利、义务以及法律后果的准则,或者说是对一个事实状态赋予一种确定后果的各种指示和规定。(4)法律原则是法律的基础性真理、原理,或为其他法律要素提供基础或本源的综合性原理或出发点。

第一节 法律概念

一、法律概念的性质与功能

从逻辑学的角度而言,任何命题都是由概念组成的,法律命题也不例外。法律概念,是认识与表达法律问题的基本质料。法律概念既出自日常生活,又经由法律人的创制或加工,是法律与日常生活联系的纽带。

法律概念具有表达、认识和提高法律合理化程度等功能,其基本作用,是将特定的主体、客体、内容等事实要素与一定的法律规则或原则相连接,从而为人们认识和评价法律事实提供必要的结构。在许多案件中,是否能将一定的事实要素纳入某一特定的法律概念中,会对这个案件的最终裁判结果起到至关重要的作用。

二、法律概念的分类

法律概念依不同的标准可以有不同的分类。按照概念涉及的内容不同,法律概念可以分为涉人概念、涉事概念与涉物概念;按照概念的功能不同,法律概念可以分为描述性概念和规范性概念;按照概念的确定性程度不同,法律概念可以区分为确定性概念和不确定性概念;按照法律概念涵盖面大小,法律概念可以区分为一般法律概念和部门法律概念。

 **案例一　职业打假人维权案**

【基本案情】

2019年4月22日,徐某某在沈阳市铁西区某购物店购买某品牌面包一个并支付货款3元。面包外包装载明:"生产日期20190417,保质期为常温下4月份至9月份为4天。"徐某某用手机间断录制了购买过程。购买过程中及之后均未向店家提及产品过期之事。之后,徐某某向法院提起诉讼,要求沈阳市铁西区某购物店承担责任。由于面包售价只有3元,根据《食品安全法》的规定,他要求惩罚性赔偿1000元并返还商品价款3元,共计1003元。徐某某称,2018年至2019年,其30余次因过期面包问题针对不同的经营者提起诉讼。

一审判决认为,徐某某"并非一般意义上的消费者",以维权为手段利用法律规定牟利,不符合维护消费者合法权益、营造诚实信用市场氛围的立法本意,故驳回其诉求。

二审法院认为,根据《最高人民法院关于审理食品药品纠纷案件适用法律若干问题的规定》,消费者举证证明所购买食品不符合安全标准,主张经营者赔偿,不论是否明知故买,人民法院都应予支持。据此,判决支持其惩罚性赔偿主张。

【主要法律问题】

(1)本案原告徐某某是否属于消费者?
(2)相关法律中消费者可以要求惩罚性赔偿的原因是什么?

【理论分析】

本案中,原告的诉讼请求是否能够被支持,关键在于明确原告是否属于消费者。只有当原告属于消费者这一法律概念时,其诉讼请求才能被涵摄进相关法律规则。按照《消费者权益保护法》第2条的规定,消费者是为生活消费需要购买、使用商品或者接受服务的人。根据这一定义,为生活需要消费才能是消费者,这就排除了因生产经营而进行的消费活动。那么打假人明知食品、药品存在质量问题,以牟利为目的的消费活动是否是为了生活需要呢?

这属于一个模糊的地带。反对者会认为如果购买产品的目的不是个人或家庭生活需要而是获得惩罚性赔偿,那就不属于消费者;支持者会认为消费者是一个相对概念,是相对于生产者、经营者而言的,任何人只要不是为了将商品再次投入市场交易,不是为了从事商品交易活动,即使是明知商品有问题而购买,也不能否认其为消费者。且食品安全法并没有限制消费者的购物动机,也没有限制消费者事前知道食品不符合安全标准而不得索赔。

面对这种争议,2013年出台的《最高人民法院关于审理食品药品纠纷案件适用法律若干问题的规定》第3条规定,因食品、药品质量问题发生纠纷,购买者向生产者、销售者主张权利,生产者、销售者以购买者明知食品、药品存在质量问题而仍然购买为由进行抗辩的,人民法院不予支持。最高人民法院在新闻发布稿中对该条款明确解释为:"知假打假"行为不影响主张消费者权利,通常情况下的购物者应当认定为消费者,可以主张惩罚性赔偿。最高人民法院第23号指导性案例也认为,消费者是相对于销售者和生产者的概念。只要在市场交易中购买、使用商品或者接受服务是为了个人、家庭生活需要,而不是为了生产经营活动或者职业活动需要的,就应当认定为"为生活消费需要"的消费者。

但面对日渐增多的职业打假人诉讼,生产经营者"不胜其扰",最高人民法院办公厅在法办函【2017】181号《对十二届全国人大五次会议第5990号建议的答复意见》中,对于人大代表提出的关于引导和规范职业打假人的建议进行了答复,认为考虑到食药安全的特殊性及现有司法解释和司法实践的具体情况,可以逐步限制职业打假人的牟利性打假行为,但是,涉及食品和药品的领域除外。最高院将根据实际情况,适时借助司法解释、指导性案例等形式,逐步遏制职业打假人的牟利性打假行为。更有法官表示,从目前的案件中看,这些知假买假者选择的都是赔偿能力强的大型超市或者网络平台,对于真正假货较多的批发市场、农贸市场以及小商贩的经营行为,即使更明显地危及公众健康,他们也不会关注。何况,起诉理由中,往往还以"标签不合规"这种简单的事由居多。每年真正的普通消费者维权的案件非常少,绝大多数前来起诉的都是职业打假人,对于本就极为紧张的司法资源而言,不能不说是一种浪费。在此背景下,不仅职业打假人的民事诉讼请求能否得到支持裁判不一,甚至有的职业打假人因涉嫌敲诈勒索罪被起诉。

如果从制度设计的初衷来看,在消费领域采取惩罚性赔偿,在食品、药品领域加重赔偿,是为了在公力救济不足和可能被"收买"的前提下,以普通消费者的消费数额、专业知识和维权概率为基础,设定惩罚性赔偿以弥补消费者的维权成本,从而增强私力救济的积极性。然而,立法者始料未及的是,这一制度设计催生了一个新的职业,职业打假者的消费数额、专业知识、维权次数都远远超出普通消费者,其维权对象也存在一定的偏颇,进而产生了新的社会和法律问题。

纵观职业打假人的维权实践可以发现,"消费者"概念的辨析是该领域难以回避的核心问题。其他许多疑难案件中,也是类似的情况。这也鲜明地向我们展示出法律概念在法的要素中的重要地位和意义:只有通过法律概念,主体、客体、内容等相关事实要素才能与一定的法律规则或原则相连接,法律才能进而发挥其规范作用。

第二节 法律规则

法律规则是具体规定权利、义务以及法律后果的准则，或者说是对一个事实状态赋予一种确定后果的各种指示和规定。尽管国外有些学者认为，规则（rule）与规范（norm）存在一定的差异，但在我国，二者常常被作为同一概念使用，这在传统的"法律是行为规范的总和"这个定义中可以清楚地看出。

一、法律规则的结构

法律规则的逻辑结构，有三要素说和两要素说。目前新三要素说认为，法律规则由假定条件、行为模式和法律后果三个部分组成。所谓假定条件，是指这一规则适用的前提，即在何种空间、何种时间、对什么人应该适用这一规则。所谓行为模式，是指法律规则中规定人们如何具体行为的"范例"部分，通常分为可为模式、应为模式和勿为模式三种情况。所谓法律后果，是法律规则中规定人们在作出符合或不符合行为模式的要求时应承担的相应的法律后果，这种后果从大的方面，又可以分为合法后果和违法后果两种。

在法律规则逻辑结构的三要素说中，如果充分罗列假定条件会非常烦琐，所以二要素说将假定条件排除在外。但不管三要素说还是二要素说，都以逻辑学中的假言命题和演绎推理为基础，在实际千姿百态的法律表述和法律操作中难以穷尽各种规则的形态。对此，新分析法学代表人物哈特始创的规则分类理论，常常被学界作为认识规则的另外一种重要借鉴。哈特在奥斯丁命令理论的基础上，认为法律是第一性规则（primary rules）和第二性规则（secondary rules）的组合。第一性规则指的是要求人们做或不做一定行为的义务性规则，第二性规则指的是关于确定第一性规则的规则。之所以需要第二性规则，是由于只存在第一性规则的惯习社会中，存在三个方面的缺陷，即不确定性（规则不宜识别）、静止性（规则不宜改变）和无效率性（规则难以落实）。而第二性规则正好可以弥补这些缺陷，以承认规则来确认规则的存在，以改变规则来引入新的规则或废止旧的规则，以裁判规则来授权权威机构进行裁定以最终落实第一性规则。[1] 显然，第一性规则和第二性规则的区分大大拓展了人们对规则的深入认识。

二、法律规则的特点

与法律原则相比，法律规则具有三大特点，即微观的指导性、可操作性较强和确定性程度较高。其中确定程度较高，是法律规则区别于法律原则的首要特性。如果结

---

[1] [英]哈特. 法律的概念 [M]. 张文显，等译. 北京：中国大百科全书出版社，1996：81-100.

合前述法律规则逻辑结构的理论，可以发现，规则较之原则，其适用时的前提（假定条件和行为模式）和后果（法律后果）都更为具体和明确，因此才使得其微观的指导性和可操作性较强，最终使得规则可以进行"全有或全无"式的适用。

所谓法律规则"全有或全无"式的适用，蕴含了法律规则与法律原则的重要区别：首先，当规则规定的事实出现时，规则提供的答案就必须被接受或者被拒绝，没有其他的选择，也就是"要么适用，要么不适用"，而原则是在进行权衡后才能决定是否适用的。其次，至少在理论上，规则的例外能够被全部列举，而原则的例外不可完全列举。最后，法律规则无重要性维度，而法律原则却具有重要性的维度。

但是全然明确的规则只是理论上的，因为概念、语言和人们思维本身就存在天然的模糊性和边界性，所以一个全部由确定性规则构成的法律体系只是学者们的一种理想或假定。

 案例二　刘某某伤熊案

【基本案情】

某大学电机系 4 年级学生刘某某，于 2002 年 1 月 29 日和 2 月 23 日，先后两次把掺有火碱、硫酸的饮料，倒在了北京动物园饲养的狗熊身上和嘴里，造成 3 只黑熊、1 只马来熊和 1 只棕熊受到不同程度的伤害，且上述 3 种动物均被《濒危野生动植物种国际贸易公约》列为国际一级保护动物。当时，这名大学生年仅 21 岁，已通过研究生考试。对于为什么要残害动物，刘某某说："我曾经从书中看到过熊的嗅觉敏感，分辨东西能力特别强。但人们又总说'笨狗熊'，所以我就想验证一下狗熊到底笨不笨。"

对刘某某犯罪行为的定性在法律界引起了较大的争议，主要观点有：（1）构成"非法猎捕、杀害珍贵、濒危野生动物罪"；（2）构成"故意毁坏公私财物罪"；（3）构成"破坏生产经营罪"；（4）构成"寻衅滋事罪"；（5）不构成犯罪。但每种观点都存在一定的反对意见。

2003 年 4 月北京市西城区法院开庭宣判，法庭判决被告人刘某某犯故意毁坏财物罪，免予刑事处罚。法院认为，被告人刘某某故意毁坏财物的行为，侵犯了公共财产的所有权，且具有严重情节，已构成故意毁坏财物罪，应依法予以惩处。但是，鉴于被告人刘某某能够真诚悔罪，且在故意毁坏财物犯罪中，情节轻微，可免予刑事处罚。

【主要法律问题】

（1）刘某某的伤熊行为，是否构成多个罪名？
（2）法律规则与法律原则的区别是什么？

【理论分析】

本案发生后，法律界对刘某某的行为是否构成犯罪和具体构成何种犯罪持有不同观

点，各种观点中究竟何者是正确的，属于刑法学的问题，从"法的要素"这一法理学的角度而言，我们关心的是一个更为基本的问题——法院采纳的观点为什么只能有一个？

这就涉及法律规则的特性，也是法律规则与法律原则的区别这一重要问题。鉴于刑法的罪刑法定原则，在大陆法系的刑事司法操作中，所有犯罪行为最终必须要被涵摄进一个或几个罪名及其对应的分则规则。在这一点上民事案件和刑事案件有着根本不同。易言之，在法的要素理论的视野下，一个有罪的刑事案件在处理过程中，或许可能借助某些原则，但最终必须依据规则确定罪名和刑罚，而民事案件可能直接根据法律原则来进行裁判。

明确上述论断后，必须要解决刑事案件中的数罪并罚制度带来的疑问：数罪并罚不是最终适用了多个规则吗？诚然，罪名和行为并非一一对应，多个行为可能对应一个罪名，也可能对应多个罪名，但根据刑法学中数罪并罚和竞合犯的相关理论，一个行为，即使存在想象竞合和法条竞合的情形，绝大多数情况下也只能对应一个罪名。❶结合本案实际，被告虽有两次行为，但两次行为只符合一个犯罪构成，所以属于单一罪，并不能构成数罪并罚，因此其对应的罪名也只能有一个。而在其他确实应当数罪并罚的情形下，也是由于存在多个行为，且多个行为成立了不同的犯罪构成。所以，针对一个行为或符合一个犯罪构成的多次行为而言，只能适用一个规则定罪量刑。

刑法学中的犯罪构成理论和罪名理论深刻揭示出法律规则与法律原则的区别。根据规则只能"全有或全无"式地适用的原理，在只针对一个行为或符合一个犯罪构成的多次行为的情形下，规则的适用具有排他性，在罪与非罪、此罪与彼罪之间只能选择其一，而原则可以重叠交叉使用，且具有重要性的差别。

规则的这种"全有或全无"式的排他性使用表明，对单一犯罪行为或符合一个犯罪构成的多次犯罪行为而言，刑法的不同罪名及其对应的规则是逻辑上的"反对"关系，可以同否，但不能同是。这种逻辑关系，是法庭辩论、法律论证的基本前提，也是法律思维的重要表征。所以，本案中对被告行为的刑事定性，只能选择一种方案，只能适用一个规则，而法院的裁判结果也遵循了这一逻辑，只是最后依据例外性规则——真诚悔罪且情节轻微——而免予刑事处罚。

第三节　法律原则

尽管哈特的规则理论大大拓展了人们对规则的认识，但自然法学的拥护者们坚定认为，法律除规则之外，还理所应当也必不可少地包括原则。这一观点逐渐被多数学者所接受。

---

❶ 目前我国《刑法》中，只有第 204 条第 2 款，例外地规定了想象竞合犯按照数罪处理。

一、法律原则的特点

法律原则通常被认为是法律的基础型真理、原理或为其他法律要素提供基础或本源的综合性原理或出发点。相对于规则而言,法律原则具有较宽的覆盖面,某一原则常常成为多种规则的基础;在变化的速率方面,法律原则较为稳定,一般不会轻易改变;在适用的确定性方面,法律原则较为模糊,并且可以重叠性地适用,这和规则只能排他性地适用有着明显不同。

法律原则由于内容抽象、价值色彩浓厚,所以其功能主要表现在以下方面:首先,法律原则的适用不仅存在于执法和司法领域,而且对法的制定也具有非常强的指导意义,不论在整体制度设计、具体权利义务的分配还是法律概念的界定中,原则都发挥着重要作用;其次,在执法和司法的具体个案中,法律原则对法律解释、法律推理等各种法律技术方法的运用也具有重要的指导意义;最后,在法律规则存在矛盾、缺陷或不足时,法律原则可以直接作为案件裁判的依据,起到拯救规则错误和填补法律漏洞的作用。

二、法律原则的适用

尽管法律原则具有非常重要的功能,但由于其内容抽象、确定性程度较低,所以在司法过程中对其适用必须遵守一定的规则:第一,只能适用法律原则,禁止适用道德原则、政治原则等非法律原则;第二,法律规则优先适用,在选用法律的时候,优先选择适用法律规则,适用法律原则是例外,即所谓的"禁止向一般性条款逃逸",易言之,只有在法律规则缺失、矛盾或明显不公时,才能不适用法律规则而直接适用法律原则;第三,充分说明理由,为了最大限度地限制司法者主观因素的影响和完成更高标准的法律论证任务,法律原则的适用者需要对排斥规则而适用法律原则向社会和当事人充分说明理由。

 **案例三 帕尔默案**

【基本案情】

1880 年 8 月 13 日,弗朗西斯·帕尔默立下一份遗嘱,遗嘱约定他的两个女儿——里格斯和普瑞斯顿,即本案的原告,只能继承其遗产中很少的一部分;剩余大部分遗产由其孙子——即本案的被告埃尔默·帕尔默继承。弗朗西斯·帕尔默在立遗嘱时,拥有一座农场和一笔可观的个人财产,他曾是一个鳏夫,但在订立遗嘱后的 1882 年 3 月又与伯瑞斯夫人结婚,婚前签署了一份协议,约定一旦伯瑞斯夫人后于弗朗西斯·帕尔默去世,则由伯瑞斯夫人照管农场、管理财产直至去世。被告埃尔默自祖父帕尔默订立首份遗嘱时起,一直与祖父生活在一起,他知道遗嘱的内容,推测祖父有可能改变遗嘱，且有迹象表明祖父也试图改变遗嘱，为了阻止祖父改变遗嘱，尽快获得遗产，埃尔默毒死了祖父。帕尔默的罪行被发现后遭到指控并被判处数年监禁，同时，他的两位姑姑诉至法院，认为既然帕尔默谋杀了被继承人，他就不应该再享有继承遗产的权利。但帕尔默的律师认为，既然其祖父的遗嘱没有违反纽约州法律明确规定的条款，那么这份遗嘱在法律上就是有效的，既然帕尔默被一份有效的遗嘱指定为继承人，那么他就应当享有继承遗产的合法权利，如果法院剥夺帕尔默的继承权，就是非法更改遗嘱，就是法官在用自己的道德信仰来取代法律。那么依照法律，帕尔默是否还享有继承权呢？

【主要法律问题】

在民事方面，埃尔默·帕尔默是否还应当享有继承权？法律依据是什么？

【理论分析】

不论是我国原《继承法》还是《民法典》都将继承人故意杀害被继承人作为丧失继承权的法定事由，但此案发生时，美国相关法律并未对此作出明确规定，故从效力而言，遗嘱继续有效，被告帕尔默仍然享有继承权，但这种情况不免让人觉得有失公允。无论如何，法官们无法再让被告已经去世的祖父补充表示，如果他的继承人故意杀害他，他是否还要指定他为继承人，并且确实存在即使继承人故意杀害被继承人，但继承人仍然不愿改变遗嘱而剥夺被继承人继承权的可能性。当然，被继承人的意愿也可能恰恰相反。此时，难题已经完全抛给了法官。他们必须在适用既有规则会明显违背道德的情况下决断，是捍卫规则，还是超越规则去追求"正义"，并努力给出让人信服的理由。

帕尔默的律师的观点获得了审判该案的格雷法官的支持，格雷法官认为，严格遵守现有的法律是一种明智的选择，现有法律的含义是由其法律文本自身所使用的文字来界定的，而纽约州遗嘱法的相关规定并未出现模棱两可或含混不清的地方，因而没有理由弃之不用。此外，如果帕尔默因杀死被继承人而丧失继承权，那就是在刑事处罚之外又给其加上额外的惩罚。

但审判该案的另外一位法官厄尔却持相反的见解，他认为立法者的意图对实际的法律有重大影响，法律的真实含义不仅取决于法律文本，而且取决于文本之外的立法者的意图，立法者的真实意图显然不会让杀害被继承人的杀人犯去继承遗产，法官不能在立法者始料未及的事情上单纯依据文本曲解立法者的意图。

本案中厄尔法官的意见最终占据了优势，多数法官的意见是抛弃法律规则，给出一个"公正"的裁决，其借助的重要手段就是"法律原则"，判决书中写道："对于所有法律和合同，可以通过普通法的一般基本准则来控制其运作及影响。任何人不得因自己的欺诈行为而获利，或利用自己的错误，或以任何自己的不法行为获得任何索赔，或以自己的罪行获得财产。"

厄尔法官的观点后来被德沃金、阿列克西等学者进一步阐释，并被总结为：规则是确定性命令，原则是最佳化命令。❶ 但遗憾的是，确定性和最优化都是法律追求的目标，但在面对规则和原则时又难以两全，所以究竟在何时该超越确定性去追求最优化，是法律人时常要面对的两难。

 **案例四　婚外同居遗赠案**

【基本案情】

蒋某与黄某于1963年5月登记结婚，婚后夫妻关系一直较好，并收养一子。1990年7月，蒋某继承父母遗产而取得面积为51平方米的房屋一套。1995年因城市建设，该房屋被拆，拆迁单位将一套面积为77.2平方米的住房安置给了蒋某，并以蒋某的名义办理了房屋产权登记手续。1996年，黄某与比他小近30岁的张某相识后，二人便一直在外租房公开同居生活。2000年9月，黄某与蒋某将蒋某继承所得房产以8万元的价格出售。双方约定在房屋交易中产生的税费由蒋某负担。2001年春节，黄某、蒋某将售房款中的3万元赠与其养子。2001年初，黄某因肝癌晚期住院治疗，于2001年4月18日立下书面遗嘱，将总额为6万元的财产赠与张某，其中包括出售前述房屋所获款的一半即4万元，及住房补助金、公积金、抚恤金和自己所用的手机一部等。该遗嘱于2001年4月20日在泸州市纳溪区公证处得到公证。

2001年4月22日，黄某因病去世。黄某的遗体火化前，张某偕同律师上前阻拦，并当着蒋某的面宣读了黄某留下的遗嘱。当日下午，张某以蒋某侵害其财产权为由诉至泸州市纳溪区人民法院。纳溪区法院认为遗赠人黄某的遗赠行为违反了法律的原则和精神，损害了社会公德，破坏了公共秩序，应属无效行为。依照原《民法通则》第7条的规定，于2001年10月11日作出一审判决，驳回原告张某的诉讼请求。一审宣判后，张某不服一审驳回诉讼请求的判决，于2001年11月向四川省泸州市中级人民法院提起上诉。二审法院查明本案的事实后，以与一审法院同样的理由，当庭作出了驳回上诉、维持原审的终审判决。

【主要法律问题】

综合各种因素考虑，黄某的遗赠行为是否有效？原因是什么？

【理论分析】

黄某作为完全民事行为能力人，对于其个人合法财产，当然有权进行遗嘱处分，

---

❶ 杨建，庞正. 法律原则与法律规则的界限——以德沃金与阿列克西的原则理论为主线［J］. 河北法学，2009（11）：99-103.

且遗嘱经过公证，形式合法。但遗嘱中指定的继承人不是其合法妻子、养子或其他近亲属，而是同居的情人，并且黄某的遗产中包括了其基于婚姻关系而合法获得的妻子继承房屋的出售款的一部分。

与帕尔默案类似，如果依照其遗赠性遗嘱进行遗产处分，可能会发生常人看来明显不公的情况，即合法的妻子没有继承权，"小三"却得了便宜，有违公德，也与民法的公序良俗原则相悖。故一、二审法院都依照原《民法通则》第7条驳回了原告的诉讼请求，判决遗嘱无效，应由其合法妻子和相关亲属进行法定继承。所以，适用法律规则导致明显不公时，可以寻求适用相关的法律原则，在这一点上，本案与帕尔默案是一致的。

但大陆法系和英美法系在法律原则的表现和辨认方面还存在一些差异，英美法系的法律原则往往在成文法中没有明确的表述，而是通过判例、法谚、著作等体现，大陆法系国家的法律原则往往（但并非绝对）在成文法的总则部分有较为明确的表述，这给法官适用原则创造了一定的便利性，更容易寻找法律依据也更便于形成说服力，具有大陆法系特点的我国也是如此。当然，无论英美法系国家还是大陆法系国家，在高质量的法学教科书中，往往对法律原则有着更为全面的归纳和更为透彻的解析。

CHAPTER 4 第四章

权利、义务

 **本章知识要点**

权利和义务是法学的核心范畴，是统领其他法学基本范畴、理解法律实际运行和逻辑运作的关键。本章主要内容包括：(1) 权利和义务是法学的核心范畴，二者具有结构上的相关、数量上的等值、功能上的互补与价值上的主次关系。(2) 法律权利是规定或隐含在法律规范中、实现于法律关系中的，主体以相对自由的作为或不作为的方式获得利益的一种手段。(3) 法律义务是设定或隐含在法律规范中、实现于法律关系中的，主体以相对抑制的作为或不作为的方式保障权利主体获得利益的一种约束手段。

第一节 法律权利

一、权利与义务的基本理论

权利与义务是法学的核心范畴，是统领其他法学基本范畴、理解法律实际运行和逻辑运作的关键。这对核心范畴不仅贯穿法律的一切部门和整个法律运行过程，而且是从法律规范到法律关系再到法律责任的具有逻辑联系的各个环节的构成要素，并全面地表现和实现法的价值。

权利和义务可以从不同的角度、按照不同的标准进行分类：如应有权利和义务、习惯权利和义务、法定权利和义务；基本权利和义务与普通权利和义务；一般权利和义务与特殊权利和义务；第一性权利和义务与第二性权利和义务；行动权利和消极义务与接受权利和积极义务；以及个体权利和义务、集体权利和义务、国家权利和义务、人类权利和义务等。

权利和义务作为一对极具法理意义的基本概念，具有结构上的相关、数量上的等值、功能上的互补与价值上的主次关系。

二、法律权利的概念

权利和义务包括多种要素,具有丰富的内容,历史上有"资格说""主张说""自由说""利益说""法力说""可能说""规范说""选择说"等对权利义务本质的不同认识。

当前我国学界主流观点认为,法律权利是规定或隐含在法律规范中、实现于法律关系中的,主体以相对自由的作为或不作为的方式获得利益的一种手段。有学者进而认为,法律权利具有法定性、求利性和限度性的特点,并且至少包括利益、权能和自由行为三大构成要素。❶

三、法律权利的功能

在法律实践中,以法定权利作为出发点,借助权利所具有的主体、客体、内容、限度等指向处理疑难案件是经常使用的方法,依据权利来进行法律解释、法律推理、法律论证也在法律技术方法中占有非常重要的地位。

但是在权利论证中有两点必须注意。一是应当以法定权利为基础,而不能将道德权利或习惯权利混同于法定权利;二是正如诺贝尔经济学奖获得者罗纳德·科斯指出的那样,问题总是具有相互性,在法律纠纷中,要保护一种权利往往要损害他人的其他权利❷,所以权利冲突在所难免。正是基于上述两点原因,权利总是相对的、有边界的,权利不得滥用也因此成为一项重要的民事法律原则。

案例一 罗伊诉韦德案

【基本案情】

1970年,两位年轻的女律师,也是女性主义运动者,威丁顿(Sara Weddington)和科菲(Linda Coffee)打算向美国得克萨斯州达拉斯市的反堕胎法令发起挑战,以此改变全国关于堕胎的政策。为此她们要物色一位希望堕胎的母亲做原告,最后找到了怀孕中的迈康维(Norma Mc-Corvey)女士,当时她21岁,未婚。1970年3月迈康维化名为罗伊(Jane Roe)起诉达拉斯市的检察官韦德,因为得克萨斯州的反堕胎法令使得她不能在本州获得专业的、安全的堕胎,她代表本人和其他妇女指控反堕胎法令违宪。此案还涉及其他当事人,经过许多周折最后上诉至美国联邦最高法院。

经过两次听证,1973年1月22日,美国联邦最高法院的大法官们以七票对两票通过堕胎合法化的裁决,认为妇女决定是否为人母的权利应获得最高层级的宪法保护。

---

❶ 朱力宇. 法理学原理与案例教程[M]. 北京:中国人民大学出版社,2019:125.

❷ [美]罗纳德·哈里·科斯. 企业、市场与法律[M]. 盛洪,陈郁,译校. 上海:格致出版社,上海三联书店,上海人民出版社,2009:97.

大法官们引用的条文是美国宪法第十四修正案中保护妇女隐私权的条款。美国联邦最高法院第一次认可宪法上的隐私权范围宽泛，足以包括妇女决定是否终止怀孕的权利。法庭争论中的另外一个要点问题是胚胎是否算作潜在的生命。最高法院指出，在胚胎"存活期"以前，各州对潜在生命权益的保护都不是强制性的；在存活期之后各州可以但不必须禁止堕胎，除非出于保护妇女健康和生命的必要。这一裁决推翻了46个州的堕胎法，肯定了怀孕第一期（通常为头三个月）孕妇做决定的自主性；第二期堕胎，为了顾及妇女的健康，各州可以限制，但不能禁止；到第三期，除非母体有生命危险，各州可以立法限制或禁止堕胎。但事实上，绝大多数州都允许"第三期堕胎"。此案标志着美国堕胎合法化运动的开端，也成为美国最高法院后来数十起涉及限制堕胎案件的先例。

【主要法律问题】

（1）堕胎合法可以有什么样的法律理由？堕胎非法又可以有什么样的法律理由？
（2）堕胎合法化如何和女性隐私权联系起来？

【理论分析】

在比利牛斯山这边是真理的东西，在比利牛斯山那边就成了谬误。对于经历过计划生育政策的中国民众来说，堕胎违法简直匪夷所思，但对于有着浓厚基督教传统的美国而言，堕胎合法化则是部分女性历经多次斗争和司法博弈才取得的"成功"，并且时至今日，这种"成功"也尚不彻底，因为美国不少人还是希望改变堕胎合法化的局面。❶ 在美国关于堕胎的诸多法律事件中，罗伊诉韦德案颇具影响力。

是否允许堕胎可能是一种宗教或道德的观念，也可能是和其他因素相关的社会决策，就美国堕胎规制的法律变化历史而言，是否允许堕胎还常常和医疗技术的发展、人口问题、性犯罪、孕妇生命健康等因素联系在一起。但在法律层面，是否允许堕胎往往需要追溯相关的权利依据，只有这样才能把道德或技术的争论转化为具有法律正当性的推演。在美国既有的宪法和权利框架中，持自由立场而赞成堕胎者依凭的往往就是女性的身体隐私权；持保守立场而反对堕胎者主张的往往就是胎儿的生命权。罗伊案中无疑是自由派取得了胜利，但被女性身体隐私权"压制"的胎儿生命权也绝非不再成立，所以才有了孕期的划分和不同的规制手段。

值得注意的是，美国宪法第十四修正案原文中并未有任何针对女性和隐私权的明文表述。这一法案最初产生是为了解决南北战争后的奴隶保护问题，但由于表述中使用了"任何人"（any person）这一措辞，所以对后世产生了深远影响，许多司法判例都以该条文为基础。这也表明，权利可以是"规定"在法律规范中，也可以是"隐

---

❶ 2022年6月24日，美国联邦最高法院作出了多布斯诉杰克逊女性健康组织案（Dobbs v. Jackson Women's Health Organization）判决，推翻了著名的罗伊诉韦德案判决，重新将堕胎的立法权完全交给各州。多布斯案在美国社会引起巨大反响。此后多个州出台了对堕胎进行限制的禁令。

含"在法律规范中的。[1]

 案例二　祖父母探望权案

【基本案情】

原告张某与被告刘某1、被告丁某（系被告刘某1之妻）之子刘某2于2001年8月6日结婚，婚后生育一子，取名刘某3。后因感情不和，张某与刘某2于2002年9月11日离婚，刘某3由张某抚养，刘某2每月付一定的抚养费，两被告则常到张某处看望孙子刘某3。2004年6月，张某再婚后，为避免两被告的探望行为对其新组成家庭的不良影响，对两被告提出异议，要求他们未经她的同意不要擅自探望刘某3。但两被告认为，他们去看望孙子合情合理合法，因而对张某的异议未予理睬，仍然经常去刘某3所在幼儿园探望并带一些食品给刘某3吃。原告认为这样不定期地给小孩零食吃会使小孩食欲不稳定，影响其身体健康，而且被告经常去幼儿园探望也会妨碍小孩的正常学习，从而诉至法院。

法院认为，被告系被探望人的爷爷奶奶，若双方无异议，在适当的场所，有节制地探望孙子也是人之常情。但两被告在被探望人的直接监护人已有异议的情况下，不体谅原告张某已另立新家的难处，坚持探望孙子则侵犯了原告的监护权，违反了婚姻法的规定，因为婚姻法明确规定，只有离婚后不直接抚养子女的父或母，才有探望子女的权利。据此，法院依照《中华人民共和国婚姻法》第38条第1款之规定作出判决：被告刘某1、丁某今后未经原告张某的许可，不得擅自探望原告之子。

【主要法律问题】

两被告对孙子是否有探望权？原因是什么？

【理论分析】

两被告作为爷爷奶奶，是否在儿子离婚后有权探望不由自己儿子直接抚养的孙子？在人情上和法律上可能有着不同的答案。从人情上而言，中国自来有"隔辈亲"的说法，那么爷爷奶奶去探视孙子是天经地义的，如果不让探望，显然不近情理；但从法律上而言，探望权是一种人身权利，具有身份性和专属性，只属于离婚后不直接抚养子女的父母一方，爷爷奶奶、外公外婆或者其他亲属根本不是权利主体，也不可能有独立的探望权。

法律的这一规定，不是没有理由的。抚养权、探望权、子女的身心健康、重组家

---

[1] 这种隐含式的解释方法和略显牵强的推理过程，使罗伊案的法律基础颇为脆弱，多布斯案很大程度上也是基于这种理由推翻了罗伊案的判决。

庭的和睦安定，是一组复杂且蕴含冲突的因素。在综合考虑并平衡后，法律才作出了这样的规定。所以，父母之外的其他亲属如果要探望父母离异后的孩子，可以在自己的亲属行使探望权时一并进行，这样对孩子和另外一方的侵扰才能减少，有利于孩子的健康成长和重组家庭的和睦安定。如若不然，探望权就有可能被滥用，并对其他合法权益构成严重的侵害。

本案表明，法律权利有其鲜明的法定属性，不能将法律权利与道德权利或其他权利相混淆。且法律权利的构成，在主体、客体、内容、限度方面都具有法定性，需严格依法行使。

第二节 法律义务

一、法律义务的概念

与法律权利相对应，法律义务是设定或隐含在法律规范中、实现于法律关系中的，主体以相对抑制的作为或不作为的方式保障权利主体获得利益的一种约束手段。

法律义务具有法定性、强制性和从属性的特点。义务可以是积极的作为式的义务，也可以是消极的不作为的义务。不论何种义务，通常都伴有特定的否定性法律后果——法律责任。

二、法律义务的功能

就价值上而言，权利往往直接体现法律的价值目标；但就功能上而言，义务的作用往往更为显著，因为义务能为人们的行为提供较之权利更为确定性的指引。

同对权利的把握一样，对法律义务的理解和使用也必须注意两点：一是应当以法定义务为基础，而不能将道德义务或习惯义务混同于法定义务；二是和权利具有边界和限度一样，义务也是具有边界和限度的。

同法律本身具有一定的局限性相关，法律义务虽然具有法定性和强制性，但不能任意设定。法律义务的设定不仅应当与社会发展的条件和需要相适应，还必须与证据司法的证明规则和义务自身的强制机制相匹配。否则，法律的作用势必不能充分发挥甚至带来不必要的混乱。

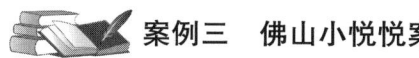 **案例三 佛山小悦悦案**

【基本案情】

2011年10月13日下午5时30分，一出惨剧发生在广东省佛山市南海黄岐广佛五金城：年仅两岁的女童小悦悦走在巷子里，被一辆面包车两次碾轧，几分钟后又被一小货柜车碾过。事件发生后的几分钟内在女童身边经过的 18 个路人，都选择离开。最后，一位拾荒的阿姨把小悦悦抱到路边并找到她的妈妈。2011 年 10 月 21 日，小悦悦经医院全力抢救无效离世。案发后，肇事司机主动投案，并就民事赔偿与小悦悦父母达成调解协议，并取得谅解，最终被判犯过失致人死亡罪，处有期徒刑两年六个月。

小悦悦事件引发社会强烈关注，广东官方明确表态，谴责见死不救的行为，表示这一事件折射出深层次的社会问题。与此同时，广东省委政法委发布官方微博消息，征求民众对救济、奖惩机制方面的意见与建议，并考虑通过立法来惩罚见死不救。不少民众和部分人大代表建议增设"见危不救或见死不救罪"。但也有不少民众和学者认为，见死不救入罪，混淆了法律和道德的边界，忽视了入罪行为的先定义务，所以不应将见死不救入罪。截至目前，我国法律尚未将普通人的"见死不救"行为列入法律的处罚范围。

【主要法律问题】

（1）如果见死不救入罪，那么需要什么样的法律前提？
（2）如果见死不救入罪，在法律实施过程中会有什么样的困难？

【理论分析】

小悦悦事件着实令人痛心，但痛定思痛，"见死不救"入罪可能并非良策。首先，见死不救不同于故意伤害、故意杀人等常见的作为型犯罪，见死不救首先是一种不作为的行为。❶ 如果将不作为行为认定为犯罪来进行惩罚，需要先有法律规定的作为义务为前提。易言之，行为人必须先负有积极救助的义务，才能对其消极的不予救助的行为进行处罚。显然，这种法律前提在目前的中国并不具备。当下中国，对于普通民众而言，临危救助只是一种道德义务，而非法律义务。在涉及刑事处罚这种严厉的法律制裁时，必须严格因循法律与道德的边界。

当然，责任（第二性义务）的法律规定具有对第一性义务的逆向设定性，如果在刑法中直接增设"见危不救罪"或"见死不救罪"，民众也可以意识到是刑法为普通人确立了对身处险境的人的救助义务。甚至可以在相关法律中增设条款明确救助义务来完善法律。从比较法的角度来说，法国、德国等国也确实已经将拒绝救助的行为入罪。但法律的制定并不当然意味着法律的实施，惩罚这类犯罪在实际操作中可能存在一些现实的困境。

罪刑法定和证据司法是现代法治文明的重要标志，对拒绝救助应当同样适用。在

---

❶ 当然，故意伤害、故意杀人等犯罪也可以因消极的不作为行为引起，但其常见的典型样态仍然是积极的作为行为；同样，拒绝救助也可能以积极的作为行为显现，如拍照、询问等，但其常见的典型样态却是消极的不作为行为，核心是不实施救助。故本文以常见的典型样态来界定某种犯罪的作为和不作为。

罪刑法定和证据司法的视野下审视会发现，惩罚见死不救着实不易。首先，"见死不救"或"见危不救"，都需要对被救助人有明确的认识，直白地说就是首先需要"见"，但"见"是一个具备主观性和个体差异性的过程，很难单纯依靠证据证明。不要忘记，中文中有一个词就叫"视而不见"，许多人也都有因为种种原因对某些事情绝非有意但却"视而不见"的实际经历。其次，何种情况属于需要救助的"危"也不容易界定。其实"见死不救"这个词中的"死"本身就是危险、垂死而非已经死亡的意思。但何谓危险，同样是一个具备主观性和个体差异性的概念，躺卧倒地可能是处于危险，也可能是休息或是无理取闹，对于不明就里的普通人来说，实难判断。❶ 所以，一旦见死不救入罪，存在不小的司法误判的可能。试想，小悦悦事件中，如果我们刑事处罚18个路人，其中难道没有因为光线、环境等原因而确实没有注意到小悦悦的？

所以，在前提义务尚未确立和相关构成不易明确的情况下，见死不救入罪确实需要慎重考量。

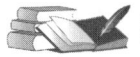

案例四　江某某诉刘某某生命权侵权纠纷案

【基本案情】

2016年11月3日，江某某的独生女儿江某在日本东京被刘某某的前男友陈某某杀害。刘某某是江某在日本留学时的同乡、好友。案发前两个多月，刘某某因陈某某不同意与其分手产生争执而向江某求助，江某同意她与自己同住。2016年11月2日15时许，陈某某找到刘某某与江某同住的公寓，上门纠缠滋扰，刘某某向已外出的江某求助。江某提议报警，刘某某以合住公寓违反当地法律、不想把事情闹大为由加以劝阻，并请求江某回来帮助解围。江某返回公寓将陈某某劝离。之后，江某返回学校上课，陈某某则继续尾随刘某某并向其发送恐吓信息。刘某某为摆脱其纠缠求助同事充当男友，陈某某愤而离开并给刘某某发信息，称"我会不顾一切"。其间，刘某某未将陈某某纠缠恐吓的相关情况告知江某。当晚23时许，刘某某因感觉害怕，通过微信要求江某在地铁站等她一同返回公寓。11月3日零时许，二人会合后一同步行返回公寓。二人前后进入公寓二楼过道，事先埋伏在楼上的陈某某携刀冲至二楼，与走在后面的江某遭遇并发生争执，在此期间走在前面的刘某某打开房门，先行入室并将门锁闭。陈某某在公寓门外，手持水果刀捅刺江某颈部十余刀，随后逃离现场。刘某某在屋内两次拨打报警电话。江某因左颈总动脉损伤失血过多，经抢救无效死亡。此后，江某某与刘某某因江某死亡原因等产生争议，刘某某还通过网络方式对江某某发表过刺激性言语。江某某遂向法院提起诉讼，请求判令刘某某赔偿江某某死亡赔偿金、丧葬费、误工费、交通费、住宿费、签证费等各项经济损失及精神损害抚慰金，共计2070609.33元，

---

❶ 桑本谦. 利他主义救助的法律干预［J］. 中国社会科学，2012（10）：127-131.

并承担诉讼费用。

一审法院审理认为，刘某某作为江某的好友和被救助者，对于由其引入的侵害危险，没有如实向江某进行告知和提醒，在面临陈某某不法侵害的紧迫危险之时，为求自保而置他人的生命安全于不顾，将江某阻挡在自己居所门外致其被杀害，具有明显过错，应当承担相应的民事赔偿责任。综合考量本案的事发经过、行为人的过错程度、因果关系等因素，法院对江某某主张的有证据支持的各项经济损失1240279元，酌情支持496000元。对于江某某主张的其他经济损失，不予支持。本案中，江某在救助刘某某的过程中遇害，江某某失去爱女，因此遭受了巨大伤痛，后续又为赴国外处理后事而奔波劳碌，而刘某某在事发后发表刺激性言论，进一步伤害了江某某的情感，依法应承担精神损害赔偿责任。法院根据行为情节、损害程度、社会影响，酌情判令刘某某赔偿江某某精神损害抚慰金200000元。

一审法院在判决书中指出，扶危济困是中华民族的传统美德，诚信友善是社会主义核心价值观的重要内容。司法裁判应当守护社会道德底线，弘扬美德义行，引导全社会崇德向善。基于民法诚实信用基本原则和权利义务相一致原则：在社会交往中，引入侵害危险、维持危险状态的人，负有采取必要合理措施以防止他人受到损害的安全保障义务；在形成救助关系的情况下，施救者对被救助者具有合理的信赖，被救助者对于施救者负有更高的诚实告知和善意提醒的注意义务。本案中，根据现有证据，作为被救助者和侵害危险引入者的刘某某，对施救者江某并未充分尽到注意和安全保障义务，具有明显过错，理应承担法律责任。需要指出的是，江某作为一名在异国求学的女学生，对于身陷困境的同胞施以援手，给予了真诚的关心和帮助，并因此受到不法侵害而失去生命，其无私帮助他人的行为，体现了中华民族传统美德，与社会主义核心价值观和公序良俗相契合，应予褒扬，其受到不法侵害，理应得到法律救济。刘某某作为江某的好友和被救助者，在事发之后，非但没有心怀感恩并对逝者亲属给予体恤和安慰，反而以不当言语相激，进一步加重了他人的伤痛，其行为有违常理人情，应予谴责，应当承担民事赔偿责任并负担全部案件受理费。据此，一审法院依法作出上述判决。

【主要法律问题】

本案一审法院判定被告承担责任，是基于被告的何种行为？这种行为违反了被告的何种法律义务？

【理论分析】

该案产生纠纷的法律事实发生在《民法典》实施之前，依据相关司法解释，应适用《民法典》颁行之前的民事单行法。就请求权基础而言，原告可以选择：第一，见义勇为的特别规则，即《侵权责任法》第23条（源于《民法通则》第109条）和《最高人民法院关于审理人身损害赔偿案件适用法律若干问题的解释》（法释〔2003〕

20号）第15条。基于此，在直接加害人陈某某无力承担赔偿责任时，江某某可请求受益人刘某某在受益范围内予以适当补偿。第二，侵权责任规则，即直接认定刘某某侵害了江某和江某母亲的合法权益。在本案中，原告江某某选择了这种案由。第二种案由比第一种案由的法律适用要难不少。

在本案中，江某的遇害是陈某某实施侵权行为的直接后果；若陈某某未实施侵权行为，则江某不可能遇害。刘某某并未直接实施侵犯江某生命权的行为，故在确认刘某某应否对江某的死亡承担侵权责任时，首先必须确定刘某某是否对江某承担行为义务。

一审判决书笼统地将行为义务统称为"注意义务及安全保障义务"。本案中，刘某某应否对江某的死亡承担侵权责任，最根本的问题是她是否对江某承担安保义务，即阻止陈某某实施侵权行为或防止损害范围扩大。一审法院判决书基于两个原因予以肯定：一是刘某某引入并维持了江某被陈某某侵害的危险，故应尽可能采取合理措施避免危险现实化，造成实际损害后果。二是江某救助了刘某某，包括"为其提供了安全的居所，并实施了劝解、救助和保护行为"，因此，江某对刘某某"具有合理的信赖"，刘某某对江某"负有更高的诚实告知和善意提醒的注意义务"。在法理上，刘某某因与陈某某发生争执求助于江某时，即制造和维持了江某被侵害的持续风险，在危险制造者和维持者普遍应承担避免危险现实化的现代侵权法中，完全可判定刘某某对江某承担法定的安保义务。此外，基于刘某某和江某之间围绕救助产生的特别关系以及刘某某求助的先前行为，也可以得出同样的结论。

但刘某某究竟是否违反了安保义务，还需要进一步考虑：（1）刘某某能否以紧急避险为由，阻却其不作为的违法性？（2）刘某某能否预见到陈某某侵害江某生命权的风险？（3）刘某某有无阻止陈某某实施加害行为的能力或阻止损害扩大的能力？（4）刘某某应否为保护江某而牺牲自己的生命权？一审法院对上述问题并未作出进一步的细致阐释。

一审判决书从"司法裁判应当守护社会道德底线，弘扬美德义行，引导全社会崇德向善"的目标出发，一方面认定江某体现了扶危济困的传统美德，值得褒扬，另一方面认定刘某某不仅忘恩负义，还做出了"有违常理人情"的行为。判决书之所以诉诸道德论证刘某某对江某负有安保义务，其目的应是在本案被社会高度关注的司法氛围中，通过对判决的核心理由进行司法修辞，来获得和强化判决的正当性，但在法理上是否必要，值得研究。

本案一审判决书令人瞩目的另外一点是，精神损害赔偿金高达40万元，并且判决书实质上确认了两种精神损害：一是江某某因江某死亡而遭受的精神损害，即"丧亲之痛"；二是刘某某发表刺激性言论对江某某造成的精神损害。但《侵权责任法》第22条并不承认"纯粹精神损害"，即精神损害必然伴随人身权益的损害。江某某因刘某某的言论而受损的人身权益损害包括心理健康权、名誉权等，故其遭受的这种精神

损害也应予赔偿。❶

　　故综合来看，本案一审判决主要确认被告违反了两种法律义务并构成两种侵权行为，一是危险情形下危险引入者对相对人的安全保障义务，另一则是危险引入者对相对人及其近亲属的名誉权和心理健康权的保障义务。判决书中融合了法律与道德，以弘扬社会主义核心价值观，使判决取得良好的社会效果，其出发点无可厚非。但道德情感不能代替法律判断，并且两种基础法律义务在法律中的规定并不明确，所以对基础法律义务和相关侵权行为构成的分析还有待进一步考量和深入。

---

❶ 谢鸿飞. 江秋莲诉刘暖曦生命权纠纷案的关键侵权法理［EB/OL］.（2022-03-02）［2022-05-11］. http://ex.cssn.cn/zx/bwyc/202203/t20220302_5396282.shtml.

CHAPTER 5 第五章
法律意识与法律行为

 **本章知识要点**

法律意识是人们关于法律现象的思想、观念、知识和心理的总称。法律意识是一种看待问题的角度。法治建设需要公民有明确的法律意识,有为法律和权利而斗争的热情和精神。法律行为是人们所实施的、能够发生法律上效力、产生一定法的效果的行为,它能够引起法律关系的形成变更和消灭。一个完整的法律行为由内外两个方面构成,内在方面包括动机、目的、认知能力等要素,外在方面则包括行为、手段、结果等要素。

第一节 法律意识

法律意识不是仅知法守法,而是一种现代的法治意识、权利意识。所谓法律人思维,主要就是一种"权利—义务"思维,尤其是权利意识。改革开放初期,法学界曾发生过权利本位论和义务本位论的论争,最终权利本位成为学界的共识。所谓权利本位,意思是说法律最终的价值是为了保护公民的权利。正如托克维尔所说:"没有任何东西能够比权利的思想更能使人的精神得到升华和维护。权利的思想中存有一种伟大而雄壮之物,它可以抹去任何请求中的哀怜乞求之状,并把那些提出要求者置于与给予者同样的地位。"

一、权利意识

据学者的实地调研,在村委会选举中,村民中普遍存在着对选举权的漠然态度。村民一方面认为,村子太大了,最后谁会选上很难说,也不多自己的一票;另一方面,他们认为很多重大问题都是"上面说了算",村民的意见不重要;村务公开只是在做"表面文章,其虚假性已成为公开的秘密,等等"。对于选举中存在的腐败现象,他们通过实践发现"对一些腐败的村主任的检举、上访因这些村主任'上面有关系'而毫无作用"。一次又一次行使权利的体验,使他们意识到手中的选票与村委会主任的人选之间的关系并不是宣传中所说的那种决定与被决定的关系。随着选举行为与选举结果之间关系的断裂，权利与利益的联系也割裂了，村民们不再相信权利能为他们带来利益，从而大大降低了村民对选举的预期利益，甚至对宣传中所谓的神圣权利产生普遍的不信任感。由于这样的问题，在现实中的基层选举中，出现选民极端漠视其选举权的情况就是必然的了。

对于以上的问题，我们很难把原因简单归结为公民权利意识的低下，或许我们应该反思是不是制度本身限制了公民权利意识的发挥和进一步的勃兴。我国的普法工作已经进入了第八个五年计划，大多数公民都掌握了一定的法律知识，产生了一定的权利意识。但是要注意一个问题就是，有了权利主张的意识，并不一定会选择真正去主张权利；有了维权的意识并不一定会真的去选择维权；真正为权利而斗争去维权，又不一定能够实现保护权利的结果。制度本身如果不能给公民权利意识的实现提供充足通畅的路径，结果只能是选择放弃权利主张的人的增多。通过制度上的安排把公民的权利诉求和法治建设联系起来，使二者达成一种相互促进的关系，是我们必然的选择。

我国有漫长的封建专制统治历史，人们有一些落后的观念不是一朝一夕就能改变的，譬如草民性格、游民性格、公共精神的缺乏等。而所谓启蒙，所谓大胆运用理性，主要就是要使人们养成与草民意识相对的主权者观念、与游民性格相对的法治观念以及公民责任意识，如此才是合格的现代公民。但要想完成启蒙，要想改变人们的观念，仅仅普法宣传是远远不够的，更要通过切实的改革来推进，比如通过公正有效的司法保障公民权利，那么人们逐渐会自然养成对法律的信仰，产生纠纷的时候首先想到法院，而不是选择自力救济。因此，培养权利意识、法律意识的主要方式并不仅仅是普法等宣传，而应是制度的建设。

二、法感情与"为权利而斗争"

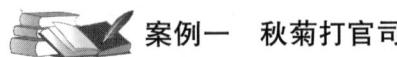
案例一　秋菊打官司

【基本案情】

电影《秋菊打官司》改编自陈源斌的小说《万家诉讼》。故事发生在中国西北一个小山村。秋菊的丈夫王庆来为了自家的承包地与村长王善堂发生争执，他骂村长断子绝孙，村长因为生了4个女儿，而且已经采取节育措施，因此一怒之下踢中了王庆来的要害，王庆来因此受伤，卧床不起。秋菊是个善良有主见的女人，此时已有6个月的身孕。丈夫被踢伤，她便去找村长说理。村长不肯认错，秋菊认为这样的事一定得找个说理的地方，于是，便挺着大肚子去乡政府告状。经过乡政府李公安的调解，村长答应赔偿秋菊家的经济损失，但当秋菊来拿钱时，村长把钱扔在地上，受辱的秋菊没有捡钱，而又一次踏上了漫漫的告状路途。她先后到了县公安局和市里，最后向人民法院起诉。除夕之夜，秋菊难产，村长和村民连夜冒着风雪送秋菊上医院，她顺利产下了一名男婴。秋菊一家对村长非常感激，也不再提官司的事了。但正当秋菊家庆贺孩子满月时，市法院发来判决，因王庆来的伤情经鉴定构成轻伤，村长构成故意伤害罪，已被拘留。望着远处警车扬起的烟尘，秋菊感到深深的茫然和失落。

【主要法律问题】

（1）秋菊有法律意识和权利意识吗？
（2）《秋菊打官司》的故事在法理论上的意义是否被夸大了？

【理论分析】

1978年改革开放以来，建设法治国家的初期任务，要求实现最基本的"有法可依"，不断颁行的新的立法不可避免地与以往的行为规范产生张力。这种张力成了作家们创造的灵感来源。小说《万家诉讼》中提道："国家年前颁布了个行政诉讼法，就是民告官的法。本以为是面子账，不承想动了真格的。"陈源斌的创作，是试图通过秋菊和村长的身份不同来映射民和官之间可能的纠纷解决方式，并利用叙述"秋菊"不断上访/起诉的故事来表明"胜诉"的艰难。必须要强调的是，这种"艰难"绝不仅仅是在制度设计上，而是更多地体现在人们观念上。因此，陈源斌叙述的重点并不在"公职人员"可能的"官官相护"上，恰恰相反，文中的"公职人员"都是尽心尽职地想要解决秋菊的问题。然而，正是从秋菊本人对村长威权的一定程度上的认可，以及村民们对秋菊不停奔走的不满，体现出人们对"民告官"，甚或是对"法律"本身的一种牢固的传统观念。在这里，费孝通先生所说的"礼俗秩序"瓦解而同时"法律秩序"尚未建立，通过人们观念勾连了起来。这样的话，法治社会的建立，就不可避免地面对着"改变传统观念"的任务，联系到前面所提到的法治文学宗旨，有理由相信，陈源斌所重视的应当是"秋菊"告官的胜利。换句话说，在陈源斌看来，法治建设使得人们的生活境遇发生了巨大转变，而在观念层面上，是否已经用"法律模式"替代了"传统模式"，从来都没有解决。因此，在《万家诉讼》中，"秋菊"作为一个受到法治宣传影响而寻求法律帮助的典型代表，实际上是以一种"正面"接受法律的姿态出现的。

另外从表面上看，秋菊的这种姿态似乎暗示了她相对其他村民更愿意接受法律的规制，但从秋菊寻求法律帮助的原因观察，可以发现，这种"求助"的意愿无论是在文中的叙述，还是在文外陈源斌的创作意图，都像是用法治宣传的结果包装起来的，都无法否认她对村长感到不满意这个事实。因此村长的威权，不仅如上文中所说表现着一种传统社会的观念，同时也提供了法律制度渗入社会生活中的可能，那就是"如果对威权不满意，那么是否有途径可以反抗威权"。正如在文中秋菊说"村长管一村人，就像一大家子，当家的管下人，打、骂都可以的。可他要人的命就不合体统了。这又罢了，我登门问，他连个说法都没有。"在这里，更加富有隐喻味道的并不是"要命的地方"，而正是"当家的身份"，也就是说父母官的威权一旦不那么"父母"了，我们怎么办。文中提到其他村民对秋菊"不断闹事"的不满,却没有提到他们对村长踢人事情本身的态度,这或许是因为村长和秋菊之间的纠纷是关于种地的"私人恩怨":村长说"上面布置成片栽油菜,各户都通了就他家不通。百十亩油菜夹他家一块小麦,看着像头上的疤。验收组下来,还没进村,看见这种场景,把分扣了,打个不及格,还限期改进。我要他补栽油菜,说了一遍,两遍,三遍,不听!用嘴不行了,不用脚用甚?"

虽然这并不必然导致村民会站在村长一边认为"秋菊"家里"不讲道理"在先,但既然大家都依照村长说的做了,单单只"秋菊"家没有,这种情况的结果就可能是如果运用传统乡村中诸如宗族规定、乡约民规之类的方式,秋菊可能得不到大多数村民的支持。因此,求助于国家公权力似乎就变得"理所当然"了,因为这种方式更有机会讨要到"秋菊"的那个说法。毕竟,现代法律与传统乡村秩序的一个基本不同就是前者基本上以个体为单位,而后者却更重视家庭组织。也就是说,现代法律有关个体权利的基本理念与传统中国稳定的家庭观念截然不同,从这个方面说,"秋菊"也具备重视"个体权利"观念的人物特点。实际上,既然"秋菊"丈夫没事,甚至他自己都愿意不计较,"秋菊"却仍然坚持讨要"说法",用法学界的惯常表达方式,这也可以说是"现代权利意识的觉醒"。

因此,在《万家诉讼》中,秋菊的形象,或者说其代表的意义,是对接受法律规范的认可和期待,是对法律理念中个体权利的观念的接受和诉求。虽然,无法否认,秋菊的这种认可和接受所带来的结果或许和想象中的并不完全一致,但是从"正面接受现代法律"的角度看,这种"不一致"可能是"必然要承担的后果"。毕竟,两种规范体系,两种伦理模式,这之间不可能不存在差异,而重要的在于对这种差异的"决断",对"得失"不可避免的"决断"。所以,必须重视的是,"秋菊"讨要"说法"的重点,至少在陈源斌那里,是"法律"能够给她以"说法",即使这个"说法"与她的预期有所偏差,但恰恰也正是法律给予了她成功的可能性。从这一点上说,"秋菊"即使谈不上说是法治宣传后的"成功"案例,但至少不是也不应当是"法治建设"的"牺牲品"。❶

第二节 法律行为

法理学上所谓的"法律行为"是一般意义上的法律行为,是各部门法上的不同法律行为的一种抽象化、一般化,是更上位的法律概念。应注意区分法理学上的"法律行为"和民法上的"法律行为",后者指的是"法律示意(表示)行为",即"据以设立、变更或废止法律关系之人的意思表示。"

---

❶ 张笑宇. 法律观念中的"政治性判断"——以不同的"秋菊"形象为载体 [J]. 河北法学, 2010 (1).

一、遗赠行为

 **案例二　泸州遗赠行为案**❶

【基本案情】

蒋某某与黄某某于1963年登记结婚，双方未生育。1994年起黄某某开始与张某某来往，1996年起二人公开同居，依靠黄某某的工资（退休金）及奖金生活。但黄某某与蒋某某并未离婚。2001年初，黄某某被查出癌症晚期，临终前，黄某某订立书面遗嘱，声明其名下公积金、住房补贴金以及房屋售价4万余元等一些其他财产在其死后由张某某继承，并且对这份书面遗嘱进行了公证。2001年4月，黄某某病故。随后，张某某向被告蒋某某索要黄某某生前遗嘱中记载的财物，被蒋某某及其家人拒绝。原告张某某在自己的请求无法达到满足的情况下，向纳溪区人民法院起诉，要求蒋某某返还其侵占的遗嘱财产。

一审法院判决认为：依据《民法通则》第7条"民事活动应当尊重社会公德，不得损害社会公共利益"的基本原则，认为黄某某的遗嘱虽然是其真实意思的表示，形式上也合法，但遗嘱内容存在违法之处，且黄某某与原告的非法同居关系违反了《婚姻法》中一夫一妻制度和夫妻双方之间相互信任的原则，黄某某的遗赠遗嘱是一种违反公序良俗和法律的行为，因此该遗嘱行为是无效的，驳回原告诉讼请求。二审法院维持原判。

【主要法律问题】

案件当事人基于《继承法》作出的财产处分是否有效？

【理论分析】

在遗嘱内容上，部分学者认为，遗嘱人黄某某的遗嘱涉及的财产处分合法有效。因为遗嘱人黄某某是在其具备完全民事行为能力的条件下，根据其真实的意思表示订立的遗嘱，完全符合设立遗嘱的基本条件。并且，原告张某某也不存在《继承法》中关于受遗嘱人丧失遗嘱继承权的情形，因此应该认为遗嘱行为有效。从现行《继承法》的条文中，确实看不到禁止"第三者"即"有配偶者与他人同居"行为的人接受遗赠的内容和规则。但是反对者认为，本案涉及的遗嘱行为属于遗赠，所以在该遗嘱行为生效的同时还应该符合遗赠行为的生效条件。遗赠行为的相关法律规定中约定，受遗赠人的身份不能存在瑕疵，但是案件原告张某某与遗嘱人之间存在不正当的婚姻关系，

---

❶ 陆丹. 公序良俗原则在遗嘱继承中的适用研究——以"泸州遗赠案"为视角[J]. 吉林工商学院学报，2018（3）；戴孟勇. 法律行为与公序良俗[J]. 法学家，2020（1）.

在受遗赠人身份方面存在瑕疵，因此，本案当事人的财产处分行为无效。

从民法在当代的发展看，一方面始终保持其"私法"的本质，以充分保护当事人的私权自治和处分权为原则；另一方面则根据公益和社会道德准则增加了对某些民事行为进行的必要限制，要求民事主体承担起一定的社会义务。越来越多的道德准则被确立为法律标准，如诚实信用、公序良俗、公平原则等；同时，撤销权的行使也使得对第三人和社会公共利益的保护得到了更有效的保障。私权并不是绝对的，更不能滥用，随着法的社会化程度不断加强，对私权的限制也会有所增加。作为民事法律体系的组成部分，《继承法》对遗嘱和遗赠这样的私权，同样也应该进行必要和合理的限制，限制其滥用，体现社会公益原则和适当干预原则。

公序良俗作为现代民法的一项基本原则，最主要的适用领域是法律行为。我国《民法典》第153条规定，违背公序良俗的民事法律行为无效。从相关立法和理论来看，法律行为的原因、内容（标的、目的）、条件、负担和当事人实施法律行为的动机等因素都可能违反公序良俗。在判断违反公序良俗的法律行为无效时，究竟是法律行为的哪一或哪些因素违反公序良俗，以及无效性是遍及整个法律行为还是仅限于法律行为的一部分，各国家和地区的法律规定得不尽一致。法律行为的原因或内容违反公序良俗的，法律行为全部或部分无效；停止条件违反公序良俗的，法律行为全部无效；解除条件违反公序良俗的，原则上仅解除条件无效。慷慨行为中的负担违反公序良俗的，仅负担本身无效；多方法律行为当事人的共同动机或者单方法律行为当事人的动机违反公序良俗的，法律行为全部无效。

二、意思自治与公序良俗

 **案例三　"北雁云依"姓名权案**❶

【基本案情】

2009年，吕某为自己刚出生的女儿起了一个既不随父姓也不随母姓的名字——"北雁云依"，山东省济南市燕山派出所在为吕某之女办理户口登记（出生登记）时，认为其要求登记的姓名"北雁云依"不符合办理户口登记的条件，遂作出拒绝以"北雁云依"为姓名办理户口登记的具体行政行为。吕某认为该行政行为侵犯其女儿合法权益，于2009年12月17日以被监护人"北雁云依"的名义向山东省济南市历下区人民法院提起行政诉讼。原告根据原《民法通则》规定辩称公民依法享有姓名权，而且《婚姻法》中规定公民可以随父姓，可以随母姓，并没有禁止公民可以随父母之外的姓

---

❶ 李世刚. 法律行为内容评判的个案审查比对方法——兼谈民法典格式条款效力规范的解释 [J]. 法学研究，2021（5）；宋天一，陈光斌. 从"北雁云依案"看"姓名决定权"与社会公序的价值冲突——兼论公序良俗的规制 [J]. 法律适用，2019（6）.

氏。而被告燕山派出所则根据法律规定，称自己作为行政机关，应当秉承依法行政的原则，法律中没有规定公民可以随父母之外的姓氏，因此自己无权为"北雁云依"上户，且拒绝为其进行户口登记的行政行为合法。

2014年11月1日，全国人大常委会通过了原《民法通则》《婚姻法》中关于公民姓名权的解释，其中规定了在父母之外选取姓氏应当有不违背公序良俗的其他正当理由，而本案中"北雁云依"的命名行为带有较强的个人任意性，有违背公序良俗的因素，因此历下区人民法院驳回原告的诉讼请求。

【主要法律问题】

（1）原告的理由是否符合"有不违反公序良俗的其他正当理由"？
（2）公序良俗原则在司法中如何适用？

【理论分析】

《关于〈民法通则〉第九十九条第一款、〈中华人民共和国婚姻法〉第二十二条的解释》设定了在父母姓氏之外选取其他姓氏的两个必备要件，一是不违反公序良俗，二是存在其他正当理由。其中，不违反公序良俗是选取父姓或母姓以外的其他姓氏时应当满足的最低规范要求和道德义务，存在其他正当理由要求在符合上述条件的基础上，还应当具有合理目的性。本案中，公民仅凭个人意愿喜好，随意选取姓氏甚至自创姓氏，会造成对文化传统和伦理观念的冲击，既违背社会善良风俗和一般道德要求，也不利于维护社会秩序和实现社会的良性管控。故本案中"北雁云依"的父母自创姓氏的做法，存在不符合公序良俗对姓名的规制要求因素。且原告"北雁云依"的父母自创"北雁"为姓氏，选取"北雁云依"为姓名给女儿办理户口登记的理由是"我女儿姓名'北雁云依'四字，取自四首著名的中国古典诗词，寓意父母对女儿的美好祝愿"。此理由仅凭个人喜好愿望并创设姓氏，具有明显的随意性，不符合立法解释第2款第3项所规定的正当理由。

以"北雁云依案"为例，表面上看，是行政机关与公民对于《婚姻法》规定"子女可以随父姓，可以随母姓"的不同理解，站在公民角度是"法无禁止即可为"，在行政机关的角度则是"法无授权不可为"。但透过表面看实质，应该看到其实质在于公民自由行使权利与社会公序的秩序制约之间的价值冲突。社会公序作为秩序在社会中的一种具体体现，是保障自由价值的途径之一，理应得到合理合法的保障。它与法律既有区别又有联系。一方面，社会公序的良好运行有利于保障法律的实施、执行，保障社会稳定，提高生产效率，有利于公共管理秩序的运行。另一方面，社会公序的运行往往缺乏强制力保障，而"社会公序"这一概念的内涵与外延本身也具有极大的模糊性与不确定性。"北雁云依"案中，最关键的问题在于对社会公序与善良风俗的外延与内涵的界定相对模糊，即只要解决了公序良俗的规制问题，就在一定意义上解决了此类问题的价值矛盾，从而可以推广至更广义的自由与秩序的价值冲突问题的解决方案。

法律行为的规范属性提出了把控意思自治的制度需求，即从内容切入，比照两个规范（法律行为与公序）所涉利益的冲突并确定法律行为的效力。由此，法律行为内容评判应遵循个案审查比对的方法：法官识别出"公序"规则及其保护的利益，并以之与个案中违反公序的法律行为的具体内容进行比对。该方法的展开涉及评判的依据、实质标准和制裁三个方面。其中，公序为依据；公序所特别保护之利益是否被损害为实质标准；公序保护之利益可区分为公共利益与个体利益，制裁方式也可相应区分为法律行为绝对无效与相对无效（可撤销）。

在涉及具体案件的公序良俗适用时，应综合考虑法律规制与道德规制，发挥法指引、教育、评价、强制、预测的规范作用。充分尊重国家层面的价值导向与本地区本民族的道德要求，保障公共利益与个人利益的相统一，从而在一定程度上解决自由与秩序的价值冲突，使其达到实质上的辩证统一。

CHAPTER 6 第六章 法律关系

 **本章知识要点**

法律关系是在法律规范调整社会关系的过程中所形成的人们之间的权利和义务关系。法律关系的主体主要有公民（自然人）、机构和组织（法人）、国家以及其他主体。成为法律关系的主体必须具有权利能力和行为能力。法律关系的客体是法律关系主体发生权利义务联系的中介，是法律关系主体的权利和义务所指向、影响和作用的对象。

第一节 法律关系的分类

法律关系的分类大体可以和法律的分类以及法律权利的分类对应起来，可分为比如基本法律关系与普通法律关系、调整性法律关系与创设性法律关系、纵向法律关系与横向法律关系、双边法律关系与多边法律关系、第一性法律关系与第二性法律关系，等等。

一、纵向法律关系

 **案例一 中国乙肝歧视第一案**

【基本案情】

2003年6月，大学毕业的安徽芜湖青年张某某在芜湖市人事局报名参加安徽省公务员考试，报考职位为芜湖县委办公室经济管理人员。经过笔试和面试，综合成绩在报考该职位的30名考生中名列第一，按规定进入体检程序。2003年9月间，张某某在先后两次体检中均因检查出感染乙肝病毒，被认定为体检不合格。芜湖市人事局以口头方式向张某某宣布，由于体检结果不合格而不予录取。2003年11月10日，张某某以芜湖市人事局的行为剥夺其担任国家公务员的资格，侵犯其合法权利为由，向原芜湖市新芜区人民法院提起行政诉讼。

2004年4月2日，法院对该案作出一审判决，确认被告芜湖市人事局取消原告张某某进入考核程序资格主要证据不足，应予撤销。但鉴于2003年安徽省国家公务员招考工作已经结束，且张某某报考的职位已经由该专业考试成绩第二名的考生进入该职位，故该被诉具体行政行为不具有可撤销内容，因此对原告要求被录用至相应职位的请求不予支持。芜湖市人事局不服一审判决，向芜湖市中级人民法院提起上诉。2004年5月31日，芜湖中院终审判决：驳回上诉，维持原判。

张某某诉芜湖市人事局取消公务员考试资格案被认为是我国首例因"乙肝歧视"引发的诉讼案。张某某胜诉的意义在于这场官司唤起了社会对这个群体正当权利的重视。此案判决后，全国多个省份修改了招考公务员禁止录用乙肝病毒携带者的有关规定，国家人事主管部门进一步统一了国家公务员体检录用标准。后来，国家有关部门规定在公民入学、就业体检中不得要求进行乙肝项目检测，充分保护了公民的合法权益。

【主要法律问题】

乙肝歧视是否侵犯公民的宪法权利以及侵犯了哪些宪法权利？

【理论分析】

按照法律主体在法律关系中的地位不同，法律关系可以分为纵向（隶属）的法律关系和横向（平权）的法律关系。

横向法律关系是指平权法律主体之间的权利义务关系。其特点在于，法律主体的地位是平等的，权利和义务的内容具有一定程度的任意性，如民事财产关系、民事诉讼关系、被告关系等。

纵向（隶属）的法律关系是指在不平等的法律主体之间所建立的权力服从关系（旧法学称"特别权力关系"）。其特点为：（1）法律主体处于不平等的地位。如亲权关系中的家长与子女，行政管理关系中的上级机关与下级机关，在法律地位上有管理与被管理、命令与服从、监督与被监督诸方面的差别。（2）法律主体之间的权利与义务具有强制性，既不能随意转让，也不能任意放弃。隶属法律关系是根据"权力—服从"的原则而产生的。这种法律关系双方的法律地位是不平等的，其中一方从属于或服从于另一方。这种法律关系的主体一方必须是国家机关或者国家本身，而另一方则是它的隶属机关或者公民和社会组织。隶属法律关系产生的特点在于法律关系主体的一方不依赖于隶属的一方的同意，它是国家或国家机关根据法律的规定直接行使其职权的结果。我们在认识隶属性法律关系时，必须注意，所谓"权力—服从"的原则仅仅在产生法律关系时才具有意义。这种法律关系一旦形成，法律关系双方都同样平等地遵守相应的法律规范，履行各自的法律义务，绝不能理解为权力机关仅仅是命令，而另一方仅仅是服从，把国家管理机关行使权力归结为单纯的指挥。在这种法律关系

中，作为双方的主体都有各自的权利和义务。权力机关在行使职权的过程中，不能超越自己的职权范围或者滥用自己的职权。❶

本案中，张某某与芜湖市人事局之间的法律关系即为纵向（隶属）的法律关系。当事人双方的权利义务是不对等的，行政主体始终处于主导地位，行政相对人的权利受到侵害时，可以通过行政诉讼等方式来得到救济。

二、第一性法律关系与第二性法律关系

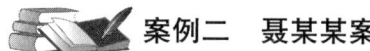 **案例二　聂某某案**

【基本案情】

1995年4月25日，河北省鹿泉县人聂某某因故意杀人、强奸妇女被判处死刑，剥夺政治权利终身，同年4月27日被执行死刑。

2005年1月17日，河南省荥阳市公安局索河路派出所干警抓获河北省公安机关网上通缉逃犯王某某。王某某除交代在广平县实施多起强奸杀人案件外，还供称曾在石家庄西郊方台村附近玉米地内强奸、杀害一名青年女性，此案即原"聂某某案"。

2014年12月12日，最高人民法院指令山东省高级人民法院复查河北省高级人民法院终审的聂某某故意杀人、强奸妇女一案。2015年6月、9月和12月，聂某某案复查期限先后延期三个月。2016年2月，山东高院决定再次延长复查期限三个月，至2016年6月15日。2016年12月2日，最高人民法院第二巡回法庭对原审被告人聂某某故意杀人、强奸妇女再审案公开宣判，宣告撤销原审判决，改判聂某某无罪。

经释明法律规定并在充分协商的基础上，河北高院与赔偿请求人达成如下协议：（一）向聂某某父母聂某、张某支付死亡赔偿金、丧葬费1264820元（国家2015年度职工年平均工资63241元乘以20）；（二）就聂某某被侵犯人身自由的损失赔偿聂某、张某52579.1元（国家2015年度职工日平均工资242.3元乘以217天）；（三）一次性支付张某生活费64000元；（四）支付聂某、张某二人精神损害抚恤金1300000元；（五）鉴于河北省高级人民法院前期已经通过新闻媒体公开赔礼道歉，有关人员亦代表法院当面向赔偿请求人进行了道歉，故赔偿请求人对消除影响、恢复名誉、赔礼道歉的请求不再主张；（六）赔偿请求人提出的其他请求，因不属于国家赔偿法规定的赔偿范围，赔偿请求人不再主张。上述法定赔偿金额合计为2681399.1元。

该赔偿决定中的130万精神损害抚慰金，创下国内冤错案国家赔偿的最高纪录。聂某某母亲张某表示，对赔偿决定书中的内容无异议，不会申诉。

---

❶ 董国声，高云超. 论我国法律关系的分类［J］. 法律科学（西北政法学院学报），1990（4）.

【主要法律问题】

法律关系是如何分类的?

【理论分析】

按照相关的法律关系作用和地位的不同,法律关系可以分为第一性法律关系(主法律关系)和第二性法律关系(从法律关系)。第一性法律关系是人们之间依法建立的不依赖其他法律关系而独立存在的或在多向法律关系中居于支配地位的法律关系,如一般的买卖合同主体间的法律关系。基于第一性法律关系产生的、居于从属地位的法律关系就是第二性法律关系或从法律关系,如基于买卖合同产生的担保合同即为第二性法律关系。调整性法律关系是第一性的,保护性法律关系是第二性的;实体性法律关系是第一性的,程序性法律关系是第二性的。

聂某某案中,聂某某父母向河北高院提出的国家赔偿申请即为第二性法律关系。《国家赔偿法》的颁布实施,是兑现宪法的庄严承诺、保障人的根本权利的善举,是我国政治民主生活中的一件大事。有利于切实保护公民、法人和其他组织的合法权益,有利于促进行政机关和司法机关依法行政,有利于缓解社会矛盾、维护社会稳定,对于建设社会主义法治国家,树立我国在国际上的法治形象、民主形象,都有着不可估量的巨大作用。因此,要继续完善国家赔偿制度,在第一性法律关系受到侵害时通过第二性法律关系作出补救。

第二节 法律事实

法律关系的形成、变更与消灭需要具备一定的条件。其中最主要的条件有两个:一是法律规范;二是法律事实。法律规范是法律关系形成、变更与消灭的法律依据,没有一定的法律规范,就不会有相应的法律关系。但是,法律规范只设计出了法律主体权利和义务关系的一般模式,它不是现实的法律关系本身。法律关系的形成、变更与消灭还必须具备直接的前提条件,这就是法律事实。它是联系法律规范与法律关系的中介。

所谓法律事实,就是法律规范所规定的,能够引起法律关系产生、变更与消灭的客观情况或现象。借用霍菲尔德的话,法律事实"乃是依有效的一般法律规则足以改变法律关系者,即要么创设新关系,要么消灭旧关系,要么同时起到上述两种作用之事实"。纯粹的心理现象不被看作法律事实。与人类生活无直接关系的纯粹的客观现象,如宇宙天体的运行,不是法律事实。法律事实可以有不同的分类,比如可以分为法律事件与法律行为、肯定式法律事实与否定式法律事实,等等。

案例三　唐某诉李某某、唐某乙法定继承纠纷案

【基本案情】

唐某甲与被告李某某为夫妻，二人生育一子唐某乙。唐某甲与前妻曾生育一女唐某，离婚后唐某由其前妻抚养。唐某甲父母均早已去世。唐某甲在外地出差期间因病去世，未留下遗嘱。其生前与被告李某某签订《分居协议书》中约定，"财富中心和慧谷根园的房子归李某某拥有。李某某可以任何方式处置这些房产，唐某甲不得阻挠和反对，并有义务协办相关事务。湖光中街和花家地的房产归唐某甲所有。唐某甲可以任何方式处置这些房产，李某某不得阻挠和反对，并有义务协办相关事务。双方采取离异不离家的方式解决感情破裂的问题。为了更好地达到效果，双方均不得干涉对方的私生活和属于个人的事务。"财富中心房屋系唐某甲所购，该房屋登记在唐某甲名下，尚未还清全部银行贷款。本案争议焦点在于财富中心房屋的权利归属及其是否应作为唐某甲的遗产。

一审法院认为，"关于财富中心房屋，尽管唐某甲与李某某所订立的《分居协议书》约定了该房屋归李某某拥有，但直至唐某甲去世，该房屋仍登记在唐某甲名下。故该协议书尚未实际履行，因此应根据不动产物权变动采登记主义原则，确认该房屋属于唐某甲与李某某夫妻共同财产。该房屋价值应根据评估报告确定的数额扣除唐某甲去世时该房屋尚未还清的贷款，该数额的一半为李某某的夫妻共同财产份额，另一半为唐某甲遗产。属于唐某甲遗产的份额应均分为三份，由李某某、唐某乙和唐某均分。考虑到唐某乙尚未成年，而唐某要求获得折价款"，故法院判决该房屋归李某某所有，由李某某向唐某支付折价款并偿还该房屋剩余未还贷款。❷

二审法院审理后认为，"本案中唐某甲与李某某签订的《分居协议书》是婚内财产分割协议而非离婚财产分割协议，是双方通过订立契约对采取何种夫妻财产制所作的约定。夫妻之间的约定财产制应纳入非依法律行为即可发生物权变动效力的范畴。如夫妻财产涉及向家庭以外的第三人处分物权，就应当适用物权法等调整一般主体之间财产关系的相关法律规定。而对于夫妻家庭关系内的财产问题，应当优先适用婚姻法的相关规定。唐某虽在本案中对该约定的效力提出异议，但其作为唐某甲的子女并非《物权法》意义上的第三人。因此，虽然财富中心房屋登记在唐某甲名下，双方因房屋贷款之故没有办理产权过户登记手续，但物权法的不动产登记原则不应影响婚内财产分割协议关于房屋权属约定的效力。且结合唐某甲与李某某已依据《分居协议书》各

---

❶ 刘曦. 婚内财产分割协议的定性及其法律效力——基于"唐某诉李某某、唐某乙法定继承纠纷案"[J]. 东南大学学报（哲学社会科学版），2019（S2）.
❷ 北京市朝阳区人民法院（2013）朝民初字第30975号民事判决书。

自占有、使用、管理相应房产之情形，应当将财富中心房屋认定为李某某的个人财产，而非唐某甲之遗产予以法定继承。"❶

【主要法律问题】

（1）夫妻之间的财产分割协议与夫妻之间的赠与合同有什么区别？

（2）在诉讼当中，法律事实如何认定？在三段论推理中，法律事实是大前提还是小前提？

【理论分析】

法律关系的形成、变更与消灭需要具备一定的条件，法律规范与法律事实是最主要的两个条件。法律事实是法律规范所规定的，能够引起法律关系产生、变更与消灭的客观情况或现象。法律事实分为法律事件和法律行为。本案中唐某甲的死亡是一个典型的自然事件，属于法律事件的一种。人的生老病死的发生，法律关系主体之间的权利与义务关系就有可能产生，也有可能发生变更，甚至完全归于消灭。本案中唐某甲的死亡会导致抚养关系、夫妻关系的消灭，也会导致继承关系的产生。正因为唐某甲死亡，产生了本案的法定继承纠纷，即财富中心的房产应当如何继承的问题。法定继承具有法定性，但遗嘱继承是先于法定继承的，本案中唐某甲死前并未订立遗嘱，故应适用法定继承。假如本案中的财富中心房产的一半是属于唐某甲的遗产，则自然会引发法定继承，法定继承的第一顺序是配偶（即李某某）、子女（即唐某、唐某乙）。

但本案并不是单纯的法律继承问题，因为本案还存在一个法律行为，即唐某甲生前与妻子李某某签订的《分居协议书》。法律行为是以当事人的意思表示为前提，是本案中唐某甲与李某某夫妻之间对于适用何种夫妻财产制的选择和变更的意思表示，该协议书的内容会对夫妻双方产生法律约束力。根据当时《婚姻法》的相关规定，夫妻之间可以基于双方的法律意思表示，对婚姻存续期间取得的财产或者是婚前财产进行约定权利归属。本案中的婚内财产分割协议约定的内容符合法律的规定、不违反公序良俗，是合法有效的。根据协议书内容，该房屋属于李某某所有，非为唐某甲的遗产，尽管未办理变更登记，但不影响所有权的认定。唐某作为唐某甲的法定继承人，不属于受交易安全保护的善意第三人，故唐某无权请求继承该房屋。

 **案例四　新某公司诉冯某某商铺买卖合同纠纷案**

【基本案情】

南京市时代广场是新某公司开发建设的商业用房。该建筑物总面积6万余平方米，

---

❶ 北京市第三中级人民法院（2014）三中民终字第09467号民事判决书。

地上第一至三层约6000平方米的区域被分割成商铺对外销售给150余家业主,其他建筑面积归新某公司自有。1998年,新某公司与冯某某签订商铺买卖合同,约定新某公司向冯某某出售时代广场第二层编号2B050的商铺,建筑面积22.5平方米,每平方米售价16363.73元,总价款368184元,交付后三个月内双方共同办理商铺权属过户手续。合同签订后,冯某某按约支付全部价款,新某公司将商铺交付冯某某使用,但一直未办理产权过户手续。

而后,新某公司将时代广场内的自有建筑租赁给嘉某公司经营,但因嘉某公司经营不善连续停业两次,导致购买商铺的小业主无法在时代广场内正常经营,部分小业主以及嘉某公司的债权人集体上访,要求退房及返还购房款。新某公司的新股东为盘活资产、重新开业,拟对时代广场的全部经营面积进行调整,重新规划布局,为此陆续与大部分小业主解除了商铺买卖合同,并开始在时代广场内施工。2003年3月17日,新某公司致函冯某某,通知其解除双方签订的商铺买卖合同。3月27日,新某公司拆除了冯某某所购商铺的玻璃幕墙及部分管线设施。6月30日,新某公司再次向冯某某致函,冯某某不同意解除合同。由于冯某某与另一户购买商铺的邵姓业主坚持不退商铺,新某公司不能继续施工,6万余平方米建筑闲置,同时冯、邵两家业主也不能在他们约70平方米的商铺内经营。

原告新某公司诉请解除涉案商铺买卖合同,一审法院认为合同无须继续履行,应当解除。原告新某公司返还被告的商铺价款,赔偿商铺的增值额。被告冯某某不服一审判决,向南京市中级人民法院提起上诉。二审法院观点为:关于解除商铺买卖合同,本案违约方若继续履约费用过高,不适用继续履行。一审平衡双方当事人利益,判决解除商铺买卖合同,符合法律规定,是正确的。关于超出诉讼请求判决被上诉人赔偿经济损失,上诉人冯某某在商铺买卖合同的履行过程中没有任何违约行为,为公平合理地解决纠纷,也使当事人避免讼累,判决新某公司赔偿经济损失等,并无不当。在二审中,新某公司表示其愿给冯某某增加20万元赔偿款,应当允许。最终依照《民事诉讼法》第153条第1款的规定,于2004年9月6日判决:一、维持南京市玄武区人民法院的一审民事判决第一、二、三项;二、变更南京市玄武区人民法院的一审民事判决第四项为:被上诉人新某公司赔偿上诉人冯某某逾期办理房屋权属登记过户手续的违约金及其他经济损失68万元,于本判决生效之日起10日内付清。二审案件诉讼费7867元,由被上诉人新某公司负担。本案经过两审终审程序,最终作出判决。

【主要法律问题】

(1) 同一个法律事实可以引起多种法律关系的产生、变更或者消灭吗?两个或者两个以上的法律事实可以引起同一种法律关系吗?

(2) 法律事实有哪些典型的特征和属性?

【理论分析】

一个事实,只有它与法律关系的产生、变更或消灭紧密相连,方可称为法律事实,即由于法律事实的出现，导致了法律关系演变后的结果。从结果上看，法律事实的出现可能引起法律关系的演变。法律行为作为法律事实的一种，应满足以下条件：首先，它必须是人的行为，包括语言与身体行动，但不包括人的内心活动；其次，它必须是人有意识的行为。无意识的举动、精神病患者的举动不应当视为法律行为；最后，它必须是具有社会意义的行动，即对他人或社会产生影响的行为。

"新某公司诉冯某某商铺买卖合同纠纷案"中首先牵涉到法律事实的是双方当事人订立的商铺买卖合同。买卖合同是诺成合同，买卖合同自双方当事人意思表示一致就可以成立，不以一方交付标的物为合同的成立要件，当事人交付标的物属于履行合同。买卖合同是典型的双方民事法律行为。本案中新某公司与冯某某订立的商铺买卖合同是基于双方共同的意思表示，且双方都具有民事能力，意思表示真实有效，所以此商铺买卖合同有效。其次，本案还牵涉到新某公司的违约行为。该公司在合同约定的期限内并未按照约定向冯某某办理产权过户手续，构成违约，又因为新规划布局要收回原有的商铺，在合同未依法解除的情况下，将冯某某的商铺的玻璃幕墙及部分管线设施拆除，正因为违约行为存在的法律事实，导致双方无法继续履行合同的约定。最后，本案一审和二审判决结果均是解除新某公司与冯某某双方的商铺买卖合同。买卖合同解除，这一法律事实会导致双方的法律关系消灭，即新某公司与冯某某不是买方与卖方的关系，双方之间不受当时订立的商铺买卖合同的约束。合同解除之后，合同就不再具有法律效力。❶

---

❶ 刘凝. 强制售卖与合同僵局化解——评"新宇公司诉冯玉梅商铺买卖合同纠纷案"［J］. 财经法学，2022（2）；杨建军. 法律事实的概念［J］. 法律科学（北政法学院学报），2004（6）.

CHAPTER 7　第七章

法律责任

 **本章知识要点**

法律责任是指行为主体因违法行为、违约行为或仅因法律规定而应该承担的一种不利的法律后果。在法学中，主要有三种关于法律责任本质的理论：道义责任论、社会责任论和规范责任论。*

第一节　法律责任的分类

根据不同的标准可以对法律责任作不同的分类。例如，按照承担责任的主体的不同，法律责任可以分为自然人责任、法人责任和国家责任；按照责任承担的内容的不同，法律责任可以分为财产责任和非财产责任；按照责任的承担程度，法律责任可以分为有限责任和无限责任；按照责任实现形式的不同，法律责任可以分为惩罚性责任和补偿性责任；按照引起责任的法律事实与责任人的关系的不同，法律责任可以分为直接责任、连带责任和替代责任。在法律实践中，最基本的分类是根据法律责任的类型所作的分类，即把法律责任大致分为民事法律责任、行政法律责任、刑事法律责任和违宪责任四种类型。

一、民事责任与宪法责任

 **案例一　齐某某案**

【基本案情】

1990 年，山东省滕州八中的初中学生齐某某和陈某某参加了中等专科学校的预选

---

* 本章内容适当参考了以下两部教材：张文显. 法理学［M］. 5 版. 北京：高等教育出版社，2018；雷磊. 法理学案例研究指导［M］. 北京：中国政法大学出版社，2020.

考试。陈某某考试成绩不合格，失去了升学考试资格；齐某某通过了预选考试，并在中专统考中获得441分，超过委培录取的分数线。之后，济宁市商业学校向齐某某发出录取通知书，并委托滕州八中转交。

齐某某所在村子的党支书陈某甲利用其和滕州八中、济宁市商业学校和山东省滕州市教育委员会的关系，让其女陈某某顶替齐某某进入济宁市商业学校学习。1993年，陈某某又以齐某某的名义进入中国银行工作。而误以为自己落榜的齐某某去了金属加工厂打工，不久后下岗，以卖早点为生。

1998年，齐某某偶然发现了陈某某的冒名顶替之事。1999年1月，齐某某向山东省枣庄市中级人民法院提起民事诉讼，被告为陈某某、陈某甲、济宁市商业学校、滕州八中和山东省滕州市教育委员会。齐某某诉请法院判令被告停止侵害、赔礼道歉，并赔偿原告经济损失16万元，精神损失40万元。

1999年5月，山东省枣庄市中级人民法院作出一审判决。法院判定齐某某姓名权受到侵犯，判令被告停止侵害、赔礼道歉，并赔偿精神损失费35000元，但没有认定受教育权受到侵犯。齐某某不服一审判决，上诉至山东省高级人民法院，山东省高级人民法院随后请示最高人民法院。2001年8月13日，最高人民法院作出《关于以侵犯姓名权的手段侵犯宪法保护的公民受教育的基本权利是否应承担民事责任的批复》，该批复指出："陈某某等以侵犯姓名权的手段，侵犯了齐某某依据宪法规定所享有的受教育的基本权利，并造成了具体的损害后果，应承担相应的民事责任。"同月24日，山东省高级人民法院依据批复作出判决，认定齐某某姓名权和受教育权受到了侵犯。最终齐某某得到了经济赔偿48045元和精神损害赔偿50000元。

【主要法律问题】

宪法能否介入私人间的纠纷？如可以，则在何种情况下可以介入？

【理论分析】

齐某某案被称为我国的宪法第一案。一般说来，宪法作为公法，主要处理国家权力和公民权利之间的关系问题，并不介入私人间的纠纷。而当时的最高人民法院为了推动宪法的司法化，硬性推出了一个批复。该批复的问题在于，如果陈某某侵犯了齐某某宪法上的受教育权，那么为什么她要承担的却是一种民事责任呢？

正如童之伟教授所说："公民的受教育权在我国不仅是宪法权利，也是普通法律所确认和保障的权利；受教育权在学理上并不一定归类于民事权利，但《教育法》却是将其比照民事权利加以保障的，不能因为《民法通则》没有规定就否认对它的民法保护；山东省高院或其下级法院完全可以依照《教育法》的有关规定审理和裁决齐某某诉陈某等人的这个案子，没有必要向最高院请示。"

二、高校的法律地位

 **案例二　田某诉北京某大学案**

【基本案情】

1994年9月,田某以优异的高考成绩考入北京某大学。1996年2月29日,田某参加电磁学的课程补考时,随身携带写有电磁学公式的纸条,考试中途去厕所的途中纸条掉了出来,正好被监考老师当场发现,虽然没抓到正在抄袭的直接证据,但监考老师还是按考场纪律,当即停止了田某的考试,将其考卷以零分计算。当时被告北京某大学于1994年制定了本校的《关于严格考试管理的紧急通知》(简称第068号通知),该通知里有一条内容明确规定,凡考试作弊的学生一律按退学处理,取消学籍。1996年3月5日,被告根据第068号通知认定田某的行为是作弊行为,决定给予他开除学籍处分,作出退学处理决定。但该校没有直接向田某宣读处分结果,送达变更学籍通知,也没有给田某办理开除学籍手续,田某在学校里正常参加学习及学校组织的活动。

被告每年都向田某收取了学费,向其发放大学生津贴,在田某毕业当年安排田某参加大学生毕业实习设计。田某还拥有学校补发给自己的学生证,以该校大学生的名义参加各种等级考试。原告田某在四年本科学习期间成绩全部合格,他也顺利通过了毕业实习、毕业设计及论文答辩,被告北京某大学对于上述事实均无异议。1998年6月,被告有关部门以田某已按退学处理、不具备北京某大学学籍为由,拒绝为其颁发毕业证书,进而未向教育行政部门呈报田某的毕业派遣资格表。田某认为自己符合大学毕业生的法定条件,北京某大学拒绝给其颁发毕业证、学位证是违法的。1998年底,学生田某向北京市海淀区人民法院提起行政诉讼,将北京某大学列为被告。田某要求法庭判令学校按规定向自己颁发毕业证和学位证,办理相应的毕业手续,并赔偿因为延迟颁证所遭受的损失3000元。

法庭经审理查明,尽管被告在认定原告考试作弊的事实后决定给予原告退学处理,但没有直接向原告宣布处分决定和送达变更学籍通知,也未办理退学手续,甚至还于此后按年收取田某的学费,进行注册、发放补助津贴,为田某补办学生证,最后还安排田某参加了大学生毕业实习设计和考试。法院判决,被告北京某大学应向原告田某颁发大学本科毕业证书,并召集本校的学位评定委员会对田某的学士学位资格进行审核;与此同时,被告还应履行向当地教育行政部门上报原告田某毕业派遣的有关手续的职责。北京某大学不服一审判决提出了上诉。二审法院驳回了北京某大学的上诉,维持了一审判决。

【主要法律问题】

第一,高等学校能否成为行政诉讼中的适格被告?第二,高等学校拒绝颁发毕业证、学位证的行为是否属于具体行政行为，能否纳入行政诉讼的受案范围？

【理论分析】

上述两个主要法律问题，需要从以下两个方面进行法理阐释：一是明确高等学校的行政诉讼被告资格，二是确认高等学校拒绝颁发毕业证、学位证行为的法律性质问题。

对于高等学校能否成为行政诉讼的适格被告这一法律问题，首先需要了解，高等学校虽然不是法律意义上的行政机关，但是根据法律的规定，高等学校有对受教育者进行学籍管理的权力。学校的管理活动参与到行政法律关系中，其行使的自然是行政方面的权力，高等学校拥有办学自主权，并不意味着学校由此就可以自由办学，自行其是，要有自我约束、自我完善的义务，也需要来自政府和法律的干预和监督。1986年实行的《民法通则》正式确立了我国的法人制度，它将法人分为以营利为目的的企业法人和不以营利为目的的非企业法人。非企业法人又包括机关法人、事业单位法人、社会团体法人。而且我国的法律理论研究者和司法实务者们一致认为高等院校性质上主要是事业单位型组织机构。据此，公立高等学校被认为是非企业法人中的事业单位法人。行政诉讼实践中，为了解决非国家行政机关作为被告的问题，采用了"法律法规授权的组织"这一概念。根据这一概念，高等学校作为教育者在行政诉讼中的法律地位取决于其行为性质。根据我国《教育法》《学位条例》等教育行政管理有关法律法规的规定，高等学校对受教育者有进行学籍管理、实施奖励或处分的权力，有代表国家对受教育者颁发相应的学业证书、学位证书的职责，是法律法规授权的组织，在行政法上具有行政主体资格。当时的《行政诉讼法》（1990年版）第25条第4款规定，由法律、法规授权的组织所作的具体行政行为，该组织是被告。本案中，北京某大学以田某不具备学籍为由，拒绝为其颁发毕业证书、学位证书以及办理毕业派遣手续。因此，田某对该教育行政管理行为不服，可以依法提起行政诉讼，北京某大学是适格被告。

本案争议的主要法律问题还包括高等学校颁发学历证书、学位证书行为是否为行政行为。根据法律规定，这两种颁证行为是国家为保证教育活动有序进行和保障教育质量的行政管理制度，学历证书、学位证书是国家承认的具有法定效力的证书，是个人学历、知识水平、专业技能等方面的证明，是个人能够进入高一级学校学习或从事相应职业的必要证件，也是用人单位对应聘人员进行优先选拔和录用的凭证。基于行政合同理论，学生通过了学校安排的学习、考试、考核，达到一定水平，有权取得教育者颁发的相关证书。关于本类案件所涉行为的性质一直存在争论，这个问题主要关系到公立高等学校和本校学生之间的管理关系的法律属性。公立高等学校和学生之间既存在民事关系也有行政关系。如果将学校和学生之间的教育关系视为普通民事关系，则无法解释为什么学校对学生享有特殊的管理权限，如纪律处分、颁布学历学位证书、制定校规校纪等。高等学校在对学生的管理中，对于学生的学籍管理、颁发学业证书和学位证书的管理性质决定了这种纠纷不同于普通的民事关系,由此引起的纠纷属于行政争议,应当由行政法来调整。学校的地位以及和学生之间关系的特点表明,学校相对于学生处在主导地位,学校作为独立于政府的自治机构,在法律授权范围内具有制订内部规定的权力,作为学生必须遵守学校的规定。学校对于学生进行管理的行为是在行使权力,而不是平等主体之间的权利。本案被诉行为属于具体行政行为,将其纳入行政诉讼的受案范围符合行政诉讼法的原则和精神,有利于依法保护受教育者的权益。❶

第二节 法律责任的认定与归结

法律责任的认定和归结是指对因违法行为、违约行为或基于法律规定而产生的法律责任,进行判断、认定、追究、归结以及减缓和免除一定后果的活动。认定和归结法律责任必须遵循一定的原则。归责原则在不同历史时期、不同国家存在差别。法律责任的认定与归结须以合法、公正为指导。根据我国法律的规定,适用法律来认定和归结法律责任一般应遵循以下四个原则,即责任法定原则、因果联系原则、责任与处罚相当原则、责任自负原则。

一、责任法定与过罚相当

案例三 劣迹艺人案

【基本案情】

2021年10月,钢琴演奏家李某曝出因嫖娼而被行政拘留。因为属于劣迹艺人,在警方确认李某的违法行为后,中国演出行业协会发起对李某的从业抵制,中国音乐家协会取消了其会员资格,此前其参与制作的视听作品和广播电视作品也被悉数下架。这个曾经在古典音乐圈中成就斐然的艺术家,面临着演艺事业可能就此终止的命运。阳春白雪的古典音乐家因为嫖娼而导致的滤镜破碎,使公众对李某事件的讨论,相比此前其他因劣迹而被封杀的流量明星更热烈。

嫖娼属于法律所禁止的违法行为,公众基于自身的情感认知和道德判断,对有此类行为的演艺人员进行谴责并无不当。大众对明星的评价,只要不是散布他人隐私、攻击他人人身、诋毁他人人格,就都属于言论自由保障的范畴。但李某在被行政处罚

---

❶ 湛中乐. 司法对高校管理行为的审查——田永诉北京科技大学案评析 [J]. 中国法律评论, 2019 (2); 饶亚东, 石磊. 通过行政判决再认识高校与学生之间的法律关系——评田永诉北京科技大学拒绝颁发毕业证、学位证案 [J]. 中国案例法评论, 2016 (1).

后能否再从事演艺事业，制作唱片、发行专辑，甚至公开举行演奏会，却不属于可由公众凭借自身的主观好恶就能决断的事项，而应诉诸法律去寻求答案。这涉及对行政违法是否能附加行业禁入、设置行业禁入的合法性前提以及吸毒和嫖娼人员的权利限制与限制限度等诸多问题。

"劣迹艺人"的称呼最早来自 2014 年 9 月广电总局下发的"封杀劣迹艺人"的通知，该通知将"吸毒""嫖娼"行为明确点名属于"劣迹"，要求由"劣迹艺人"参与制作的电影、电视节目、网络剧、微电影等暂停播出。

为整肃演艺环境，2021 年中国演出行业协会发布的《演出行业演艺人员从业自律管理办法》（以下简称《办法》）同样规定，"根据演艺人员违反从业规范情节轻重及危害程度，协会将监督引导会员单位在行业范围内分别实施 1 年、3 年、5 年和永久等不同程度的行业联合抵制，并协同其他行业组织实施跨行业联合抵制"。按照该《办法》，吸毒、嫖娼被归入"违反法律法规、违背社会公序良俗的行为"，有此类劣迹的演艺人员也当然属于演出行业协会实施行业抵制的对象。

【主要法律问题】

《办法》针对劣迹艺人而设定的行业禁入是不是一种行政处罚？是否违反了"处罚法定原则"？

【理论分析】

行业抵制所带来的直接效果其实就是从业禁止或曰行业禁入。行业禁入并非中国《行政处罚法》明确列举的处罚类型。将行业禁入排除在行政处罚之外，其显见效果就是规避了《行政处罚法》对于行政处罚的约束，这里尤其包含处罚设定的法定原则、处罚程序中的公众参与和透明要求等。但从其本质特征来看，行业禁入又的确是限制和剥夺当事人从事某种行为资格与能力的惩戒行为，属于行政处罚中的资格罚。而且《行政处罚法》在 2021 年修改后，对于行政处罚行为的规范已开始采取概括加列举的方式。据此，即使某种行为不属于《行政处罚法》明确列举的处罚种类，只要其符合行政处罚的概念要素，尤其是包含"以减损权益或者增加义务的方式予以惩戒"的制裁性要素，就应被归入行政处罚的范畴，也应受到《行政处罚法》的规范。

既然攸关个人权益的限制和剥夺，对行业禁入的设定就应该尽可能地客观审慎。《行政处罚法》为避免行政机关乱设处罚和滥施处罚，明确规定特定类型的处罚只能由特定的规范来设定，所谓"处罚法定原则"。既然其损益效果比警告、罚款、暂扣或吊销许可更严重，行业禁入的设定也理应由较高层级的法律规范做出，而不能委于层级较低的行政规章或其他规范性文件。从域外经验看，凡涉及公民基本权利的限制或剥夺，几乎都属于法律保留的范围，并不能交由行政机关任意处置。

《办法》为中国演出行业协会所发布。在其官网上，该协会的属性被介绍为"由民政部批准成立的国家一级社团组织，受文化和旅游部业务主管"，"是演出、网络表演经营主体以及相关领域的机构和从业人员自愿结成的全国性、行业性、非营利性社会组织"。既然仅属于社会团体而非国家公权机关,演出行业协会就并非适格的处罚设定主体;其颁布的《办法》也只是行业自律性文件,并非《行政处罚法》所认可的能够设定处罚的法定依据。也因此,演出行业协会是否有权依据《办法》对劣迹艺人作出行业禁入的处罚本身就令人存疑。

大概也是基于这一原因,该《办法》第 15 条在规定对劣迹艺人的行业抵制时,使用的语词表述是中国演出行业协会根据道德建设委员会的评议结果,"监督引导"会员单位在行业范围内实施包括行业抵制在内的惩戒措施。"监督引导"表明中国演出行业协会的抵制呼吁只是进行行业指导,并不具有强制性。但接下来的第 16 条在规定上又与 15 条存在抵牾。照其规定,在演出行业协会发出抵制后,"中国演出行业协会各会员单位或者个人不得邀请、组织处于联合抵制期内的演艺人员参与演出行业各类活动,也不得为其提供其他宣传、推介等便利"。此处的表述已经属于明确的"禁令"。法条间的龃龉其实凸显了一个关键问题:中国演出行业协会向社会发出的抵制呼吁,其法律属性究竟是什么?如上文所述,无论是从行业禁入的法律属性以及法律所要求的设定依据,还是从演出行业协会的社会团体属性而言,其向会员单位和个人发出的"行业抵制"都更应被理解为行业指导,而非行政命令,是否遵从此抵制呼吁也取决于各会员单位和个人。这一点同样可通过该《办法》"总则"第 6 条的表达获得证明,该条规定对演艺人员违反从业规范所实施的是"自律惩戒措施",即它并非源自国家公权机关的强制性命令和他律性惩戒。

将抵制呼吁视为指导并非命令,也意味着国家和市场在此处存在作用场域的划分。演艺人员因违反法律规范被施以相应的行政处罚,这属于法律的明确规定,也属于国家公权有权介入的领域。但其未来是否还能继续从事演艺事业,既然没有明确的、适格的法律禁令,就应交由市场或观众来判断,演出行业协会在此发挥的也只是引导作用。如果观众无法容忍艺人的过往劣迹,自然会予以抵制,会员单位也会根据市场评估来判断是否要为其继续提供演出机会;反之,如果观众能够理性地将演艺人员的艺术成就与个人私德予以区分,能够宽容其道德瑕疵,那国家公权机关也应对观众的选择保持尊重。这种尊重的背后是对多元价值的宽容,也是为劣迹艺人提供改过自新的机会。❶

二、归责原则

 **案例四　中国人肉搜索第一案**

【基本案情】

2007 年 12 月 29 日晚,姜某从 24 楼的住所跳下自杀身亡。姜某生前在网上注册了

---

❶ 赵宏. 劣迹艺人封杀与行业禁入 [EB/OL]. (2021-11-14) [2021-11-14]. 财新网:https://opinion.caixin.com/2021-11-14/101804791.html.

名为"北飞的候鸟"的个人博客。在自杀前两个月，姜某关闭了该博客，但一直以博客日记形式记载下自杀前两个月的心路历程，将丈夫王某与第三者东某的合影照片贴在博客中，认为自己婚姻失败。姜某的日记中显示出王某的姓名、工作单位地址等信息。姜某在12月27日第一次自杀前委托一名网友在12小时内打开博客。在12月29日后该网友将博客密码告诉姜某的姐姐姜某甲，姜某甲打开了该博客。之后，姜某的朋友张某注册了个人网站"北飞的候鸟"，刊登了一系列关于王某与姜某生前婚姻生活的文章，披露了王某的个人信息。同时姜某的博客日记被一名网民转发在天涯社区论坛中，后不断被其他网民转发至不同网站上，被长时间地关注。部分网民在天涯虚拟社区等网站发起"人肉搜索"，使王某的姓名、工作单位、家庭住址等个人信息被披露。更有部分网民在大旗网等网站对王某进行谩骂、人身攻击，更极端的网民还到王某的住处进行骚扰，在门口刷写、张贴"逼死贤妻""血债血偿"等标语。之后王某与第三者东某向所在单位某广告公司请辞，该公司同意两人辞职并在天涯网站上发表了回帖声明。

2008年3月15日，王某以侵犯隐私权和名誉权为由，起诉张某、海南天涯在线网络科技有限公司（天涯网，以下简称天涯公司）和北京凌云互动信息技术有限公司（大旗网，以下简称凌云公司），北京市朝阳区人民法院受理该案。在审理过程中王某承认自己与同事东某确实曾有婚外情。2008年12月18日，朝阳区法院判处张某、凌云公司的行为构成侵权，天涯公司由于在王某起诉前及时删除了相关信息，不构成侵权。张某不服一审判决，上诉到北京市第二中级人民法院。二审驳回上诉，维持原判。

首先，法院认为，公民的名誉权和人格尊严受宪法和法律保护，任何人不得以任何名义进行侵犯。王某的婚内出轨行为属于违反法律和道德的，并且有损我国的公序良俗和公众道德，由于王某的婚内出轨行为给姜某造成巨大精神压力和痛苦，最终导致了姜某自杀的惨痛后果。所以原告王某被社会舆论否定和抨击也属情理之中。其次，法庭重申了一点，那就是尽管法律规定和保护公民的言论表达自由，可以对任何事发表自己的看法，但是公民的表达自由应当是在法律的限定范围内来行使的，如果超出了法律规定的范围，将不再受到法律的保护，严重的还将受到法律的处罚。

【主要法律问题】

"人肉搜索"的侵权主体包括发起者、收集者和传播者、网络服务提供者，他们承担侵权责任的归责原则分别是什么？

【理论分析】

在"人肉搜索"事件中，最初引起形成网络信息网的主体是发起者，当发起者发布任务或提出问题后，其他收集者是出于帮助发起者搜寻材料的本意才做出了此类行为，但不可对所有的发起者一概而论，只有主观上存在恶意，实际上出现了损害后果，损害了当事人合法权益的发起者才能算为侵权主体。收集者或者传播者都是属于第二次信息接收者,也就是发起者发布任务后,该类人群进行接收与解读,决定是否帮助发起者收集(或传播)信息以及以何种方式收集(或传播)。该类人群大部分直接接触被害人信息,属于直接责任人,但涉及人数众多难以追责。所以应当找寻该人群中首次具有恶意或者具有代表性恶意,已经侵犯公民正常权利从而造成当事人生活、名誉上损失的收集者与传播者,认定其为侵权人。网络服务提供者是在"人肉搜索"事件过程中提供信息、中介、设施的网络运营商和管理者。他们提供网络平台服务,或将点击量高的消息编辑成热搜新闻,让更多的人注意;或提供搜索引擎帮助快速收集汇总信息,起到推动作用,所以我们不能忽视提供者的责任。但因网络服务提供者所接触范围广,为了方便归责,通常将具有过错责任的提供者定为侵权者。

2007年时,相关的法律规定还不完善,由于举证困难和无法准确锁定其他侵权人,受害人王某只能对几家网站提起了诉讼,对其他侵权的网民无法做到追责。主要原因是:首先是举证困难,因此当事人只能起诉侵权行为相对明显和证据相对容易取得的张某所建的"北飞的候鸟"以及大旗网和天涯社区三家网站。但是,通过案件我们可以了解,除了这三家网站,尚有许多网民和网站都参与了转载和传播行为,比如新浪网等,为"人肉搜索"提供了网络服务,还有部分不理性的网民对王某及家人进行了网络道德审判等行为。这些都应当认定为对被搜索人的名誉权和隐私权的侵犯。同时,其他各网站由于没有及时尽到对转帖内容的审查和注意义务,在一定范围和程度对损害结果造成了间接的推动作用,这些也能够构成民法上的侵权行为。但是由于这些行为都在虚拟的互联网上进行,侵权行为举证困难,侵权人无法准确锁定等原因,导致无法具体追责。其次,网民们在"人肉搜索"王某的过程中,在进行道德评价的同时,还将王某的工作单位、住址、个人邮箱等详细个人信息在互联网上进行传播,甚至有些怒气难平的网民在网络上用极其恶毒的语言对王某进行谩骂,更有甚者对王某的侮辱从网络社会蔓延到了现实社会中,逐渐演化为"网络暴力"。比如,在王某父母家的墙壁上张贴或粉刷各种讨伐、侮辱性质的暴力语言,最终使得当事人王某与其父母难以忍受网友的骚扰和巨大的精神压力选择了诉讼的道路。网民在"人肉搜索"的过程中,扮演了不同的角色,有"人肉搜索"发起者、信息发布者、一般网民等,对这几类不同的侵权主体,都应当依据不同的侵害行为和后果,进行法律的制裁。但是,我们发现当事人无法进行准确锁定,也就无法对这些网民进行起诉。

目前,对"人肉搜索"侵权行为,刑法、民法以及行政法都进行了相应的规制。我国《刑法》第253条中整合为侵犯公民个人信息罪,犯罪主体也由特殊主体扩展到一般主体。之后"两高"解释也具体规定了"公民个人信息"范围以及"情节严重"和"情节特别严重"入罪标准,将非法收集售卖导致信息泄露严重与合法经营非法购买牟利归为情节严重,将致使被害人生命健康、身心健康受损,非法获利数额特别巨大归为"情节特别严重"。可在实践中,因为大多数的人并没有达到定罪标准,只在大数据中"贡献"了寥寥几条,是由于基数众多便呈几何数倍增长的效应才造成了最终的结果，所以无法确定犯罪主体，不能使被害人的合法权益获得救济，大多数案件最后多以侮辱罪、诽谤罪与寻衅滋事罪冠名。《民法典》的编纂为人格权设立专章，第1018条加强了保护肖像权的力度，不再以"以营利为目的"为必要条件，范围扩大到"外部形象"；对于人格权的保护从预防出发，第1032条到第1034条明确了隐私权具体权利的含义，进行明确的界定，指出隐私包括私人生活和不愿被知晓的私密领域；第1035条、第1037条、第1039条、第1226条确立了个人和专职人员处理他人信息时应当有所限制。《民法典》增加了合理审查制度和侵权责任方面的确定因素，使得相关案件的法律依据能够更完善、更方便，人们将会更明白，当隐私不与公益相抵触时，保护它就是一项神圣的任务。《网络安全法》于2017年开始实施，第四章中第41条、第42条指出了网络运营者使用个人信息时的注意条件，第43条规定了个人使用他人信息时的制度，第六章记载了相应法条对应的法律责任。它作为我国第一部网络空间综合性法律，在我国网络安全领域具有里程碑意义，对网络犯罪的发生起到了遏制作用。在实践中，未构成刑事罪名、危害性较弱的案件，一般根据《网络安全法》和相关行政条例，对当事人进行训诫、罚款、行政拘留等。《个人信息法》自2021年11月起实施，分为八章，规定了个人信息的处理归责、跨境提供规则、权利与义务、履行保护部门以及法律责任等内容。对信息处理违法主体进行罚款，记入信用档案，对部门人员给予处分，其中亮点在于增加公益诉讼制度。此法细化保护个人信息体系，突出立法的先进性。

不同类型主体采取不同类型的归责原则能够保证更加公平地分配责任。若是提出问题或任务的行为人实施了侵权行为——主观故意、编造事实、散布谣言等便会使整个事件从本质上误入歧途，通常造成的影响比较恶劣，所以应当采用事后举证困难的过错推定原则。这样严格的归责规范可以在一定程度上预防发起者的恶意行为。面对人数众多的其他参与者，为了保障普通网民合理使用网络平台发表意见、行使自由言论权利，我们应找出具有源头性和代表性影响力的信息收集者或者传播者，对其实施过错责任原则，由对方举证，降低惩治力度，提高处理效率。最后，作为辅助者的网络服务运营商和管理者根据《民法典》"侵权责任编"的立法目的来看，他们属于特殊主体，作为维护网络空间安全、排除违法"人肉搜索"等特定职务行为的媒介，只有当他们不履行或者没有尽到合理责任导致了损害后果时才需承担侵权责任，所以应适用过错责任原则。

在实际案件具体问题具体分析时，需要讨论一定的免责事由。首先，当涉及公众人物时，他们本身的身份具备一定公开性，在"限度"之内的信息透露有利于社会监督或者提升名誉。"限度"是指明星若曝光真实姓名便在之内，但若出现人肉搜索出私人号码贩卖给粉丝或者黑粉、利用明星私人信息登记使其"被迫"捐献器官类似事件则是之外，而这也是道德、法律所严令禁止的。其次，被害人明确同意也是免责事由之一，或者当公安机关、官方机构追捕犯罪嫌疑人、被告人时需要寻求公力救济，公告私人信息和照片方便追捕，也不能进行追责。我们掌握免责事由与归责原则，使发

挥"人肉搜索"的正面作用与减弱负面影响相结合，符合法律公平原则。❶

三、过错责任原则

 **案例五　郑州电梯劝阻吸烟案**

【基本案情】

2017年5月的某天上午，某小区住户杨某乘电梯准备下楼取快递，他进入电梯后，发现一名老人在抽烟，烟头还亮着。因为杨某自己是一名医生，深知吸烟的危害性，在医院病房里也经常劝阻病人吸烟，再加上自己老婆当时怀孕，所以杨某对烟味十分敏感。杨某在电梯里劝阻这位老人停止吸烟，因为电梯空间非常狭小和密闭，烟味儿很难散掉，电梯里也陆陆续续会有小孩、孕妇等人乘坐，但老人不听劝阻，觉得杨某伤了他的自尊，情绪比较激动。两人一同出了电梯之后，也一直在争执，老人有明显的肢体动作。物业听见两人的争执，迅速过来劝阻，杨某就去取快递了，老人进了物业办公室。但当杨某返回路过物业办公室时，却发现老人突发心脏疾病猝死，家属随即报案。老人的妻子随后以侵害生命权为由将杨某诉至郑州市金水区人民法院要求其赔偿死亡赔偿金等共计40余万元。

本案一审法院审理认为老人因在电梯内吸烟而与被告杨某发生言语争执，杨某此前并不认识这位老人，对于老人的心脏病史并不知情。在二人的争执被物业人员劝阻且杨某离开后，老人猝死，此结果是杨某未能预料到的。所以，杨某的劝阻吸烟行为与老人的死亡结果之间并无必然的因果关系。但法院认为老人的确是在与杨某的交流争执后猝死，故应当适用原《侵权责任法》第24条的公平责任原则，判决杨某向死者家属补偿1.5万元，驳回原告的其他诉讼请求。但死者家属不服一审判决，认为杨某是有过错的，应当承担过错责任，随后向二审法院提出上诉。

本案二审法院经审理认为，杨某劝阻老人在电梯内吸烟的行为未超出必要限度，属于正当劝阻行为。杨某劝阻时保持着冷静和理性，没有肢体冲突和拉扯动作，也没有证据证明其对老人进行了训斥或其他不当行为。杨某没有侵害老人生命权的故意或过失，劝阻老人吸烟的行为本身并不会招致老人死亡的结果。老人自身患有心脏疾病，因其未能控制自身情绪而导致心脏病发作不幸死亡。虽然杨某劝阻电梯里吸烟的行为与老人死亡的后果是先后发生的，具有时间上的因果关系，但两者之间并不存在法律上的因果关系，而适用《侵权责任法》第24条的前提是行为与损害结果之间具有法律上的因果关系，因此，二审法院直接作出改判，❷ 判决一审法院撤销要求杨某补偿死者家属1.5万元的民事判决，杨某不承担任何责任。

---

❶ 李斯特. 隐私与隐私权的限度——从人肉搜索第一案切入 [J]. 法律和社会科学，2013（1）.
❷ 河南省郑州市中级人民法院民事判决书（2017）豫01民终14848号.

【主要法律问题】

行为人杨某对于老人的死亡结果是否存在过错？

【理论分析】

《民法典》颁布以前，《侵权责任法》第6条第1款规定："行为人因过错侵害他人民事权益造成损害的，应当承担侵权责任。"《民法典》颁布以后，过错责任规定在《民法典》第七编第1165条，《侵权责任法》被废止。法律责任原则是国家机关据以确定法律责任由行为人承担的理由、标准、基准或法理等，主要包括过错责任原则和严格责任原则。

过错责任原则，又被称为过失责任原则，主要以行为人主观上有过错作为承担法律责任的基本要件。行为人具有故意或者过失了才能承担法律责任。具体到本案，原告与被告对于杨某是否存在过错的问题存在争议，从客观角度分析是其双方所持的过错认定理念或标准不同所致。原告认为被告杨某一直与老人在争执，争执了很久，老人情绪特别激动导致心脏病复发猝死，肯定是被告杨某说了过激言论刺激到了老人，违背了通常情形下人们交谈时应有的注意义务，所以杨某对于老人的死亡存在过错，应当适用过错责任原则。但被告杨某坚持声称自己劝阻的语言温和，只是老人却感到伤了自尊，情绪非常激动。并且杨某不知道老人有心脏病史，也不认识该老人，自己无法预见到自己的劝阻行为会诱发老人死亡。被告杨某始终坚持自己是没有过错的。

首先，杨某劝阻老人吸烟，是在行使自己的权利，每个公民都可以对危害公共利益的行为进行劝阻，履行社会责任。杨某劝阻老人吸烟的行为是正常合法的。其次，杨某之前并不认识老人，也不知道老人有心脏病史，不会预见到老人突然死亡的可能性，被告杨某不存在疏忽或懈怠的过失。杨某也不具有过失的心态，他劝阻吸烟时不存在注意义务因而其行为也不具有可责难性。最后，没有证据能够证明杨某对老人有过激的行为，监控视频中虽然听不到声音，但是能看出来杨某的状态较为平和，证据显示杨某的全程行为并没有过度行为。因此，被告杨某对于老人的死亡不具有过错，不适用过错责任原则。

第三节 法律责任的承担

法律责任承担的方式，是指承担或追究法律责任的具体形式。法律责任承担的方式主要包括惩罚、补偿、强制三种。惩罚即法律制裁，是国家通过强制对责任主体的人身、财产和精神实施制裁的责任方式。惩罚是最严厉的法律责任实现方式。补偿是通过国家强制力或应当事人要求由责任主体以作为或不作为形式弥补或赔偿所造成损失的责任方式。强制是指国家通过强制力迫使不履行义务的责任主体履行义务的责任方式。

一、株连与责任自负

2018年6月，河南省信阳市罗山县发出的一则公告引起舆论较大非议。这则公告主要是劝返目前仍滞留境外、拒绝回国配合公安机关调查的犯罪嫌疑人，但公告明确指出，将告知书送达其父母或兄弟姐妹、儿子儿媳、女儿女婿及其所在单位或子女所在学校、所在村委会，并要求犯罪嫌疑人的亲属及学校老师、村组干部积极规劝，否则会影响他们的正常生活。

公安机关严厉打击盗窃犯罪，这无可厚非。公安机关为了顺利将滞留境外拒不回国的"飞天大盗"抓捕归案，发动群众，要求"飞天大盗"的父母子女、兄弟姐妹等家人协助，规劝犯罪嫌疑人回国，这本身也并无不可，出发点应当说也是善意的。

但是，公安机关在公告中声称，对于没有提供协助的犯罪嫌疑人的家人采取惩罚措施，纳入征信系统，影响他们的正常生活。从法律角度说，这样的做法显然不合法，实质上是典型的连坐、"株连家人""株连九族"的做法，背离了现代法治精神。

俗话说"一人做事一人当"。我国刑法的原则之一就是罪责自负原则，又称罪及个人原则或个人责任原则，即由犯罪者本人承担刑事责任，而不株连他人的原则。"株连三代""连坐亲朋"，显然有悖罪责自负原则。

实际上，近年来，这种动辄"株连全家"的执法手段并不鲜见。比如，有地方曾规定，一人存在交通违章行为，全家都要学习交通安全知识。再比如，广东省惠来县鳌江镇在涉毒犯罪嫌疑人的家庭房屋墙壁上用油漆喷上了"涉毒家庭"字样，俨然是现代版的"脸上赤字"。凡此种种执法手段，归根结底是根深蒂固的株连思维、连坐思维在作祟。

在株连的背后，隐藏的是一种法律工具主义思想。法律工具主义思想以法家为代表，对我国古代政法制度影响十分深远。贺麟曾指出，法家的法治思想的特点在于"厉行铁的纪律，坚强组织，夺取政权，扩充领土，急近功，贪速利，以人民为实现功利政策的工具；以法律为贯彻武力征服或强权统治的手段；以奖赏为引诱人图功的甘饵；以刑罚为压迫人就范的利器。'有功虽疏贱必赏，有过虽近爱必诛'，就是'人君制臣之二柄'（见《韩非子》）。此类型的法治的长处，在于赏罚信实，纪律严明，把握着任何法律所不可缺少之要素。其根本弱点在于只知以武力、强权、功利为目的，以纵横权术为手段，来施行强制的法律。不本于人情，不基于理性，不根于道德、礼乐、文化、学术之正常。法家的人甚至鼓励父杀其子，兄杀其弟，以立威信而圆功名。又如商鞅之徙木立信等武断的事，均同时犯了不近人情、不合理性、不重道德的弊病。徒恃威迫利诱以作执行法令的严酷手段。此种法治有时虽可收富强的速效，但上养成专制的霸主，中养成残忍的酷吏，下养成敢怒不敢言的顺民，或激起揭竿而起的革命。"

二、责任减免

 案例六　好意同乘案

【基本案情】

三轮车司机刘某,年近八十,身体硬朗,以回收废品为生。他每天开着电动三轮车穿梭在住所周边的大街小巷,跟不少街坊邻居熟识。2020年4月11日,刘某在街坊范某家回收完废品,听说范某一会儿要去厂里上班,表示可以顺路带范某一程。一路上,刘某将车开得飞快。在一个岔路口右转弯时,三轮车右后轮压到绿化坛边沿导致车辆侧翻。刘某被甩了出去,腿部严重受伤。范某被压在车下,后被送往医院,经手术治疗,他右踝关节功能部分丧失,构成十级伤残。稳定后,范某将刘某告上法院,要求刘某赔偿医疗费、伤残赔偿金等共计20万余元。奉化区人民法院认为,根据《民法典》第1217条规定:"非营运机动车发生交通事故造成无偿搭乘人损害,属于该机动车一方责任的,应当减轻其赔偿责任,但是机动车使用人有故意或者重大过失的除外。"刘某无偿捎范某上班,双方之间形成"好意同乘"关系。但作为驾驶员,刘某应当保障搭乘者人身安全,范某不因其无偿搭乘的行为失去法律保护。因此,对于车祸给范某造成的损失,刘某应当承担侵权赔偿责任。但刘某的好意供乘行为,属于助人为乐的善意举动,应当予以肯定与倡导。因此,适当减轻刘某的赔偿责任,不但符合公平原则,也符合社会主义核心价值观。结合案件实际,奉化区人民法院最终判决,酌定减轻刘某30%的赔偿责任。❶

【主要法律问题】

《民法典》第1217条规定,对除故意或重大过失之外的好意同乘行为,应当减免好意人的赔偿责任,那么减免责任的程度应该如何确认?

【理论分析】

《民法典》第1217条中指出,非营运的机动车出现交通事故导致无偿搭乘人受到损害,机动车方需要承担相应责任,应该对其赔偿责任进行减轻,然而不包括机动车方有重大过失的情况。但在对好意同乘致损适用第1217条的条件问题上,如何对"非营运机动车""无偿"以及"重大过失"进行界定,法条上并没有给予明确的规定,司法实践中有时也存在一定的争议。

针对非营运机动车如何定性这一问题。"一辆营运性质的车辆在非营运期间施行好

---

❶ 胡珊,程岩惠. 好心顺路带一程　出车祸遭索赔20万余元　法院:"好意同乘"减责30%[J]. 宁波通讯,2022(2).

意同乘行为该如何定性"等问题都牵扯到如何对"非营运机动车"进行定性。如果根据该条进行简单的文义解释，那么是否能够适用《民法典》第1217条就成了新的问题。规定非营运机动车是为了界定好意者并没有以营利为目的，而是仅仅出于好意，在好意情况下对于好意者本身的注意义务和要求是远不如营运活动中的注意程度要高的。第一，营运性质的机动车和普通不具有营运性质的机动车在进行营运活动期间，自身所承担的注意义务是相同的，仅仅是以车辆营运性质来确定是否适用好意同乘条款，对于一些好意人在非营运期间所承担的注意义务无疑是提高了的，与法相悖。所以基于此种情况，将"非营运"理解成为驾驶机动车从事非营利活动，对"非营运机动车"做扩大解释更为符合立法原意，即只要是驾驶机动车进行非营利活动都可以被解释成为"非营运机动车"，符合《民法典》第1217条的"非营运"规定。第二，驾驶人驾驶属于营运性质的机动车在没有营运目的时搭载人，如出租车司机下班后看到路上有人生病要去医院，于是搭载其去医院，在运行过程中出现事故导致病人人身受到损害，应该如何去认定车辆性质呢？在该种情况下，司机虽驾驶营运车辆但是不属于从事营运活动，而是仅仅作为普通代步工具使用，和一般的机动车没有差异，只属于车辆拥有营运许可的基本标准。如果此时对司机驾驶机动车的行为按照驾驶营运机动车来进行解释和适用，相比较好意同乘条款减轻责任来说，显然承担的赔偿责任会加重，也不符合公平原则。

如何区分有偿与无偿呢？好意同乘行为具有无偿这一显著的特点。无偿性具体可以解释成驾驶者对经济利益进行放弃，仅仅提供一些方便。通常来讲，同乘人是否支付了合理对价可以衡量好意同乘行为是否被构成，然而，在学术界，针对支付了一定金额后好意同乘行为是否还存在出现了一定的争论。持赞同观点的学者提出，即便同乘人对于部分的费用金额进行承担，此类行为依然可以构成好意同乘行为。杨立新教授认为同乘者支付部分燃料或小额燃料费的搭乘行为，通常应当在好意同乘范围内加以研究。持否认态度的学者提出，在支付了一定金额后，同乘人的行为具有有偿的特点，所以搭乘行为不再具备无偿性这一基本特征，因此无法满足好意同乘的条件。比如王泽鉴教授认为，在有偿的情况下一般直接认定为构成契约，共同分担油费就属于上述情况。例如同事几个人相约一起上下班。另一种看法则指出，若当事人双方承担金额没能满足报酬支付的基本标准，就不会影响到好意同乘行为的构成。

在对重大过失进行判定时，我国民法界对于"认识"的理论研究尚有不足，而刑法作为打击、惩罚犯罪的法律，对于"认识"方面的研究可以说更为深刻，因此可以借鉴刑法界对此的认识。结合犯罪人了解深度的不一致，周光权教授将刑法中"明知"分为确切知道、实际知道、或许知道、应该知道四个层次。"确切知道"是指根据行为人的供词、被害人的指证以及证人所做的证言等可以确定他了解的事实；"实际知道"所表达的含义是使用间接性证据能够推测出行为人了解的事实，使之和"应该知道"具有一样意思的事实；"或许知道"是指行为人也许了解，也许不了解的事实，也就是说行为人有较大的可能性知道。因为刑法上对于过失的要求更加严格，民法作为私法，更倾向于救济而不是惩罚犯罪，但我们可以通过刑法上对于"知道"的界定进行借鉴，来判断行为人是否对其行为所带来的风险有所认识，从而对于重大过失进行更好的界定。《民法典》第1217条规定重大过失不减轻或者免除责任，重大过失可以理解为好意人没有尽到最基本的注意义务，可以采取上文提到"或知"的程度，即好意人在搭载搭载人的时候主观上对于风险或者是损害后果有知道的高度盖然性这一程度。

在好意同乘过程中，双方在同乘行为发生之前就会对突发事故所造成的损伤通过协议进行约定或者免责，这种情况经常出现。约定免责是民法的核心之一，它代表了意思自治是非常重要的，是双方沟通后约定的自己在民事方面需要承担的责任和享受的权益一致性的结果，虽然很多国家的侵权法和合同法都对约定免责进行了限制，肯定了它的作用，但是并不代表着任何情况下的事先免责都能被法律所承认，发生双方意思表示一致的结果。出于对维护公共利益、防止约定免责的情况被滥用、维护人格尊严和对人的生命财产负责任的态度的考虑，法律一般会对主体、客体等内容进行一些限制。例如，我国《民法典》中"合同编"同样对此进行规定，规定禁止处分人身权益等。在好意同乘的情形中，对人身伤害的免责承诺是无效的，不论是故意、重大过失还是一般过失，对同乘人造成的人身损害都不能免责。因为生命健康是一切权利的根本，在法律的价值位阶层面处于最高的地位，不论是什么也无法进行撼动。当其他权利与生命健康权存在冲突的时候，当然要优先保护生命健康权，否则没有去谈论其他权利的基础。当对于损害行为进行免责的处分权与生命健康权发生冲突的时候，以生命健康权为重，否定处分人的处分权是符合法律的强制规定和社会良好价值观的。❶

---

❶ 杨馥萌. 好意同乘致损侵权责任研究［D］. 烟台大学，2021.

CHAPTER 8　第八章

法律体系

 **本章知识要点**

法律体系是由一个国家的全部现行法律构成的整体，是由法律部门分类组合而形成的呈体系化的有机整体。法系是指由不同的国家或地区在历史上所形成的具有相同法的结构和法的表现形式（法的渊源）的一种法的类型。*

第一节　法律体系与法律部门

"法律部门"这一概念，在有的法学著作和教材中被称为"部门法"，它是指根据一定的标准和原则，按照法律规范自身的不同性质、调整社会关系的不同领域和不同方法等所划分的同类法律规范的总和。法律部门是法律体系的基本构成，各个不同的法律部门的有机组合便成为一国的法律体系。

一、法律体系的概念

在一般性的学理研究中，法律体系有时也被称为"法的体系"或者"法体系"，用以对一国内部全部法律规范所组成的成体系化的有机整体进行描述。法律体系通常与国家概念相联系，它并非对国家之间或者国家内部某几个区域的法律描述，而是以主权国家为基本描述单位。法律体系概念中的"体系"一词强调法律内容不是随机排列的，而是按照一定的标准有机结合而成，这种标准一般指称法律部门。所谓体系即法律规范内容之间不存在矛盾，内部协调统一。

在较为理想的状态下，一国法律体系应当满足门类齐全、结构严密以及内在协调的标准。它应当能够涵盖社会生活的主要领域，为人类的社会生活提供全面的行为指引，且法律所确定的内容应当配备相应的操作性方案，以确保法律内容得到充分有效

---

* 本章内容适当参考了以下两部教材：张文显. 法理学［M］. 5版. 北京：高等教育出版社，2018；雷磊. 法理学案例研究指导［M］. 北京：中国政法大学出版社，2020.

二、法律部门的交叉

 **案例一　王某非法经营再审改判无罪案**

【基本案情】

2014年11月至2015年1月，王某未办理粮食收购许可证，未经工商行政管理机关核准登记并颁发营业执照，擅自在巴彦淖尔市临河区白脑包镇附近村组无证照经营违法收购玉米，将所收购的玉米卖给巴彦淖尔市粮油公司杭锦后旗蛮会分库，非法经营数额达218288.6元，非法获利6000元。案发后，王某主动投案自首、退缴非法获利6000元。临河区人民法院经审理认为，被告人王某违反国家法律和行政法规规定，未经粮食主管部门许可及工商行政管理机关核准登记并颁发营业执照，非法收购玉米，非法经营数额218288.6元，数额较大，其行为构成非法经营罪。鉴于被告人王某案发后主动到公安机关投案自首，主动退缴全部违法所得，有悔罪表现，对其适用缓刑确实不致再危害社会，巴彦淖尔市临河区人民法院决定对被告人王某依法从轻处罚并适用缓刑。2016年4月15日，该院作出（2016）内0802刑初54号刑事判决：被告人王某犯非法经营罪，判处有期徒刑1年，缓刑2年，并处罚金2万元；被告人王某退缴的非法获利款6000元，由侦查机关上缴国库。2016年12月16日，最高人民法院作出（2016）最高法刑监6号再审决定，指令巴彦淖尔市中级人民法院再审本案。

巴彦淖尔市中级人民法院经再审认为，原判决认定的原审被告人王某没有办理粮食收购许可证及工商营业执照买卖玉米的事实清楚，其行为违反了当时的国家粮食流通管理有关规定，但尚未达到严重扰乱市场秩序的危害程度，不具备与《刑法》第225条规定的非法经营罪相当的社会危害性和刑事处罚的必要性，不构成非法经营罪。原审判决认定王某构成非法经营罪适用法律错误，检察机关提出的王某无证照买卖玉米的行为不构成非法经营罪的意见成立，原审被告人王某及其辩护人提出的王某的行为不构成犯罪的意见成立。巴彦淖尔市中级人民法院于2017年2月14日作出（2017）内08刑再1号刑事判决：一、撤销巴彦淖尔市临河区人民法院（2016）内0802刑初54号刑事判决；二、原审被告人王某无罪。

【主要法律问题】

如何理解法律部门的概念及其划分标准？

【理论分析】

法律体系是由一个国家全部现行法律构成的有机整体，由各个法律部门分类组合而成。法律体系作为一个"体系"，它是由法律部门按照一定的标准进行的分类组合，不是机械地堆积，而是一个呈现体系化、系统化的相互联系的有机整体。在程序上存在着行政查处和刑事追诉的先后顺序问题，这一顺序也容易被打破。即便认定本案中王某的行为具有行政违法性，从本案的处理流程来看，也存在十分明显的不合理之处。根据《粮食流通管理条例》（2013年）第41条和《无照经营查处取缔办法》（2011年）第14条的规定，对于本案中没有办理粮食收购许可证和工商营业执照的行为，均应归于工商行政管理部门处理，唯有情节严重到构成犯罪的程度，才能由工商行政管理部门移交公安机关立案侦查。从法律体系的有序性、统一性来看，上述流程才符合部门法之间的协调要求，才可能实现行政权和司法权的分工与合作。违反这一顺序，将会造成公权力体系在配置层面和运行层面的不匹配和错乱化，影响公权力的整体效能发挥。

法律部门是法律体系的基本构成，不同的法律部门的有机组合便成为一国的法律体系。根据法律所调整的不同法律关系的性质，可将众多法律划分为不同的法律部门，如将调整民事法律关系的法律规范归属于民法法律部门，将调整刑事法律关系的法律规范归属于刑法法律部门。"王某非法经营再审改判无罪案"本属于典型的行政案件，被告人王某在一定程度上具有行政违法性，法院一审判决却认为被告人具有刑事违法性，其行为构成非法经营罪。本来应是行政法调整的范畴，却因法律适用错误，归类到了刑法调整的领域。造成此错误认定的原因，在于忽视了对王某的行为是否具有刑法中社会危害性的实质考察。刑法中的社会危害性是指行为人的行为对刑法所保护的法益造成或者可能造成一定程度损害的特性。社会危害性是任何犯罪的成立所必不可少的前提条件。一种不具有社会危害性的行为，不可能具有刑事违法性。就王某从粮农手中收购玉米的行为而言，显然没有对市场流通秩序造成扰乱，他的行为在粮户与粮库之间起到了互通有无的作用；其行为不但没有扰乱粮食流通秩序，反而是有利于促进市场流通秩序的。行政法领域中的违法性认定更加注重于形式上的认定，必须将违法的标准予以明确才能够保障执法的稳定。但是，刑法上的违法性认定不能够单纯地依靠形式上的认定，而更应该注重社会危害性的判断。原审判决看到王某的行为违反了当时的国家有关收购粮食须具备粮食收购资格的规定，进而认定其行为具有行政违法性。但是，由王某的行为具有行政违法性得出其行为具有刑事违法性这一推断结论，显然是错误的。❶

第二节 当代中国的法律体系

2011年3月10日，在第十一届全国人民代表大会第四次会议上，全国人大常委会

---

❶ 梁宏，马蓓蓓.《王力军非法经营再审改判无罪案》的理解与参照 [J]. 人民司法，2021（17）；宁利昂，邱兴隆."无证收购玉米"案被改判无罪的系统解读 [J]. 现代法学，2017（4）.

工作报告宣告，中国特色社会主义法律体系已经形成，根据全国人大常委会对中国特色社会主义法律体系的目标设计，以及经济社会发展和生态文明建设的需要，中国特色社会主义法律体系可以划分为以下九个主要法律部门：宪法及宪法相关法、民法商法、行政法、经济法、社会法、环境资源法、军事法、刑法、诉讼与非诉讼程序法。

 案例二　庄某甲案

【基本案情】

庄某甲的祖父庄某乙在1978年从中国内地来到香港定居，庄某乙之子庄某丙及儿媳妇均于广东省汕尾市居住，一直未获香港居留权。1997年9月29日，庄某丙夫妇持双程证来到香港探亲期间诞下庄某甲，同年11月庄某甲父母返回中国内地，庄某甲则留在香港与祖父母同住。按当时的香港《入境条例》，庄某甲不是香港永久性居民，属非法留港，故1999年4月入境事务处发信提醒庄某乙，指出庄某甲没有居港权并将被遣返。庄某乙不满，遂代表庄某甲申请法律援助而且入禀高等法院提出司法复核，质疑《入境条例》违宪。

原讼法庭裁定庄某甲一方胜诉，指《入境条例》相关条文违反《香港特别行政区基本法》（以下简称《基本法》），依据为《基本法》第24条第2款第1项所定义的"在香港特别行政区成立以前或以后在香港出生的中国公民为香港特别行政区永久性居民"，故庄某甲应是香港永久性居民。香港特区政府不服判决上诉，上诉法庭维持原判，最后上诉至香港终审法院，2001年7月20日终审法院五位法官一致决定维持原判。

1996年8月10日香港特别行政区筹备委员会通过了《关于实施香港基本法第24条第2款的意见》，提出该条该款第（1）项规定的"在香港出生的中国公民"，"是指父母双方或一方合法定居在香港期间所生子女，不包括非法入境、逾期居留或在香港临时居留的人在香港期间所生子女。"另一方面，1999年6月26日全国人大常委会通过的《关于香港基本法第22条第4款和第24条第2款第（3）项的解释》指出："本解释所阐明的立法原意以及香港基本法第24条第2款其他各项的立法原意，已体现在1996年8月10日全国人大香港特区筹委会通过的《关于实施香港基本法第24条第2款的意见》中。"根据《基本法》，香港法院的判决需遵守本次人大释法对《基本法》的解释。

在庄某甲案终审判决前，香港特区政府曾经请求终审法院根据《基本法》第158条提请全国人民代表大会常务委员会解释《基本法》，不过终审法院没有采纳。终审法院在2001年7月20日判决政府败诉后，香港特区政府表示对判决失望，但是会尊重判决及采取适当措施执行判决。当时的香港大律师公会主席梁家杰对香港特区政府不绕过终审法院寻求人大释法表示欢迎。2001年7月21日，当时全国人大常委会法制工作委员会副主任乔晓阳公开表示庄案判决"与全国人大常委会的释法有不尽一致之处"。

【主要法律问题】

（1）以庄某甲案规则这种普通法规则来确定人大释法的效力，是否被《基本法》所允许？香港法院的终审判决是否构成对全国人大常委会之解释权的挑战？

（2）从"一国两制"方针出发，人大释法制度是否需要适应——既非顺从亦非压制——香港特区已然成熟的普通法传统？又应当如何适应？

【理论分析】

香港终审法院认为全国人大常委会1999年6月26日的释法解释了《基本法》第22条第4款和第24条第2款第（3）项，但并没有解释第24条第2款第（1）项，因此该次释法和本案无关。终审法院最终是按普通法上的原则来解释《基本法》第24条第2款第（1）项的，即只考虑条文的字义所表达的立法意图，而不考虑所谓"立法者的真正原意"。

有学者认为，庄某甲案创造了一个可称为"庄某甲案规则"的司法学说，即1999年人大释法案仅仅针对《基本法》第22条第4款与第24条第2款第（3）项构成有效解释，解释文中援引其他法律文件的文字仅构成论理文字（说理文字），不具有拘束力。不过，运用普通法上的规则与方法，是香港法院的常态，这既不意外也为《基本法》所确认。至于对全国人大常委会解释《基本法》的文件从文本结构上作出"区分"，则属于内地法律传统与香港普通法传统之间在基本法实施过程中不可避免的不适应。因此，庄某甲案规则并未损害全国人大常委会的解释权，而是"在个案适用的狭窄空间内"对作为《基本法》规范的人大解释案的适用方式作出裁定。

但也有学者提出不同意见，认为香港终审法院在庄某甲案中错误地运用了普通法上的规则来处理1999年人大释法的效力，损害了全国人大常委会的权威。确实，庄某甲案规则在表面上"冻结了"1999年人大释法案的部分文字，这让全国人大常委会始料未及。❶

---

❶ 黄明涛. 论全国人大常委会在与香港普通法传统互动中的释法模式——以香港特区"庄丰源案规则"为对象[J]. 政治与法律，2014（12）.

第二编 发展论

CHAPTER 9 第九章

法的历史

第一节 法的起源

在有关法律起源的研究过程中，曾出现多种不同的解释，如神意说、君意说、契约说等。根据马克思主义法学理论，国家和法是人类发展到一定历史阶段的产物。在此之前，人类经历了长达数百万年没有国家和法的原始社会时期。

法的起源中涉及原始社会中人类行为组织和行为规则特征、法产生的条件以及法与原始社会习惯有何区别等问题。

一、神明裁判

材料1："獬豸"

相传在舜禹时期，黄河流域的一个部落联盟首领舜委任皋陶为司法官，皋陶本人公正无私，因而受到人们爱戴。他有一头神兽名为"獬豸"，当遇到疑难案件时就将其牵出，被神兽的角触及的人，被认为是有罪的恶人。

材料2："斗田螺"

中国少数民族原始社会时期也有类似的神明裁判，比如景颇族在偷盗案件处理中有"斗田螺"的审判方式，若对偷盗案件的事实存在争议，组长会让丢失物品者先放一个田螺在碗中，嫌疑人也捉一个田螺放碗内，让两只田螺相斗，以田螺的胜负判断偷窃是否与嫌疑人有关。❶

材料3：沸水神判

《南诏野史》（卷下）记载："有争者，告天，沸扬投物，以手握之，曲则糜烂，直则无恙。"意思是说，当纠纷发生后，双方需向天起誓，并在煮沸的水中投入神物，然后将手探入沸水中去握住神物，如果有罪则手会被烫伤，无罪之人的手则不会烫伤。

神明裁判主要适用于嫌疑人难以确定的案件中，通过神明的指引来确定谁是有罪

---

❶ 夏利彪. 论原始习惯向原始习惯法的转化 [D]. 中共中央党校，2013：73.

之人，审判是世界各族人民在一定历史条件下普遍实行的古老裁判方法。不同的社会生产方式下会产生不同的社会关系，在这些关系中人们之间的矛盾纠纷复杂多样，为了寻求自身的安全和保障，原始裁判形式也呈现多样化。

按照裁判形式进行分类，除了神明裁判，还有"随机询问式裁判""决斗""调解"的方式，这四种裁判方式都是公开进行的，不存在当今诉讼法中的利害关系人回避问题，也不存在涉密案件或涉及当事人隐私需要秘密审判等问题。❶ 在原始社会中人们对大自然的崇拜不言而喻，原始部落差不多都有自己的图腾崇拜和信仰，依靠神明裁判能够获得氏族或部落成员的一致认可，这与当时人们的认知水平不足有直接关系。

二、爱斯基摩人的惩罚措施

爱斯基摩人部落中，人们对故意或固执破坏部落公认规则的人采取驱除出部落的惩罚方式。一位名叫拉卜拉德的姑娘，由于坚持把驯鹿和海豹的肉放在一起吃而违反了公社的习俗，人们担心她这一行为会让发怒的动物离开此地，整个部落可能因此面临饥饿和困难，因此在冰天雪地的严寒状况下将她驱逐。❷

原始社会特有的生活条件决定，原始人的个人利益与集体利益高度融合在一起，氏族习惯代表着全体社会成员的共同要求和共同利益。习惯规范的实施主要依靠氏族首领的道德感召力和威望、人们对传统的依赖和超自然神力的畏惧以及每个人的自觉和舆论的压力，辅之以简单的内部惩罚措施（案例中为驱逐出部落，剥夺成员资格）。原始裁判通常反映了氏族或部落成员的共同利益，因为裁判者也是基于习惯、道德或神明所做的裁判，即使裁判的结果过于严酷、非理性，甚至在今天看来觉得荒唐可笑，但在当时的人们看来，那无疑是公正的、正确的裁判，而且是终局性的，不存在上诉或者再审一说。

第二节　法的历史类型

法的基本类型，是指将人类历史上存在过的以及现实生活中存在着的法，根据其经济基础和阶级本质作出的基本分类。凡是建立在同一经济基础之上，反映同一阶级的整体意志的法，便属于同一个法的历史类型。一定的法的历史类型是同一定的国家历史类型以及一定的社会形态相适应的。人类社会从低级到高级发展，出现了原始社会、奴隶社会、封建社会、资本主义社会和社会主义社会五种基本社会形态。原始社会没有国家和法律，后面的四种基本社会形态和国家类型分别对应四种不同历史类型的法：奴隶制法、封建制法、资本主义法和社会主义法。

---

❶ 夏利彪. 论原始习惯向原始习惯法的转化 [D]. 中共中央党校，2013：72-76.
❷ 夏利彪. 论原始习惯向原始习惯法的转化 [D]. 中共中央党校，2013：77.

一、奴隶制社会法律制度

1902 年,在苏萨(Suse)发现了一座后来一直保存于卢浮宫博物馆内的宏伟的石碑,碑上刻有一篇长文,人们认为那是一部法典。石碑属于纪元前 1792 至纪元前 1750 年统治巴比伦的阿卡德国王汉谟拉比时期,被称为《汉谟拉比法典》,它是当时发现的最古老的碑文。碑文中有 3500 行文字得到解读,其中有 282 条"法律条文",它们形式统一,均为"如果…那么…"这种句式。

比如:

196. 如果自由民损毁其他自由民之眼,则应同样损毁其眼。

197. 如果自由民折断其他自由民之骨,则应折其骨。

199. 如果损毁自由民之奴隶之眼,或折断自由民之奴隶之骨,则应赔偿其买价之一半。

200. 如果自由民击落与他同等自由民之齿,则应击落其齿。

这也被称为"以牙还牙,以眼还眼"。从现代文明的法律以及文化来看待同态复仇思想,其具有原始性、落后性、残忍性。同时也能够看到,由于在奴隶制社会中奴隶属于一种财产,所以奴隶的受伤视为财物的损害。而自由民之间的权利是相等的,自由民的权利必须得到完整的保护,自由民所受到的伤害不能以金钱代替,必须施以相应的责难才能达到对受害者的心理补偿,也通过这样的形式,使得侵害人不敢或不能再犯其罪,对于自由民而言,这体现了个人本位的思想。

同态复仇的思想确实已经落后于社会,但它对于现代法律的发展有着启示作用。17 世纪左右萌生的报应主义就是根据以恶报恶的法则,为复仇正义的限度奠定了理论基础。正当防卫制度在一定程度上就是以同态复仇为基础。

另外,我们会注意到《汉谟拉比法典》和后来帝国时期《罗马法典》意义上的法典不同。首先,它不完整:许多在其他地方发现的泥板上所涉及的法律文献内容未被提及。其次,这些条款论述的都是具体案例,涉及的也都是一些特殊情况,条款与条款之间并没有逻辑上的关联。它是裁决汇编而非法律汇编,非系统化且缺乏完整性,并不具有现代社会中法典的特质。

二、封建社会法律制度

 **案例一　兰陵长公主与驸马刘辉纠纷案**

【基本案情】

我国清末著名的法学家沈家本在他的著作《历代刑法考》里,把这起案件列为了中国古代最典型的司法案例之一。

北魏是由鲜卑族拓跋氏建立的封建王朝,兰陵长公主是北魏孝文帝的女儿,驸马刘辉是一个出身南朝的皇族，因此，长公主和刘辉的结合应该算是"门当户对"。无奈两人感情不和，经常争吵，刘辉还总在外边"拈花惹草"。

约在二人婚后十多年时，即魏明帝神龟年间（518—522年），刘辉与公主的一名婢女私通，还让她怀了孕，长公主得知此事后，派人用残忍的方法把这个婢女和她的胎儿杀死，长公主还命令刘辉观看整个杀害的过程。❶ 这件事结束后，他们俩的夫妻感情也就完全破裂了，这也算是为后来的暴力事件埋下了伏笔。此事被摄政的灵太后知晓后令二人和离，一年后二人又复婚。后来，在长公主怀孕期间，刘辉又和两位民女张容妃、陈慧猛通奸，被长公主发现，两个人随即大吵了一架。刘辉一怒之下将长公主推倒在地，还用脚在她的肚子上猛踹几脚。最终，刘辉导致长公主流产而亡，他也随即畏罪逃跑，后被抓捕。

如果套用现在的法律来看，这不过是一桩普通的"故意伤害致人死亡"案件，但在当时，由于被害人长公主具有皇室背景，因此该案备受瞩目。

案件进入审理阶段，在北魏时期，法律案件的最高处理机构原本应该是尚书省❷，类似现在的最高人民法院。但此案的判决最终是由门下省❸作出，通俗来说门下省是专门为皇权服务的机构，属于内朝，仅负责传递文书，并无参与审判的权力。可以推测门下省所做判决在某种程度上反映了皇室成员的意见。

门下省的官员主张维护皇室权威，遵循"君为臣纲"原则，奏请以谋反大逆罪通缉刘辉，并将刘辉、张容妃和陈慧猛判处死刑，二女的兄长张智寿和陈庆因知情而不干预，被判处流放敦煌。❹ 以尚书三公郎中崔纂为首的儒家士族提出相反意见，在实体法上主张应以儒家的父系家族伦理为判案标准，坚守"夫为妻纲"的原则，认定刘辉只是杀死骨肉，应认定为堕杀亲子罪，适用徒刑。❺ 张智寿和陈庆二人依北魏律也不应连坐❻，且儒家有"亲亲得相首匿"，于礼于法均可豁免其罪。最终的判决结果基本采纳了门下省的处理意见，只是将二女的死刑改为削发鞭笞后送入宫中为奴，❼ 主犯刘辉最终因宫中发生政变而免受死刑。

【主要法律问题】

上述案例体现了我国古代封建制法的什么特征？

---

❶ 《魏书·刘昶传》载，"公主颇严妒，辉尝私幸主侍婢有身，主笞杀之。剖其孕子，节解，以草装实婢腹，裸以示辉"。

❷ 北魏时期的尚书省代表汉族官僚集团，到了隋唐时期，尚书省下设吏、户、礼、兵、刑、工六部，分别掌管官吏的考核任免、户口和赋税、礼仪制度、军政、法律、刑狱、水陆工程等。

❸ 门下省是北朝中央最高政府机构之一，初名侍中寺，是宫内侍从官的办事机构。有"北朝政归门下"的说法，可见门下省在南北朝时期权力较大。

❹ 沈家本. 历代刑法考［M］. 北京：中华书局，1985：275.

❺ 《北魏律·斗律》载，"祖父母、父母愤怒，以兵刃杀子孙者，五岁刑；殴杀者，四岁刑；若心有爱憎而故杀者，各加一等"。

❻ 沈家本. 历代刑法考［M］. 北京：中华书局，1985：275.

❼ 沈家本. 历代刑法考［M］. 北京：中华书局，1985：275.

【理论分析】

本案中展现出法律儒家化进程中的一些问题，比如皇权干预法治，比如儒家思想融入法治观念的初级形态，还可瞥见少数民族政权和汉族官僚集团之间的冲突。

两汉是儒家思想法律化的开始阶段，"春秋决狱"则是法律儒家化的开端，意思是说，用孔子的思想来作为司法裁判的指导思想。如果法律条文和儒家经义相违背，那么，儒家经义的效力还要更高一些。魏晋南北朝时期是中国法律儒家化的深入阶段。在这一时期，儒家思想开始渗透到立法领域。

在本案中，尚书省和门下省的争执集中于三点：

1. 刘辉是否应当认定为"谋反大逆罪"

关键点在于如何对公主的身份进行排序？公主在本案中是皇室成员还是刘辉的妻子？按照儒家"夫权至上"和"家族本位"思想，尚书省认为公主最优先的家族认同应该是刘家而不再是皇室。公主的胎儿最优先和重要的身份是刘辉的儿女而非皇室成员。

2. 民女张容妃、陈慧猛和她们的兄长的处罚

尚书省认为对二位民女的量刑过重，而且她们已经出嫁，和娘家的兄长不再有关联，即使犯了连坐之罪受到牵连的也应是其丈夫而非兄长。

3. 门下省是否有审判权

尚书省认为门下省属于内朝，负责传递法律案件或大臣上奏的文书，没有参与审判的权力。

可见尚书省援引儒家伦理反对代表皇权的门下省对司法的干预，但最终还是皇权主导了本案的审判。皇权对司法的干预问题由来已久，这是中国法律发展历史上不得不去正视的问题。

封建统治者所提倡的儒家伦理基本原则之"三纲"为：父为子纲、夫为妻纲和君为臣纲。换句话说，子女要服从父母、妻子要服从丈夫、臣子要服从君王。而在这"三纲"中，"君为臣纲"是最核心的一条。如果这三条之间相互冲突的话，就必须服从"君为臣纲"这一条。也就是说，即使是融入儒家伦理的法律，也是为君权服务的。中国封建制法以君权至上为最高原则，维护君主专制和等级特权。

三、资本主义法律制度

资本主义法律制度的特征集中体现在"私有财产神圣不可侵犯原则"以及"契约自由原则""法律面前人人平等原则"。

在洛克看来，一个人通过自己的劳动，取得了自然物的所有权，这也是资本主义社会中财产所有权这个概念的逻辑来源。人们通过双手进行工作，把自己身体的一部分通过劳动的形式注入自然物之中，由此获得自然物的所有权，也同时排除了其他人

对于这个自然物的占有权。开垦贫瘠的土地，在上面播种、施肥、浇水，种出果实以后，这个人就有摘取并占有这些果实的权利，这个人对于这些果实的所有权不需要得到全人类的同意。一旦一个人获得了自己的财产，如何使用和支配它，就是他自己的权利和自由了。财产权甚至可以被看作是个人政治自由的必要前提，如果没有获得个人的同意，政府不得以任何名义强行夺取个人的财产。

案例二　洛克纳诉纽约州案

【基本案情】

1902 年，纽约州的《面包店法》（bakeshop law）规定了在面包店及糖果糕点店的劳动时间，"任何在点心店、面包店、蛋糕店或糖果店工作的雇员，不得被要求或允许一周之内工作超过 60 个小时，或者在任何一天工作超过 10 个小时——除非是为了在每周最后一天的工作时间少一点"。❶ 一家面包店店主约瑟夫·洛克纳因为允许他的一个雇员每周工作超过 60 个小时，于 1902 年 2 月被纽约州奥奈达县（Oneida）法院判有罪，被处以 50 美元的罚金。之后洛克纳开始漫长的上诉之路，在经两次驳回后，向联邦最高法院提起了上诉，是为洛克纳诉纽约州案。

1905 年 2 月联邦最高法院审理此案并于 4 月 17 日作出判决，以 5∶4 的判决推翻了纽约州的《面包店法》，判决认为对于雇员在雇主面包店工作的时间，双方享有自愿签订契约的权利，纽约州的法律对这一权利构成了干涉，最后将案件发回重审。

多数意见由佩卡姆大法官撰写，以下节选了其中一部分：

在每个有关政府监管权的案例中，都有一个关键的问题，那就是，政府对商业合同的监管是否合理和适当？甚或对劳工合同的干涉已经影响到雇员赚钱养活他自己和家人？当然，劳工合同自由包括两方面，一个是出售劳动力的自由，另一个是购买劳动力的自由。这不是一个用法庭判决代替立法的问题。如果劳工合同属于州政府管辖的范围，州就有权干涉，虽然法庭判决有可能完全与州法律相反。但是问题依然存在：劳工合同是在州的权限范围之内吗？联邦最高法院必须给出答案。

纽约州劳工法是否是有效和正确的，这个问题很容易解决。对面包师烘烤面包的时间进行规定毫无疑问是对个人自由和合同自由的干涉。面包师作为一个阶层，在智力上和能力上都和从事其他商贸或体力劳动的人不同，也和那些如果没有州政府的保护和干涉就不能请求其权利或者不能自己照顾自己的阶层不同。他们不住在州政府的"监护病房"里。从纯粹劳工法的角度看，如果一点不考虑健康方面的因素，我们认为该案中的法令和安全、道德和公共福利都没有任何关系，公众的利益也不会受到一点影响。如果法律的制定是为了保护面包师的个人健康，该法律就应该被支持。干净且

---

❶ *Lochner v. New York*, 198 U.S. 45 (1905).

富于营养的面包的出炉并不依赖于面包师是否每天工作10小时或者每周工作60小时。必须证明法令与某种效果有更直接的联系，且这种联系既是适当的，也是合法的。之后，该法令才能有效地干预个人自由签署劳工合同的权利。

我们认为，就本案而言，州的监管权力是有限的。在这里，没有理由认为必须要制定一项法律来保护公众健康，或者保护面包生意者的个人健康。如果这个法令有效的话，州的立法就走得太远。无疑，面包生意本身还不致危害健康到如此程度，以致要立法机关来对劳工工作的权利，以及雇主或雇员自由签署劳工合同的权利进行干涉。对所有贸易和职业的统计数据表明，面包师的工作同某些职业相比虽然有些于健康不利，但还是比很多职业更有利于健康。通常来说，面包师一直不被看作是不利于健康的职业。可以这样说，几乎所有的职业都多少有些影响健康。有可能存在的一些对健康的少许影响不足以使立法机关干涉公民的自由。

从州的角度考虑，它希望它的人民强壮健康，任何有利于健康的立法都应该得到有效实施。但是，如果这一点可以作为制定这样的法令的理由的话，那么，联邦宪法保护个人自由免受非法侵犯就只是一个幻想——无论该法令如何正确地依据治安权。按照州的逻辑，不仅雇员的工作时间，雇主的工作时间也可能受到规定。不仅如此，医生、律师、科学家、所有的专职人员，加上运动员和艺术家都应该被限制工作时间，以免身体和精神由于长时间工作而疲劳。我们提到这些极端的情况，是因为争论的内容就比较极端。我们认为没有理由支持纽约州的该法令。无论如何，该法令不是一个保护健康法，而是对个人权利的非法侵犯，无论对于雇主还是雇员。他们签订这样的劳动合同，是因为他们认为这对生意最有利，而且双方达成了一致。制定法律去限制一个成年的、智力正常的人用来赚取生活费用的劳动时间，纯属多管，是对个人自由的干涉。州必须受到谴责，因为他们以个人健康和治安权为借口干涉了个人自由……该法令的真正的目的似乎只是规定了雇员和雇主在做私人生意时的劳动时间，而这种劳动对道德不会有任何危害，对雇员的健康也无任何危害。所以，在这样的情况下，雇员和雇主有权利相互签订合同，只要不违反宪法，他们的行为不应该受到任何干涉和禁止。

【主要法律问题】

这是一个有关于两种权力（或权利）何者应居上的问题，是州的立法权还是个人的契约自由的权利？

【理论分析】

值得注意的是霍姆斯大法官在本案中发表的异议，在他看来多数意见的推理依靠的是一种特定的经济理论，即一般学者概括为"自由放任主义"的意识形态。因为司法审判的依据应该是法律本身而非任何经济学或政治学理论。

其实，多数意见也并非认为契约自由是绝对的，契约自由可以受到州治安权的正当规制，各州为了"公共安全、公众健康、公共道德以及公众的普遍福利，可以对公民的财产和自由加以限制，使其保持在合理的状态"。在本案中，契约自由的观念依附在"有限政府"的理念上，现代政治最根本的贡献之一就是给国家的政治权力划定了界限，所谓自由的根基正是建立于此。现代人的自由意味着每个人都是自己的主权者，他当然可以自由支配他的财产和人身，契约自由当然属于这种情况。

CHAPTER 10 第十章
法治现代化与全球化

第一节 法治现代化

法治现代化作为一种世界性的历史进程，在不同民族和地区的发展有先有后。以科技革命、工业革命和政治革命为推动力，从17、18世纪的西欧开始，世界各个地区人们的生产生活方式和思想观念或先或后地发生了空前的变革，这一变革通常被称作现代化。与现代国家兴起相适应，世界范围内各个国家的法律体制、制度和观点也发生了深刻的改变。

一、法律继承

法律继承，就是不同历史类型的法律制度之间的延续、相继、继受。张友渔曾指出："如果说把新法对旧法的继承简单地看作如同继承财产那样，原封不动地完全继承下来，连它作为特定统治阶级的统治工具的实质也继承下来，那显然是不对的。相反，如果把法的继承理解为有选择的有批判的借鉴和吸收，那是可以的。"❶ 法律继承何以是可能的呢？因为社会生活条件的历史延续性决定了法律继承的客观存在，法律的相对独立性决定了法律演进过程的延续性和继承性。法律作为人类文明成果的共同性决定了法律继承的必要性，法律演进的历史事实也验证了法律的继承性。

独立战争胜利之前，北美大陆曾长期处于英国的殖民统治之下，在此期间，殖民地逐渐建立起来类似英国的普通法法律制度。但在独立战争胜利之后不久的美国，出现了一种背离普通法传统的倾向，特拉华、肯塔基等州通过法律禁止引用独立战争后英国的判决。由于深受英国压迫和残暴统治的经历，在刚独立的美国人眼里，英国法是他们遭受奴役和耻辱的象征；与英国的敌对关系和与法国的结盟，使他们倾向于放弃英国法而接受法国法。独立战争后，许多熟悉英国法的律师和法官因效忠英王而逃离美国，使法律职业受到影响。

---

❶ 张友渔. 张友渔文选 [M]. 北京：法律出版社，1997：447.

由于这些因素，普通法在美国面临着严重危机，这种危机一直到 19 世纪初仍然存在。但是，随着政权的巩固和来自英国威胁的解除，人们的怀旧情绪开始复活。普通法开始逐步度过危机，稳固了基础。普通法传统之所以没有被抛弃，主要原因还在于，在独立战争前，普通法在北美已经有一定基础，法律职业者不愿让自己的职业技术被全面的法典化弄得分文不值。即便是后来在 19 世纪 30 年代由纽约州的律师菲尔德发起了一场法典编纂运动，也未能最终改变美国的普通法传统。

传统在我们无力抗拒它的时候已经在我们身上打上了烙印，没有哪个人或政府是没有传统的，就此而言，人是历史的囚徒。我们的问题、信念以及思考方式都不可避免地在某一个传统中进行。任何知性的探究必须从某些问题出发，必须以某种方式来展开，而提供这些问题及思考方式的正是我们所继受或利用的传统。

人类社会每一个新的历史阶段开始时，都不可避免地要从过去的历史阶段中继承下来许多既定的成分。法律是社会生活的反映，法律作为社会意识或上层建筑的组成部分，它的产生和发展决定于社会存在或经济基础。除了本案中的历史事实验证了法律的继承性，近代以来，法国资产阶级以奴隶制时代的罗马法为基础制定《法国民法典》，列宁沿用旧俄国的民法典等，均表明法律之间具有继承性。

二、法律移植

法律移植是指在鉴别、认同、调适、整合的基础上，引进、吸收、采纳、摄取、同化外国的法律（包括法律概念、技术、规范、原则、制度和法律观念等），使之成为本国法律体系的有机组成部分，为本国所用。

（一）外发型法律移植

1902 年，张之洞与英国代表谈判通商问题时，提出废除治外法权，并成功让英国人答应在条约中增加如下条款：

中国深欲整顿本国律例，以期与各国律例改同一律，英国允愿尽力协助，以成此举，一俟查悉中国律例情形及其审判办法及一切相关事宜皆臻妥善，英国即允弃其治外法权。

此后，日本、美国等也对清廷作出了类似承诺，为了收回治外法权，清廷最终决定启动大规模的立宪运动。1905 年清廷派出"考察制宪五大臣"出国考察西方法律制度，历时半年有余，足迹遍布十几国。改革动力并非来自对西方法治的理解，而是应对外力逼迫，收回主权，挽回政治正当性的不得已。

（二）内源型法律移植

在改革开放以前，我国的知识产权法律体系基本上是空白。为了适应科学技术进步、文化事业繁荣、国际贸易发展以及国际经济技术合作的内在需要，从 20 世纪 80 年代初开始，我国认真研究、比较各发达国家和某些发展中国家有关知识产权的国内立法与国际知识产权保护制度的成熟技术和先进经验，并大胆引进，在此基础上制定和不断完善了专利法、商标法和著作权法及其配套法规和实施细则，使我国的知识产权法律体系在较短的时间内跨入世界先进行列。

内源型的特点是，法律发展的基本动力是内在的，即来自国家和社会内部的需要，并通过人民和政府的长期努力而实现。外发型的特点是，法律发展的基本动力是外在的，即依靠外来力量（往往是外部压力）的推动，具有被动性和依附性。外发型法律移植带有明显工具色彩，一般要求服务于政治、经济变革，其合理性依据不在法律本身而在于它服务的对象。

法律移植一直是比较法学和法律社会学领域受关注和争议较大的问题。法律移植必须要注意国外法和本国法之间的同构性和兼容性，避免法律移植后的变异；要注意外来法律的本土化，使外国法融入本土法律文化之中；要注意法律移植的优选性，即要从不同国家的不同立法中选择最成熟、最先进、最实用的法律；要做到被移植法律的观念先行，法理先行，为移植的法律奠定坚实的生长基础。只有这样才能为本国法律的发展发挥作用。

第二节　法律全球化

法律全球化表现为下述三项特征，一是世界法律一体化，二是全球共同法的形成，三是全球性争端解决机制的出现。

一、国际奥委会与《奥林匹克宪章》

国际奥林匹克委员会（简称国际奥委会），是一个国际性的、非政府的、非营利性的组织，是奥林匹克运动的领导机构，它于1981年9月17日得到瑞士联邦议会的承认，确认其为无限期存在的具有法人资格的国际机构，总部位于瑞士洛桑。《奥林匹克宪章》是国际奥委会制定的关于奥林匹克运动的最高法律文件。宪章对奥林匹克运动的组织、宗旨、原则、成员资格、机构及其各自的职权范围和奥林匹克各种活动的基本程序等作了明确规定。这个法律文件是约束所有奥林匹克活动参与者行为的最基本标准和各方进行合作的基础。奥林匹克宪章精神是奥林匹克运动的实质内容，《奥林匹克宪章》指出，奥林匹克精神就是相互了解、友谊、团结和公平竞争的精神。通常它包括参与原则、竞争原则、公正原则、友谊原则和奋斗原则。

国际奥委会制定的大量有关奥林匹克运动的竞赛规则已经成为全球共同法，是具有普遍约束力的国际体育法规则。这也反映出法律全球化一个新的表征，即法律并非都是由主权国家制定的，越来越多的法律由各种经济联合体、知识产权组织、环境保护组织、新闻媒介联合体等"非国家"的机构制定。

二、纽伦堡审判

第二次世界大战结束后，在纽伦堡这座纳粹热衷于在此举办规模宏大的党代会的城市，同盟国决定由苏美英法四国各派出一名法官和一名预备法官组成国际军事法庭，对无法确定其具体犯罪地点的纳粹德国首要战犯进行统一审判。这是人类历史上战胜国首次组织国际法庭对战败国主要代表违反国际法的行为进行公开集体审判。

1945年11月21日，包括纳粹元帅赫尔曼·戈林、纳粹元首希特勒的副手鲁道夫·赫斯、纳粹外交部长约阿希姆·冯·里宾特洛甫在内的数名纳粹战犯站上了纽伦堡法庭的被告席。他们被指控破坏世界和平，策划、发动和实施侵略战争，以及危害人类罪。纳粹组织，如党卫军和"盖世太保"，也被指控为"犯罪组织"。

在218天的听证会上，纽伦堡法庭听取了240名场外证人的证词，审查了30多万份宣誓书，听证会的记录达到约16000页。没有被告人承认其个人的罪行，也几乎没有人表现出悔意。大部分被告一再强调他们对犹太人大屠杀一无所知，或只是执行希特勒和希姆莱的命令。戈林甚至声称他从未下令杀人，也很少下令或容忍其他暴行。几乎所有的被告都表露了对法庭权力的蔑视，指责这是胜利者强加的审判。1946年10月1日，审判结束，法庭宣判了12项死刑、7项监禁、3项无罪释放。

尽管直至今天西方法学界还存在关于纽伦堡审判合法性的争议，但德国历史学家卡尔·迪特里希·埃德曼当时就得出了一个明确判断："鉴于纽伦堡所揭露的事情的艰巨性，在所有法律考虑之外，任何人都不能逃避结论，即正义在这里得到了伸张。"❶

第二次世界大战以来，国际社会越来越希望用法律的手段和平公正地解决各种形式的跨国争端，国际舞台上出现了越来越多的全球性争端解决机构。其中有代表性的机构有国际法院、国际刑事法院、世界贸易组织争端解决机构等。国际法院是根据《联合国宪章》和《国际法院规约》设立的联合国司法机构，其主要职能是对各国提交的法律争端进行审理和裁判。1985年以来，提交国际法院的案件数量开始增加，诉讼案件半数以上都涉及领土和边界纠纷。

---

❶ 新华网. 由外而内：三次纳粹战犯审判［EB/OL］.（2021-09-21）［2022-05-11］. http://www.news.cn/globe/2021-09/21/c_1310195762.htm.

第三编 运行论

CHAPTER 11 第十一章

法的创制

 **本章知识要点**

（1）依法立法原则要求法的创制活动必须于法有据，依据宪法、法律体系、法定的权限与程序创制法律；（2）科学立法原则要求法的创制活动要尊重社会事实与客观规律，避免立法活动的盲目性与随意性；（3）民主立法原则要求法的创制活动要立足于人民代表大会制度，并完善社会公众民主参与立法；（4）比较立法原则是指要对比不同国家和地区的法律创制活动，借鉴和吸收有益的立法经验。

第一节 依法立法

一、依法立法的意义与依据

依法立法原则乃是全面推进依法治国与建设社会主义法治国家的必然要求。对于中国特色社会主义法治体系的建设而言，行政机关依法行政、司法机关公正司法以及立法机关依法立法皆是法治体系建设的题中之义。只有在立法阶段遵守严格的法定职权与程序，才能够形成形式上完备、实体上科学的法律规范体系，为进一步的依法行政与公正司法提供坚实的规范基础与制度保障。

依法立法原则是受到我国法律明确肯认的立法原则。根据我国《立法法》第3条的规定："立法应当遵循宪法的基本原则，以经济建设为中心，坚持社会主义道路、坚持人民民主专政、坚持中国共产党的领导、坚持马克思列宁主义毛泽东思想邓小平理论，坚持改革开放。"第4条规定："立法应当依照法定的权限和程序，从国家整体利益出发，维护社会主义法制的统一和尊严。"透过上述法律规定可以看到，依法立法原则的核心意涵在于一切立法工作必须遵照宪法、法律规定的权限与程序，维护国家法制的统一性。

二、依法立法的具体要求

依法立法原则首先要求依宪立法。宪法是国家的根本大法，是国家法律体系的核心，是所有规范性文件的效力来源，也是法律创制活动的根本依据。依宪立法要求立法权限的配置与立法体制的设计必须符合宪法关于国家权力的相关规范，一切法律、行政法规、地方性法规、自治条例和单行条例、规章的立、改、废不得与宪法存在抵触，对可能与宪法相抵触的部分，需要由全国人民代表大会常务委员会对相关内容进行合宪性审查。

依法立法原则要求依据法律体系立法，维护国家法制的统一性。法的创制活动除了涉及法律的立、改、废，还涉及对各种行政法规、地方性法规、部门规章、地方规章等不同层次的规范性文件的立、改、废，呈现为一个涉及不同主体、不同内容、不同层级的动态系统。对此，法的创制活动必须遵循法制统一原则，注重保障不同层次的规范性文件之间的内部协调性，妥善处理不同层级的规范性文件的效力等级关系，避免和消除不同规范性文件之间的矛盾冲突，确保下级规范的创制有上位法的根据，实现法制统一的价值目标，尽可能地提升国家法律体系内部的一致性与协调性。

依法立法原则还要求依照法定权限和法定程序开展法律创制活动。我国《立法法》对不同国家机关的立法权限与立法程序皆有着明确规定。具体而言：全国人民代表大会和全国人民代表大会常务委员会行使国家立法权；国务院根据宪法和法律，制定行政法规；省、自治区、直辖市的人民代表大会及其常务委员会根据本行政区域的具体情况和实际需要，在不同宪法、法律、行政法规相抵触的前提下，可以制定地方性法规；国务院各部、委员会、中国人民银行、审计署和具有行政管理职能的直属机构，可以根据法律和国务院的行政法规、决定、命令，在本部门的权限范围内，制定规章。除此之外，我国《立法法》对于法律案的提出、审议、表决、公布等程序也有着明确的规定。

依法立法原则贯穿于我国各项法律规范的创制活动。举例来看，2013年，我国启动了《中华人民共和国电子商务法》（以下简称《电子商务法》）的立法工作，并于2018年通过，前后历时五年，备受社会各界关注。

2013年12月7日，全国人民代表大会常务委员会召开《电子商务法》第一次起草组会议。12月27日，全国人民代表大会财政经济委员会召开《电子商务法》起草组成立暨第一次全体会议。《电子商务法》的立法工作正式启动，并被十二届全国人民代表大会常务委员会列入第二类立法项目。

2014年11月24日，全国人民代表大会常务委员会召开《电子商务法》起草组第二次全体会议，对立法大纲以及立法过程中的重大问题进行商讨。同时，本次会议还明确了《电子商务法》的立法指导思想，即促进发展、规范秩序和维护权益。此后，《电子商务法》随即进入草案起草阶段。

2016年12月19日,《电子商务法》草案起草完毕,全国人民代表大会财政经济委员会提请十二届全国人民代表大会常务委员会第二十五次会议审议。

2016年12月27日至2017年1月26日,《电子商务法》草案在中国人大网发布,向全国公开征求立法意见。

2018年6月19日,《电子商务法》草案三审稿提请十三届全国人民代表大会常务委员会第三次会议审议。

2018年8月27日,十三届全国人民代表大会常务委员会第五次会议对《电子商务法》草案进行四审。

2018年8月31日,全国人民代表大会常务委员会表决通过《电子商务法》。国家主席习近平签署主席令(第7号),《电子商务法》已由第十三届全国人民代表大会常务委员会第五次会议于2018年8月31日通过,自2019年1月1日起施行。

与《电子商务法》同期,浙江省商务厅于2018年6月印发《浙江省商务厅2018年依法行政工作要点》,强调要落实省人民代表大会2018年度立法计划实施方案及省政府立法工作计划,积极推进《浙江省电子商务条例》立法工作。

2021年9月29日,浙江省第十三届人民代表大会常务委员会第三十一次会议通过并公布《浙江省电子商务条例》,自2022年3月1日起施行。

在上述例子中,《电子商务法》的制定主体乃是全国人民代表大会及其常务委员会,浙江省人民代表大会及其常务委员会则有权制定地方性的《浙江省电子商务条例》,二者分别对应我国《立法法》关于全国人民代表大会和全国人民代表大会常务委员会行使国家立法权和省、自治区、直辖市的人民代表大会及其常务委员会根据本行政区域的具体情况和实际需要,可以制定地方性法规的规定。《浙江省电子商务条例》的制定在内容上必须内在地统一于《电子商务法》的相关内容,而不能出现相违背或矛盾之处。

在程序上,《电子商务法》由作为全国人民代表大会专门委员会的财政经济委员会提请审议,历经四次审议通过,并由国家主席签署主席令予以公布。上述立法程序符合我国《立法法》关于"列入常务委员会会议议程的法律案,一般应当经三次常务委员会会议审议后再交付表决",和"常务委员会通过的法律由国家主席签署主席令予以公布"的规定。《浙江省电子商务条例》的审议与发布工作则由浙江省人民代表大会常务委员会履行。上述两项法律创制工作从立法权限、立法程序等方面深刻体现了我国依法立法的法律创制原则。

第二节　科学立法

一、科学立法的基本内涵

在马克思看来："立法者应该把自己看作一个自然科学家。他不是在创造法律，不是在发明法律，而仅仅是在表述法律，他用有意识的实在法把精神关系的内在规律表现出来。"❶ 这句话的意思是说，法的创制活动虽然不可避免地包含立法者的主观意图，但这绝不意味着法的创制活动可以具备主观任意性和盲目性，而应当遵循和反映社会生活的客观规律，以科学的立法观念为指引，减少或者避免立法中可能出现的失误，降低立法成本，提升立法效益，这即是所谓的科学立法原则。

科学立法原则的核心在于立法工作的科学化、合理化，这要求法的创制工作应当注重对客观实际的考察与把握，坚持客观与主观的统一。并且，随着社会客观实际的变化，法的创制亦需要妥善处理法的稳定性与适时变动性之间的关系，对既有法律规范中不适应社会条件发展变化的内容适时调整，避免因法的僵化导致法的实效降低。

科学立法原则可以通过《个人所得税法》的立法历程获得清晰的感受。1980年9月10日，第五届全国人民代表大会第三次会议通过了《个人所得税法》。此后的多年间，随着我国社会经济状况与国情的发展变化，《个人所得税法》的相关内容经历了七次修正，不仅个人所得税的征税范围多次发生变化，个人所得税的起征点也从早期的800元上调至5000元。

上述修正工作并不是仅仅出于立法者的主观意志，而是以我国社会经济发展和个人收入变化的客观实际情况作为客观基础的。根据相关的数据统计，我国城乡居民人均可支配收入1980年为246.8元，2005年为6384.7元，2007年为8583.5元，2011年为14550.7元，2018年为28228元，上述时间点分别对应我国个人所得税起征点由800元到1600元，到2000元，又到3500元，再到5000元的变化。可以看到，我国个人所得税起征点的变化以及个人所得税法的不断修正，是以人均可支配收入水平的提升为依据的，是对客观收入现实的科学反映。正是因为《个人所得税法》的制定与修正遵循了科学立法原则，其才能够在生活实际中起到优化收入分配格局、提高劳动者工作及创新、创业积极性以及稳定国家税收工作的作用，让广大人民群众能够切实受益。

二、加强重点领域立法

随着社会生活发展的多元化趋势不断增强，来自社会层面的立法需求也呈现出多样化的样态，在不同的社会领域与不同的社会事件上皆存在着不同的立法需求。然而，

---

❶ 马克思恩格斯全集[M]. 第1卷. 北京：人民出版社，1995：347.

由于立法资源的相对有限性，立法者不可能针对全部的立法需求开展立法工作，而必须在考察、分析的基础上，对社会层面的立法需求区分轻重缓急，突出立法重点，用有限的立法资源重点回应最迫切的社会问题，从而起到完善社会治理的重要作用。换言之，科学立法原则不仅要求立法活动遵守社会客观规律，而且要积极回应改革需求，加强重点领域立法，突出立法重点。

举例来看，在人类社会数字化转型的时代大背景下，个人"数据人格"与企业"数据资产"的重要意义日益凸显，个人信息的社会价值受到越来越多的重视，如何平衡个人信息保护与大数据产业之间的关系，成为人们热议的话题。

早在 2009 年，中国社会科学院发布的《法治蓝皮书》中就曾指出，信息处理和存储技术的发展引发了个人信息被滥用的问题，社会对个人信息保护的需求正在不断增强。

现实来看，个人信息被滥用的情况十分普遍。一方面，各类机构或者服务平台在开展与办理相关业务时，大量搜集客户或者用户与服务无关的个人信息，掌握了海量个人信息数据；另一方面，上述信息数据在未经信息主体授权与认可的前提下即被公开、传播、转让、买卖，甚至出现了专门以非法买卖个人信息为内容的"新兴产业"。广大人民群众在生活中普遍接收到各种售卖服务的骚扰电话、邮件，部分民众还因此成为诈骗分子的诈骗对象，而此前的各类法律法规中对于个人信息主体在信息收集、保存、利用中的知情权、同意权、请求更正权、删除不必要信息权以及相应的救济性权利则鲜有规定。

2018 年 9 月，全国人大常委会正式将《个人信息保护法》纳入"十三届全国人大常委会立法规范化"，属于"条件比较成熟、任期内拟提请审议"的 69 部法律草案之一。2020 年 10 月 21 日，中国人大网公布《个人信息保护法（草案）》，面向社会公开征求意见。此后，历经三次审议，2021 年 8 月 20 日，十三届全国人大常委会第三十次会议表决通过了《个人信息保护法》。自 2021 年 11 月 1 日起开始施行。《个人信息保护法》的制定出台回应了社会生活中较为突出的个人信息泄露问题，满足了人们对个人信息保护的期待，肩负起数字时代下个人信息保护的重要使命。

事实上，我国《个人信息保护法》的相关立法工作最早可以追溯至 21 世纪初。早在 2003 年，国家信息化领导小组下设的国务院信息化工作办公室就已经着手部署个人信息保护的相关立法研究工作，并委托国内相关领域的优秀学者领衔组建课题组，对《个人信息保护法》开展比较研究、草拟专家建议稿。不久后，在综合考察欧洲、美国、日本等较具代表性的个人数据保护制度后，课题组于 2005 年提交了《个人信息保护法（专家建议稿）及立法研究报告》。然而，其并未随着《电子签名法》《政府信息公开条例》的出台而进入立法程序。这当中固然有政府机构改革的影响，但更重要的原因在于，在当时的社会条件下立法机构面临着立法领域特别多、立法任务特别重的问题，《个人信息保护法》在当时并不占据突出位置，并非立法工作的重点，因此更多的立法资源被投入当时更具紧迫性的社会事务上。而随着个人信息重要性的逐渐增长以及社会中侵害公民个人信息行为的增多,针对个人信息保护进行立法的重要性也随之增长,个人信息保护成为重点领域,其立法工作也自然随之开展。

三、合理配置权利义务

立法本身在社会活动中起到了协调社会利益关系、化解潜在的社会矛盾纠纷的作用,上述作用的发挥具体又是以对公民、法人以及其他社会组织权利义务关系的调整为方式的。因此,要检验法的创制活动是否科学合理,一个重要的标准即是对法律规范进行实质考察,研判法的创制活动是否科学合理地设定了不同法律主体的权利与义务、权力与责任。权利与义务在理想状态下应当是相协调、相统一的,没有无权利的义务,也没有无义务的权利。

以《互联网信息服务算法推荐管理规定》(以下简称《规定》)为例,2021年12月31日,国家互联网信息办公室、工业和信息化部、公安部、国家市场监督管理总局联合发布《规定》,对长期以来饱受诟病的算法问题提出了明确要求。

针对越来越多的企业利用大数据分析来评估消费者的个人特征进行商业营销,对不同群体进行差别定价的"大数据杀熟""价格歧视"问题,《规定》明确提出,算法推荐服务提供者向消费者销售商品或者提供服务的,应当保护消费者公平交易的权利,不得根据消费者的偏好、交易习惯等特征,利用算法在交易价格等交易条件上实施不合理的差别待遇等违法行为。

针对利用算法注册虚假账号、雇佣网络"水军"实施虚假点赞的流量造假行为,或者鼓动"饭圈"粉丝群体互相谩骂、过度推荐、操纵干预热搜榜单等行为,《规定》明确提出算法推荐服务应遵循公开透明的原则,鼓励算法推荐服务提供者综合运用内容去重组、打散干预等策略,优化规则透明度和可解释性。建立健全算法机制机理审核、科技伦理审查、用户注册、信息发布审核等管理制度,不得利用算法操纵榜单、控制热搜等干预信息呈现。

在上述实例中可以看到,国家互联网信息办公室、工业和信息化部、公安部、国家市场监督管理总局联合发布的《规定》,对算法开发与使用行为作出了大量限制性规定,明确了算法开发者与算法使用者所应承担的各项法定义务。上述义务性规定是以算法开发者与算法使用者所拥有的相对于用户的优势地位作为基础的,也是以算法开发者与算法使用者凭借算法营利的权利为前提的,其目的在于规范算法开发与算法使用行为,避免对算法对象的权益侵害。因此,上述法的创制活动对算法开发者与算法使用者的义务设定是科学合理的,体现了科学立法原则。

第三节 民主立法

一、民主立法的基本内涵

民主立法原则是人民当家作主理念在法的创制活动中的具体体现，其核心在于立法为了人民，立法也必须依靠人民，保障人民通过各种途径参加国家法律法规的创制活动，并不断创新人民参与立法的形式。

恪守民主立法原则，能够广集民智，最大限度地在法的创制结果中反映人民大众的利益诉求，能够更好地协调各方的利益关系，提升法律创制活动的质量与民众对法律创制结果的接受度。并且，民主立法能够有效地监督立法活动，确保立法权限在阳光下运行，防范任何可能的立法权滥用行为，客观上构成了科学有效的立法权制约方案。

二、民主立法的主要形式

（一）坚持通过人民代表大会制度落实民主立法

在我国，人民代表大会制度是我国的根本政治制度，也是人民民主的最高形式与重要途径，这决定了民主立法原则的贯彻落实必然无法脱离人民代表大会制度的制度支撑，需要在人民代表大会制度的制度框架内来实现民主立法。对此，我国《立法法》明确规定："全国人民代表大会及其常务委员会加强对立法工作的组织协调，发挥在立法工作中的主导作用"，"全国人民代表大会常务委员会通过立法规划、年度立法计划等形式，加强对立法工作的统筹安排"，"全国人民代表大会常务委员会工作机构负责编制立法规划和拟订年度立法计划，并按照全国人民代表大会常务委员会的要求，督促立法规划和年度立法计划的落实"。多年来，全国人民代表大会及其常委会在统筹国家立法、落实民主立法原则方面发挥了重要作用。

（二）坚持完善公众民主参与立法

除了人民代表大会制度，社会公众参与立法也是民主立法原则的当然内容与必然要求。对此，我国《立法法》第6条第2款明确规定："立法应当体现人民的意志，发扬社会主义民主，坚持立法公开，保障人民通过多种途径参与立法活动。"保障人民参与立法的重点在于建立健全人民参与立法的相关制度。当前来看，我国民众直接参与法的创制活动的途径包括立法听证会、立法座谈会、立法论证会、公开征求意见、立法的民主监督等。

多年来，我国在立法过程中一直高度重视公众参与，尤其对涉及民众切身利益的立法事项，十分注重通过民众的参与来获取社会民意。以立法听证会为例，在个人所得税法修改过程中，为了妥善解决工薪所得减除费用的标准问题，全国人民代表大会于 2005 年 9 月成功举行了人大历史上第一次立法听证会。

在关于举行听证会的公告发布后，社会层面反向十分强烈。按照"东、中、西部地区都有适当名额，工薪收入较高、较低的行业、职业都有适当名额，代表不同观点的各方都有适当名额"的遴选原则，相关同志开始了公众陈述人的遴选工作。经过层层遴选，最终有 40 人成为候选人，在听证会正式召开前，从中确定了 20 人为最终的公众陈述人，余下 20 人为旁听人员。上述公众陈述人来自全国不同地区，所从事的职业涉及教师、律师、公务员、农村进城务工人员、工人等，其收入水平下至 1500 元以下，上至 10000 元以上。

2005 年 9 月 27 日，听证会在全国人民代表大会会议中心如期举行。全国人大网与各大媒体对会议进行了直播。各陈述人分别对减除费用标准问题发表了自己的意见，多数人主张，1500 元的减除费用标准应当有所提高，这将更有利于满足中低收入者的基本生活需要，也能够更好地适应改革发展与物价变动所引起的基本生活费用增长趋势。

2005 年 10 月，十届全国人民代表大会常务委员会第十八次会议再次审议草案，将听证报告作为参阅资料发给了全体与会人员。相关陈述人的意见受到会议的高度重视。经过审议，会议最终决定将草案规定的 1500 元的减除费用标准提升至 1600 元。

在这一实例中，全国人民代表大会组织召开由社会人士广泛参与的立法听证会就是民主立法的一种重要体现。借助立法听证会这一民主形式，立法活动在很大程度上提升了社会公众参与立法活动的深度与广度，为社会层面的利益诉求进入国家法律规范提供了有效渠道，充分体现了民主立法的原则与精神。事实上，通过观察近年来的法律创制活动不难发现，无论是国家层面的《民法典》《个人信息保护法》等国家立法活动，还是地方层面类似《物业管理条例》之类的地方立法活动，皆十分注重运用各种方式来征集民意诉求。可以说，民主立法已经成为我国当前法律创制活动的一项根本原则。

第四节　比较立法

一、比较立法的基本内涵

比较立法原则是各国在法律创制活动中普遍适用的一项立法原则。所谓比较立法原则，简单来说即是通过对比不同社会制度、不同法律传统、不同地理区域的法律制度，理解和借鉴其他国家和地区的立法经验，从而为自身的立法工作提供有益的启发。并且，只有在比较立法的基础上，不同国家和区域之间才能够求同存异，获得共识，实现法律制度的国际衔接与全球合作。

比较立法原则背后隐含着两个重要的前提：其一是人类法律制度的多样性，即由于历史传统与文化背景的不同，世界范围内存在差异性的立法方法与立法产品，正是这种差异化的立法活动为我们提供了比较的样本；其二是人类法律制度的共通性，即不同立法之间虽然存在差异，但彼此内在地存在共同认可与接受的价值或方法，这构成了比较之后借鉴、吸收与转化的基本条件。

二、比较立法的具体要求

比较立法原则要求以一种客观中立的立场去考察和了解其他国家和地区的关联法律制度，获取有关其他国家和地区法律结构、精神、方法等的全面认知。这种客观认知将帮助我们更加深刻地省思自身的立法工作，并帮助开拓我国立法工作的基本思路，探索更加科学合理的立法方案。当然，比较立法需要坚守一个基本的前提，即立足本国国情实际，不能盲目照搬照抄外部法律制度。

举例来看，近年来，随着互联网信息科技的发展，人类社会生活的网络化趋势日渐明显。根据国际数据公司（IDC）等数据统计机构的统计，2020年，全球网络空间的数据量已经达到惊人的64.2ZB，并且这一数据还将随着互联网科技的发展而持续高速增长。在这一信息革命的大背景下，网络信息数据的价值不断凸显，成为驱动数字经济发展的核心资源之一。不仅如此，由于信息科技同人类社会的政治、文化、社会结构等深度结合，导致国家的安全、稳定也同数据治理效果联系在一起。为此，建立和完善数据资源的治理与安全制度逐渐成为各个主权国家的普遍做法，其核心目的在于寻求国家安全、经济发展、社会繁荣与信息数据的和谐一致。

国际上较具代表性的数据治理方案主要有两种。第一种模式以美国为代表，其模式主要呈现为美国及其核心盟友为轴心的等级治理架构，致力于实现数据资源由外围向欧美中心区汇聚的趋势。由于该模式强调美国及其盟友相对于其他国家的非对称优势，加之"棱镜门"等负面事件的曝光，该模式遭到了诸多反制。第二种模式以欧盟为代表，其数据治理方案更加关注个人隐私的保障问题，将对个人隐私的保障与个人数据流动的限制上升至较高地位，以此来搭建其数据治理体系。

在充分借鉴国际层面的有益经验，尤其是欧盟《通用数据保护条例》相关经验的基础上，我国制定并颁布实施了《数据安全法》，构建了具有鲜明中国特色的数据保护机制。《数据安全法》不仅关注与数据保护安全相关的重大议题，而且重视数据安全与发展之间的紧密联系，明确了中国特色的数据治理方向。首先，《数据安全法》强调开展数据领域的国际交流合作，参与数据安全相关国际规则与标准的制定，推动数据跨境、安全流动；其次，《数据安全法》主张全面加强数据开放利用，推进数据开放利用技术和安全标准体系建设，建立健全数据交易管理制度；再次，《数据安全法》要求建立分类分级数据保护制度，形成集中、统一、权威的数据安全机制，建立数据安全应急处理机制、数据安全审查制度、数据安全出口管制以及根据实际情况采取数据投资贸易反制措施等；复次，明确数据安全保护义务，落实数据保护责任，加强数据安全风险监测、评估等；最后，《数据安全法》还要求国家机关政务数据要建立健全数据安全管理制度，落实数据安全保护责任，及时、准确公开政府数据，构建统一、规范、互联互通、安全可控的政务数据开放平台，推动政府数据开放利用。

整体来看，《数据安全法》兼顾数据安全与发展，内容全面、深入，向世界展示了数据安全保护的"中国方案"。《数据安全法》的制定过程中综合借鉴吸收了以欧盟相关法律为代表的成熟经验，获得了一些有益的启发，体现了比较立法的思路。并且，《数据安全法》的文本本身也主张加强国际合作，推动建立数据跨境流动的标准与规则，这无疑也体现了比较立法的精神内涵。尤其值得注意的是，《数据安全法》的制定并不是简单地拿来外部经验，而是立足于中国国情，构建起具有中国特色的数据安全保护制度。

第十二章 法的实施

CHAPTER 12

 **本章知识要点**

（1）执法活动必须坚持合法原则、合理原则与效率原则，严格规范公正文明执法；（2）司法权的本质是判断权和裁决权，司法活动以公正为导向；（3）一切社会主体皆负有守法义务，领导干部应当带头尊法学法守法用法。

第一节 执 法

一、执法的概念

执法概念存在着广义与狭义两个层面的理解：广义的执法活动泛指一切执行法律的活动，其主体包括行政机关、司法机关以及法律授权、委托的组织及其公职人员；狭义的执法活动则仅指国家行政机关和法律授权、委托的组织及其公职人员在行使行政管理权的过程中，执行法律与适用法律的活动。

与其他国家机关活动相比，执法活动具有鲜明的内容广泛性，是以国家名义对包括政治、经济、文化、环境等广泛社会领域进行全方位治理的行为，是最常规的国家工作，也是与民众生活具有直接关联的国家工作。法的创制工作所制订的各类法律规范有赖于各个行政机构的组织实施，并通过各种行政强制措施，排除法律执行中所遭遇到的各种阻力。执法工作的核心目的在于保障国家法律的贯彻落实，维护与实现社会公共利益。

二、执法的原则

作为实现国家职能与法律价值的关键环节，执法工作需要遵守如下重要原则。首先，执法应坚持合法原则，执法主体应当严格遵循法定的执法权限，执法活动必须于法有据，不得超越法律授权执法，不得在没有法律依据的情况下，随意减损公民、法人以及其他组织的合法权益，且执法活动必须严格遵照法定的执法程序，尊重与保障行政执法对象在执法活动中的知情、救济、参与等正当权利；其次，执法应坚持合理原则，平等对待行政相对人，所采取的行政执法手段必须必要、适当，避免对执法对象权益的侵害，尤其是在行使自由裁量权时，必须以符合法定目的作为根本前提；最后，执法还应注重效率原则，积极履行法定职责，提高执法办事效率，便利行政相对人的社会需求，以最小的执法成本获取尽可能大的执法收益。

对此，我们可以通过广东省司法厅公布的三起行政执法典型案例获得清晰的认知。

案例一　经营国内和入境旅游业务旅行社设立审批案

申请人方某等通过行政服务中心提交申请设立旅行社的相关材料，其主要经营范围为境内旅游业务与入境旅游业务。行政服务中心当场向申请人出具了相关收件凭证。此后，市旅游局以其名义在法定期限内作出了《关于批准设立×国际旅行社有限公司的批复》，批准了方某等人的申请。

经查明，该起执法活动中存在如下问题。

其一，执法主体不适格。根据广东省政府的相关规定，上述申请事项属于委托事项，应以委托机关的名义作出行政许可决定。按照我国《旅行社条例》第7条的规定，"申请经营国内旅游业务和入境旅游业务的，应当向所在地省、自治区、直辖市旅游行政管理部门或者其委托的设区的市级旅游行政管理部门提出申请"。《广东省人民政府第四轮行政审批事项调整目录》明确表明，国内和入境旅游业务旅行社设立审批"由省旅游局委托给各地级以上市政府实施"。就此来看，市旅游局是受省文旅厅的委托而行使审批职权的。按照我国《行政许可法》第24条的规定，受委托机关在委托范围内应以委托行政机关的名义实施行政许可。因此，市旅游局以自己名义作出行政许可存在执法主体不适格问题，应以省文旅厅的名义作出行政许可。

其二，未依法出具受理许可申请的书面凭证。根据我国《行政许可法》的相关规定，无论行政机关受理抑或不受理行政许可申请，均应当出具加盖有本行政机关专用印章与日期的书面凭证，而市旅游局并未依法出具许可受理决定书，只是开具了收件凭证。

该案例之所以被广东省司法厅公布为行政执法典型案例，是因为该执法活动没有严格遵循执法的基本原则，存在着执法瑕疵乃至违规现象。具体来说，在该案中，执法主体超越了法定的执法权限，且违背了我国《行政许可法》关于出具书面受理凭证的要求，在实体与程序两个层面违反了执法的合法性原则。

三、严格规范公正文明执法

执法工作除了坚持合法、合理以及效率原则，还应当坚持严格规范公正文明执法。

这要求执法者在执法中要避免粗放式执法、越权式执法、暴力式执法等现象，把严格依法执法与理性文明执法相结合，在执法中充分考虑执法对象的利益诉求与切身感受，把握群众的情绪与社会心态，提升执法的人性化程度，更多地采用柔性执法而非野蛮执法。为了确保严格规范公正文明执法，应不断完善我国的行政执法程序，不断提升执法机关的执法公信力，并加强对执法工作的监督，坚决惩治执法中的腐败现象，推进阳光执法。

2020年7月，昌江区城管局新枫中队在景德镇八中附近巡查时发现，一中年妇女在瓷都大道与兴华路交叉口占道售卖蔬菜，遂上前对其进行劝离。

据当时在场的一名男子回忆，先是一个瘦高个的城管对女菜贩大声喊叫"干什么"，随后就上前将女菜贩的一蛇皮袋辣椒提起来重重摔在地上。女子情绪也非常激动，开始叫喊，并试图踹翻城管的摩托车，同另一名较胖的城管发生争执。"胖城管"将女菜贩所用秤杆掰断，引发了当事人情绪的进一步激动，开始发生拉扯，并试图用断裂的秤杆攻击城管执法人员。女菜贩的儿子在一旁被吓得大哭。最终，"胖城管"手握半截秤杆，用力挥动击中了女菜贩。

也有另外的知情人士透露，事发路段的道路较为狭窄，城管对女子先是进行了劝离，但女子没有听。女子随后先动手，用秤钩划伤了城管队员的手臂，激怒了城管队员。

事件发生后，城管队员报警，女菜贩在警察到来前已先行离开。昌江区城市管理局党委经审查，初步认为涉事执法队员现场执法不当，对其进行停岗处理。

与上述事件形成对比，四川绵阳两位城管下跪事件也引发了广泛关注。

2020年6月，两名城管人员在经开区金兴市场附近巡查时，发现一名中年妇女在路口位置卖西瓜，占用了城市道路，阻碍了正常的道路交通。两名城管执法人员上前对其进行劝离。但该卖瓜女子认为，其他路段没有该路口的位置好，不愿意搬离。执法人员准备将西瓜搬上车的时候，女子误以为执法人员要强制执法，于是突然下跪。见此情景，两名城管也随即下跪，并继续对其进行劝离。此后，该卖瓜女子离开，道路交通亦随之恢复正常。

对比上述两起行政执法案件可以看到，第一起执法属于典型的暴力执法，此种执法活动不仅容易出现过度执法，损害行政相对人正当权益的现象，而且极大地损害了执法主体的执法形象，减损了行政执法的公信力与信任感。不仅如此，不文明执法活动还将触发对执法者的责任追究机制，影响正常的执法工作与执法队伍建设。相比较而言，在第二起执法活动中，面对类似的执法情形，两名城管人员的"下跪"行为增强了执法的文明性与柔性，执法效果更好，也有助于执法形象的确立。当然，面对常见的执法矛盾冲突，下跪并不是最优解，柔性文明执法有着其他更好的形式，从群众的切身利益出发，倾听群众的声音，切实解决群众的需要，因势利导，才是正确的执法方式。

第二节 司 法

一、司法的概念与性质

司法是指国家司法机关依据法定职权和程序,具体应用法律来处理案件的专门活动。❶ 狭义的司法概念专指审判,而将检察权归类于政府行政权的一部分。我国所使用的"司法"概念同这一狭义界定略有不同,是一种广义的司法,其内容包括侦查、检察、审判以及执行等。

关于如何理解司法权的性质,习近平总书记结合我国法治实践和司法规律,对司法权的性质给出了科学的界定:"司法活动具有特殊的性质和规律,司法权是对案件事实和法律的判断权和裁决权。"❷ 所谓判断主要言指司法机关需要对进入司法诉讼程序的各类事实及其对应的法律依据进行判断;所谓裁决则是指在查明事实真相的基础上,以法律以及道德、政策等为依据,对案件作出判决,实现对被侵害权利的救济、对争议事实的判定、对社会秩序的维护。

二、司法平等原则

 **案例二 杨某贪污受贿案**

【基本案情】

杨某,原温州市市长助理、温州市副市长。2003年4月20日,时任浙江省建设厅副厅长的杨某携女儿、女婿以及外孙从上海机场途经新加坡出逃美国。

2003年6月,经浙江省委同意,浙江省纪委常委会决定对杨某立案审查。检察机关也依法对其立案侦查,并决定逮捕。同时,经浙江省纪委常委会和浙江省监察厅厅长办公会议研究,并分别报省委和省政府批准,决定给予杨某开除党籍与行政开除处分。

2016年11月16日,潜逃海外13年的杨某回国投案自首,如实供述了自己的相关罪行。

2017年7月28日,杭州市中级人民法院公开开庭审理杨某贪污、受贿一案。

杭州市中级人民法院经审理认为,鉴于杨某主动回国投案,如实供述自己罪行,具有自首情节;认罪、悔罪,积极退缴全部违法所得,具有法定从轻、减轻及酌定从

---

❶ 张文显. 法理学(第五版)[M]. 北京:高等教育出版社,2018:250.
❷ 习近平. 在中央政治工作会议上的讲话(2014年1月7日). 习近平关于全面依法治国论述摘编[M]. 北京:中央文献出版社,2015:102.

轻处罚情节，依法可以减轻处罚。

2017年10月13日，杭州市中级人民法院对杨某一案作出如下判决：被告人杨某犯贪污罪，判处有期徒刑6年，并处罚金人民币50万元；犯受贿罪，判处有期徒刑5年，并处罚金人民币30万元；决定执行有期徒刑8年，并处罚金人民币80万元；追缴杨某贪污、受贿所得人民币26399455元。

2018年2月1日，该案件入选"2017年推动法治进程十大案件"。

【主要法律问题】

如何理解司法平等原则？

【理论分析】

司法权本身的中立裁判角色决定了司法活动中必须摒除财富、身份、地位、年龄、性别、出身、教育程度、宗教信仰等一系列外在因素的干扰，不偏不倚地平等对待当事人，对任何公民都平等地适用法律，平等地追究法律责任，平等地给予诉讼权利，并施以平等的法律制裁。正如哈珀·李在其著名的小说《杀死一只知更鸟》中所言："在这个国家里，有一种方式能让一切人生来平等——有一种社会机构可以让乞丐平等于洛克菲勒，让蠢人平等于爱因斯坦，让无知的人平等于任何大学的校长。这种机构，先生们，就是法庭。"❶

在上述案例中可以看到，司法机关所扮演的角色和所发挥的作用在于，对杨某的相关案件事实进行查证判断，并依据我国法律法规中有关贪污受贿的量刑规定，对杨某一案进行最终的司法裁断。该案件的审理与判断并未受到杨某的高官身份与财富的影响，彰显了我国司法机关排除当事人的身份、财产等因素的影响，平等对待与审判当事人的司法平等原则。

三、司法公正原则

 **案例三　呼某案**

【基本案情】

1996年4月9日，呼和浩特第一毛纺厂的公共厕所内，一女子被强奸杀害。公安机关经过调查，认定报案人呼某为犯罪嫌疑人。

1996年5月23日，呼某案开庭审理，检察机关以"流氓罪"和"故意杀人罪"对呼某提起公诉。呼和浩特市人民检察院认为，呼某在公共场所以暴力手段猥亵妇女，致被害人死亡，手段残忍，情节恶劣，应依法严惩。经过审理，呼和浩特市中级人民

---

❶ ［美］哈珀·李. 杀死一只知更鸟［M］. 高红梅，译. 南京：译林出版社，2012：251.

法院作出一审判决，以故意杀人罪判处呼某死刑，剥夺政治权利终身，以流氓罪判处有期徒刑五年，决定执行死刑，剥夺政治权利终身。呼某不服，提出上诉。

1996年6月5日，内蒙古自治区高级人民法院作出终审判决，裁定驳回上诉，维持原判，核准以故意杀人罪判处呼某死刑，剥夺政治权利终身的裁定。

1996年6月10日，呼某被执行死刑。

2005年10月23日，呼和浩特市赛罕区公安分局抓获数起强奸杀人案的凶手赵某红。赵某红被捕后交代"4.9女尸案"，即呼某案为自己所为。

2014年11月20日，呼某案进入再审程序。12月15日，内蒙古自治区高级人民法院再审判决宣告原审被告人呼某无罪，之后启动追责程序与国家赔偿。

呼某案经内蒙古自治区高级人民法院改判无罪后，有关机关和部门迅速启动追责程序，依法依规向对呼某错案负有责任的27人进行了追责。

2014年12月30日，内蒙古自治区高级人民法院依法作出国家赔偿决定，支付国家赔偿金共计2059621.4元。

【主要法律问题】

（1）司法责任制的设置有哪些正当性与必要性？
（2）在司法公正的实现过程中，程序公正与实体公正是什么关系？

【理论分析】

"公正是法治的生命线。司法公正对社会公正具有重要引领作用，司法不公对社会公正具有致命破坏作用。"[1] 司法乃是社会公平正义的最后一道防线，对公平正义的维护与追求乃是司法机关及其工作人员的核心价值追求。

司法公正可以区分为实体公正与程序公正。实体公正具体言指司法裁判结果的公正，即当事人的权益得到维护，违法犯罪人员被追究相应的责任，被侵害的法益得到恢复。程序公正则是指司法过程的正当性，即当事人的各项诉讼程序权利得到保障，受到平等对待。对司法公正的最终实现而言，实体公正与程序公正皆是不可或缺的，各自有着独立的价值，不能为了追求所谓的"实体公正"而牺牲"程序公正"。

对于司法公正的实现而言，司法机关工作人员扮演着重要角色。司法工作人员是否尽职尽责，是否正确适用法律，是否违法违规对待当事人等都在很大程度上决定着司法公正的实现与否。为此，司法责任制的设置就显得十分重要。司法责任制的核心内涵在于司法工作人员应当为自己的职权行为负责，实现司法工作的权责统一。对此，正如有学者所指出的那样："现代的法官绝不是一台法律机器……有着更高的自由，但

---

[1] 中共中央关于全面推进依法治国若干重大问题的决定．十八大以来重要文献选编[M]．北京：中央文献出版社，2016：168．

相应地也负有较重的责任。"❶ 司法责任制的设定能够极大地增强司法工作人员的责任感，督促司法工作人员严格依法履行司法职权，推动司法公正的实现。

通过前述的呼某案可以看到，程序公正乃是司法公正的重要组成部分。那种重实体、轻程序，重口供、轻其他证据的做法，以及诱供、刑讯逼供等违反程序正义的做法往往导致冤假错案的产生，不仅会对当事人产生重要伤害，而且会损伤司法公正的社会形象与司法公信力。对冤假错案办案人员进行追责、对当事人家属进行国家赔偿，体现了司法责任制度的重要价值。这起案件的产生也提醒司法工作人员要坚持程序正义、公正司法与司法为民，确保正义不再迟到。

四、司法权依法独立行使

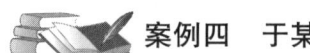 **案例四　于某案**

【基本案情】

2016年4月14日，由10多人组成的催债队伍到于某母亲苏某某的工厂进行催债，其间，催债人员先后通过拉屎、将苏某某按进马桶、故意将烟灰弹到苏某某胸口、脱裤子露出下体等方式对苏某某进行侮辱，并限制于某及其母亲离开。外面路过的工人看到后，让于某姑妈于某某报警。

警察接警后，说了一句"要账可以，但是不能动手打人"，随即离开。此时，被催债人员控制的于某看到警察要走，情绪崩溃，站起来试图冲到屋外叫回警察，被催债人员控制住。混乱中，于某从桌子上摸起一把水果刀乱捅，致使四名催债人员被捅伤。其中，杜某某因未及时就医导致失血性休克死亡，另有两人重伤，一人轻伤。

2016年11月21日，山东省聊城市人民检察院向聊城市中级人民法院提起公诉，指控被告人于某犯故意伤害罪。聊城市中级人民法院于2016年12月15日公开开庭对案件进行审理。

聊城市中级人民法院经过审理认为，被告人于某面对众多讨债人的长时间纠缠，不能正确处理冲突，持尖刀捅刺多人，致一名被害人死亡、两名被害人重伤、一名被害人轻伤，其行为已经构成故意伤害罪，应当承担与犯罪结果相当的法律责任，鉴于本案系被害人一方纠集多人，采取影响企业正常经营秩序、限制他人人身自由、侮辱谩骂他人的不当方式讨债引发，被害人具有过错，且被告人于某归案后能如实供述自己的罪行，可以从轻处罚。

聊城市中级人民法院一审判决被告人犯故意伤害罪，判处无期徒刑，剥夺政治权利终身。原告与被告皆不服一审判决，分别提出上诉。

案件经过媒体以"辱母杀人"为标题报道，随即引发舆论汹涌，人们纷纷对司法

---

❶ [德] 菲利普·黑克. 利益法学 [M]. 傅广宇, 译. 北京: 商务印书馆, 2016: 31.

的公正性提出质疑。

2017年3月26日，山东省人民检察院发布消息，表示对社会公众关注的于某行为是属于正当防卫、防卫过当抑或故意伤害问题，将依法予以审查认定，并宣布成立由反渎职等相关部门人员组成的调查组，对警察在执法过程中存在的失职渎职行为进行调查处理。

2017年5月27日，山东省高级人民法院公开审理上诉人于某故意伤害一案。

2017年6月23日，于某案二审宣判。山东省高级人民法院经过审理认为，于某属于防卫过当，构成故意伤害罪，判处于某有期徒刑五年。

【主要法律问题】

如何界定法律与舆论之间的关系？

【理论分析】

在马克思看来："法官除了法律就没有别的上司。"❶ 依法独立行使审判权是司法权的重要特征之一，也是司法规律的根本要求。这意味着司法机关在行使审判权时要排除外在的不当干涉，以事实为依据，以法律为准绳，不偏不倚地公平审判。

但需要说明的是，司法权的独立行使并不意味着司法权可以不受任何外在的约束与干涉。同任何其他权力一样，司法权的行使也要接受相应的监督与制约，这种监督与制约不仅包括党对司法工作的领导、权力机关对司法权的监督以及上级司法机关的指导，还要接受人民群众的监督，预防司法腐败的发生。

在于某一案中可以看到，一审结果的失当引发了民间舆论的沸腾，公众的情感支撑在很大程度上推动了于某案件的二审改判。法律与舆论当然拥有各自的评判标准而不能混淆，但这不意味着二者是天然对立的，民间舆论的朴素正义感同法律正义之间存在着共同的目标，法律也应当有正常的舆论吸纳渠道。

第三节 守 法

一、公民的守法义务

 **案例五 "净网2019"专项行动中的网络造谣违法行为**

【基本案情】

2019年，山西公安机关聚焦网络造谣等违法犯罪行为，从"净网2019"专项行动

---

❶ 马克思恩格斯全集 [M]. 第1卷. 北京：人民出版社，1956：76.

入手，对网络造谣违法犯罪行为进行了打击，维护了网络空间的良好生态，其中如下案例具有典型意义。

网络谣言一："外地人偷小孩"。2019年3月，临汾网警在日常巡查中发现，本地朋友圈中传播着一则关于"外地人来偷小孩"的视频谣言，引发了大量民众的关注，造成了恶劣社会影响。公安机关迅速对散布该谣言的违法嫌疑人张某进行了依法传唤。根据调查，张某于某日在自己店面前看到几名外地人经过，在未经证实的情况下，就随手拍摄视频并转发朋友圈，声称有外地人来偷小孩，该情况经公安机关调查为虚假信息。公安机关依法对张某的违法行为进行了行政罚款处罚。

网络谣言二：多人被杀。2019年4月，晋城网警在巡查工作中发现，网上流传着一段12秒的视频，声称多人被杀。公安机关调查后发现，该视频与事实明显不符。经查，该视频系违法行为人郭某路过某地，发现路边停放多辆警车与120急救车，遂拍摄现场视频，在未经调查核实情况下，主观捏造"多人被杀"的案情，并在短视频平台上散布谣言，造成了恶劣社会影响。针对郭某的上述违法行为，公安机关依法对其处以10日行政拘留。

【主要法律问题】

公民自由与守法义务之间的关系是什么？

【理论分析】

守法是指国家机关、社会组织和公民个人依照宪法和法律规定，行使权利（职权）和履行义务的活动。与立法活动和执法活动相比，守法具有鲜明的主体广泛性，所有具备法律上主体地位的机关、组织、个人皆负有守法义务。守法不仅仅是社会主体相对于国家的义务，也是国家对各类主体的基本要求。守法意义上的法不仅包括宪法和法律，而且包括各类行政法规、部门规章、地方性法规等规范性文件。

在上述案例中，不同行为人在网络上散布未经证实的谣言，显然触犯了我国《治安管理处罚法》关于"散布谣言，谎报险情、疫情、警情或者以其他方法故意扰乱公共秩序"的处罚机制，甚至可能违反我国《刑法》关于不得编造与传播恐怖信息的相关规定。公民在网络空间的言论自由不是绝对的，而是以守法作为根本前提的。

二、领导干部带头尊法学法守法用法

党和政府乃是国家法治建设的引领者，在全民守法目标的实现过程中起到了重要的表率作用，党员干部带头学法乃是全民守法的重要前提，也是法治国家建设与法治政府建设的重要内容。各级领导要坚定地依法办事，杜绝"走关系""走后门"，遵守法律法规，清正廉洁，做遵纪守法的典型与模范。同时，领导干部在工作中还要积极贯彻谁执法谁普法的工作原则，积极开创各种群众性的法治文化活动，组织开展形式多样的法治宣传活动，提升民众的法治意识与法治素养，引导广大民众尊法学法守法用法。

近年来，在实际工作中，全国各地方积极贯彻落实领导干部带头尊法学法守法用法的主张，坚持以法解决各种社会问题，并不断探索尊法学法守法用法的形式。

在山东，中共山东省委组织部、中共山东省委宣传部、中共山东省委全面依法治省委员会办公室、山东省司法厅联合印发《关于进一步完善国家工作人员学法用法制度的实施意见》（以下简称《意见》），对山东省国家工作人员学法用法进行制度化规范。《意见》强调要完善领导干部集体学法制度，分级分类明确领导干部履职应当学习掌握的法律法规和党内法规，坚持重大决策前专题学法；要健全完善日常学法制度，制定国家工作人员学法用法的整体规划和年度计划，明确学习任务；要健全完善法治培训制度，把法治教育纳入干部教育培训总体规划；要健全完善学法用法考试制度，在国家工作人员录用、招聘、任职过程中，加强对法律知识的考察测试；要健全完善依法决策和问责制度，完善重大事项决策法律咨询论证和合法性审查制度、重大决策集体讨论制度和决策依法公开制度；要健全完善严格依法履职制度，严格实行执法人员持证上岗和资格管理制度和重大执法决定法制审核制度，落实信息公开制度、执法案卷评查、案件质量跟踪评判和执法责任制；要健全完善考核评估机制，严格落实普法责任制和普法责任清单，建立领导干部年终述法制度；要建立健全学法用法激励机制和通报制度，积极探索建立激励机制，及时总结推广国家工作人员学法用法的经验和做法，建立学法用法通报制度，推进国家工作人员学法用法工作的深入开展。

山东省出台《意见》充分体现了党员干部带头尊法学法守法的表率作用，通过组织领导干部学法，一方面有助于党员干部队伍建设，预防贪污腐败事件的发生，另一方面向广大民众起到了表率作用，有助于在社会层面形成学法守法的良好社会风气与法治氛围。

CHAPTER 13 第十三章
法的监督

 **本章知识要点**

（1）人大监督本质上是权力机关监督，既包括对法律制订的监督，也包括对法律实施的监督；（2）监察监督实现了对传统反腐败力量的有机整合，形成了更为集中统一、权威高效的反腐败体制；（3）检察监督，是指检察机关为维护国家法律统一实施，保护社会公共利益与公民合法权益，依法对诉讼程序或者被监督对象遵守法律的情况所开展的监督。

第一节 人大监督

一、人大监督的概念与内容

人大监督乃是权力机关监督的具体表现，是指各级人民代表大会及其常务委员会依据各自的职权对法的制定与实施活动进行的制度化监督。对法的制定的监督可以分为两个方面：一是程序性监督，即立法工作是否符合法定的立法权限，是否遵照法定的立法程序；二是内容性监督，即考察立法成果在内容上是否具有合理性、正当性，是否与上位法存在冲突等。对法的实施的监督则主要指向对行政执法活动与司法工作的监督。

根据我国《宪法》的规定，国家行政机关、审判机关、检察机关都由人民代表大会产生，对它负责，受它监督。《中华人民共和国各级人民代表大会常务委员会监督法》也明确规定，各级人民代表大会常务委员会依据宪法和有关法律的规定，行使监督职权。除此之外，包括《全国人民代表大会组织法》《地方各级人民代表大会和地方各级人民政府组织法》等也构成了人民代表大会行使监督权的法律依据。在所有法治化或者说制度化的监督方式中，人大监督因监督主体的权力机关属性而具有权威性，其作为国家最高权力机关进行的监督工作在整体法律监督系统中居于主导地位。

结合相关法律的规定来看，人大监督在具体的监督事项上主要分为如下方面：

(1)听取和审议人民政府、人民法院和人民检察院的专项工作报告;(2)审查和批准决算,听取和审议国民经济和社会发展计划、预算的执行情况报告,听取和审议审计工作报告;(3)法律法规实施情况的检查;(4)规范性文件的备案审查;(5)询问和质询;(6)特定问题调查;(7)撤职案的审议和决定。❶

二、备案审查监督

规范性文件备案审查制度是我国特色的立法监督制度。1978年,党的十一届三中全会提出全国人大及其常委会应当将立法工作提到重要议程上来。

1979年,五届全国人大二次会议通过地方组织法,赋予地方国家权力机关以立法权,规定省级人大及其常委会可以制定地方性法规,但需报全国人大常委会和国务院备案。上述规定开创了备案审查制度的最初依据与框架。

1982年,五届全国人大五次会议通过的宪法确立了中央、地方不同机关的立法权限,明确规定地方性法规应报全国人大常委会备案,并授权全国人大常委会撤销同上级法律相抵触的下级法律,为备案审查制度提供了宪法上的依据。

2000年,九届全国人大三次会议通过了《中华人民共和国立法法》(以下简称《立法法》)。《立法法》设专章规定了备案审查制度,规定有关国家机关、社会团体、企事业组织和公民可以对法规提出审查要求或者审查建议,还规定了对备案法规、规章的审查程序,从法律层面构建了全面且系统的备案审查制度。

此后,以《立法法》所确立的制度框架为基础,全国人大常委会委员长会议先后制定了《行政法规、地方性法规、自治条例和单行条例、经济特区法规备案审查工作程序》和《司法解释备案审查工作程序》,为备案审查制度的具体落实提供了更具现实操作性的依据。

2006年,十届全国人大常委会第二十三次会议将司法解释纳入备案审查范围,规定了县级以上地方人大常委会对规范性文件的备案审查工作。

2015年,《立法法》进行了修改,授权全国人大各专门委员会和常委会工作机构可以对法规、司法解释等开展主动审查,且常委会工作机构可以向制定机关发出书面审查研究意见。

2017年,党的十九大胜利召开,十九大报告强调要加强宪法实施与监督,推进合宪性审查工作,为新时代备案审查制度注入了新的内容。

备案审查制度的确立与完善有着重要的社会价值。首先,备案审查制度在确保党中央令行禁止方面发挥着重要作用。例如,2017年6月,以党中央对甘肃祁连山自然保护区存在的问题进行通报为契机,法工委第一时间组织开展专项审查工作,对有关自然保护区、环境保护以及生态文明建设的地方性法规进行自查清理,在一年多时间内发现与上位法规定不一致的法规达1029件。其次,备案审查制度发挥着保障公民权

---

❶ 朱力宇. 法理学原理与案例教程[M]. 北京:中国人民大学出版社,2016:306.

利的作用。2017年"两会"期间,法制工作委员会(以下简称法工委)集中收到了群众来信,反映《最高人民法院关于适用〈中华人民共和国婚姻法〉若干问题的解释(二)》中关于夫妻共同债务的相关规定存在的问题。法工委对此高度重视,积极履行备案审查职责,在其推动下,最高人民法院于2018年1月对夫妻共同债务的认定标准与举证责任分配问题进行了细化与完善,在维护公民权利方面发挥了重要作用。最后,备案审查制度起到了维护国家法制统一的重要作用。2017年,法工委收到来信,建议对《重庆市著名商标认定和保护条例》等地方立法进行审查。法工委审查后认为,该《保护条例》同中央的相关要求精神不一致,存在扭曲市场公平竞争等问题。此后,法工委发出了相应的审查意见,并建议国务院法制办对此类规章进行清理,有效维护了国家法制的统一性。❶

整体来看,备案审查乃是权力机关行使立法监督权的一种具体表现,其对于维护国家法制统一、确保立法成果的合法性与合理性具有重要意义。与此同时,值得注意的是,人大关于监督权的行使通常采用间接监督的方式,即当人大在监督过程中发现违法违规现象时,一般不直接对违法或者违规现象加以处理,而是移交有管理权的相关部门解决。例如,在前文中,关于夫妻共同债务认定标准与举证责任分配问题的解决是交由最高人民法院进行细化与完善的,对《重庆市著名商标认定和保护条例》等地方立法,是建议国务院法制办对此类规章进行清理的。

第二节 监察监督

一、监察权的性质

现代法治将权力制约作为一项核心价值,且法治的内容也在相当程度上呈现为权力制约的制度性安排。自党的十八大以来,如何强化我国既有的权力监督机制,把公权力关进制度的笼子,成为我国全面推进依法治国工作的重要内容之一。

2018年3月,第十三届全国人民代表大会第一次会议表决通过了《中华人民共和国宪法修正案》和《中华人民共和国监察法》,在国家机构层面增设国家监察机关,赋予监察权以同立法权、行政权、司法权平行的法律地位,确保监察机关能够依法独立行使监察权。监察机关的设立乃是关涉我国整体政治格局的重大变革,它打破了传统的以"一府两院"为基础的制度设计,代之以"四位一体"的新型格局。我国当下围绕监察权所开展的一系列政治体制改革,乃是党和国家在历史经验的基础上,结合当下国情事实所作出的伟大变革。

---

❶ 改革开放40年备案审查制度的发展成就和经验[EB/OL].(2021-08-24)[2021-01-27]. http://www.npc.gov.cn/npc/wggggkf40nlfcjgs/202108/2d6d4aac68aa4cb488d582c83fbd53b3.shtml.

从权力地位上而言，监察权并非仅仅作为一种辅助性权力，而是以"治权"的姿态出现在政治生活中。关于监察委员会性质、地位、组成、产生、任期、工作机制等相关问题皆规定于国家根本法中，这是我国国家权力机构最为重大的变化之一，将既往全国人大领导下的"一府两院"模式转化为"一府一委两院"模式，赋予监察权以同行政权、审判权、检察权同等重要的宪法地位。❶

从权力范围上而言，监察权是党领导下的统一监察机构，具有强大的权力能量。我国监察权的设置整合了既往行政机构的行政监察职能、预防腐败职能以及检察院的侦办贪污贿赂犯罪、失职渎职犯罪以及预防职务犯罪职能，其监察监督对象包括党的机关、人民代表大会、人民政府、监察委员会、人民法院、人民检察院、政协、民主党派、工商业联合会中的公务员，以及国有企业、公办教育与科研机构、基层群众自治组织中从事管理工作的相关人员。此外，监察委员会采取与党的纪律检查委员会合署办公的方式，将国家监察权同党的监督权组合使用，❷ 进一步提升了监察权的威慑力。

从权力行使层面而言，监察委员会依法独立行使监察权，不受其他权力机关以及任何个人的干涉。监察权的独立性是其法律地位与权力能量提升的必然结果，这一结果反之亦能够提升监察权的地位与权力能量。我国《宪法》与《监察法》确立了监察权的独立性与完整性，这不仅有助于避免多部门反腐所形成的权力交叉重叠引发的"灯下黑"弊病，而且有助于保障监察权的公正性。❸

二、监察权的意义

监察权的改革与设置在一定程度上实现了对传统反腐败力量的有机整合，形成了更为集中统一、权威高效的反腐败体制，为全面推进依法治国目标的实现和治理能力的提升确立起严密的法治监督体系。❹ 并且，监察监督也解决了既往党内监督与国家监察不同步、不均衡的问题，将全体公权力人员纳入统一规范的监督体系，实现了对公权力的全覆盖式监督。自国家以及地方各级监察机关成立以来，严肃查处了一系列腐败要案，展现了监察监督的战斗力与实践成效。

关于监察监督的实际社会意义，可以通过中央纪委国家监委于2021年11月2日公开通报的六起"沙霸""矿霸"背后腐败和"保护伞"典型案例获得较为清晰的感受。❺

（1）江西省九江市政协原党组成员、副厅级干部古某等人为涉黑组织充当"保护伞"问题。2004年至2019年，当地某涉黑组织长期把持基层组织，在附近长江水域疯狂采砂，并通过驱赶外来采砂船、强迫交易等形式，非法控制周边采砂产业，严重损

---

❶ 林彦. 从"一府两院"制的四元机构论国家监察体制改革的合宪性路径 [J]. 法学评论, 2017, (3).
❷ 陈尧. 从"三位一体"到"四位一体"：监察体制改革对我国政体模式的创新 [J]. 探索, 2018, (4).
❸ 华小鹏. 监察权运行中的若干重大问题探讨 [J]. 法学杂志, 2019, (1).
❹ 马怀德. 国家监察体制改革的重要意义和主要任务 [J]. 国家行政学院学报, 2016, (6).
❺ 中央纪委国家监委公开通报六起"沙霸""矿霸"背后腐败和"保护伞"典型案例 [EB/OL]. （2021-11-02）[2022-05-01]. https://www.ccdi.gov.cn/jdjbnew/jdjbyw/202203/t20220330_183135.html.

坏了长江流域的生态环境。在此期间，古某收受贿赂，纵容该涉黑组织的非法采砂行为，在采砂船与设备被有关部门扣押后协调退还，帮助承揽工程项目等。此外，原采砂管理局局长张某等人收受贿赂，在明知该涉黑组织实施违法犯罪活动的情况下，仍协助其办理采砂许可证等，帮助其逃避查处。古某、张某等人均受到开除党籍、开除公职处分，并被依法追究刑事责任。

（2）内蒙古自治区巴彦淖尔市乌拉特前旗原副旗长、公安局原局长贾某组织、领导黑社会性质组织案件及背后腐败和"保护伞"问题。贾某利用公安人员的身份，直接组织、领导涉黑组织，实施寻衅滋事、敲诈勒索等违法犯罪活动，涉案金额超过10亿；指使公安局班子成员与民警为其垄断经营砂石矿场提供帮助，并通过串通投标、强迫交易等手段，恶意哄抬价格。贾某同时还存在其他违纪违法问题，受到开除党籍、开除公职处分，并被依法追究刑事责任。

第三节 检察监督

一、检察监督的概念

我国检察机关自设立以来，便在职能上被赋予了法律监督职能。我国宪法明确规定，"中华人民共和国人民检察院是国家的法律监督机关"。2017年9月，习近平主席在致第二十二届国际检察官联合会年会的贺信中明确指出："中国检察机关是国家的法律监督机关，承担惩治和预防犯罪、对诉讼活动进行监督等职责，是保护国家利益和社会公共利益的一支重要力量。"❶ 2021年6月，《中共中央关于加强新时代检察机关法律监督工作的意见》指出："人民检察院是国家的法律监督机关，是保障国家法律统一正确实施的司法机关，是保护国家利益和社会公共利益的重要力量，是国家监督体系的重要组成部分，在推进全面依法治国、建设社会主义法治国家中发挥着重要作用。"

所谓检察监督，即检察机关为维护国家法律统一实施，保护社会公共利益与公民合法权益，依法对诉讼程序或者被监督对象遵守法律的情况所开展的监督。在既往的检察工作中，由于检察机关同时兼顾法律监督职能与反贪、反渎职的侦查职能，检察监督的意义并未得到充分发挥。尤其是，随着反贪、反渎职侦查工作量的不断增加，检察机关的相关工作资源也随之向职务犯罪侦查倾斜，对检察机关工作成效的评价标准也往往以职务犯罪侦查效果为准，这就必然限制了检察机关法律监督职能的发挥。❷ 对此，国家监察体制改革对于凸显检察机关的法律监督职能具有重要意义。通过将反

---

❶ 习近平致信祝贺第二十二届国际检察官联合会年会暨会员代表大会召开［EB/OL］.（2017-09-11）［2022-05-01］. http://news.cctv.com/2017/09/11/ARTIDGUQKKxT4TCnBPkL9Vrh170911.shtml.

❷ 王祺国. 论确立整体检察监督观［J］. 法治研究, 2019,（3）.

贪、反渎职侦查职能从检察机关剥离，转隶国家监察机关，为检察机关回归法律监督主业创造了有利条件。

检察监督进入诉讼领域最初的目的在于强化权力制约，希冀借助与审判权同属国家公权力的检察监督权来制衡与监督审判权，确保审判的公正、高效与廉洁。从实际运行效果来看，检察监督的存在不仅能够对审判活动开展卓有成效的监督，事实上也起到了保障和支持审判工作的作用，有效杜绝了对审判权依法独立行使的外在干预，提升了诉讼的权威性与公信力。❶

二、民事诉讼检察监督

 **案例一　应某与贵州某医药公司等民间借贷纠纷依职权监督案**

【基本案情】

2020年，应某同某医药公司签订借款协议，约定该医药公司向应某借款270万元，借款期限为3个月，并对借款利息进行了相应的约定。黄某、杨某、李某等3人在借款协议上签字，同意提供连带担保责任。同日，应某、该医药公司以及某变电公司签订协议书，约定由该变电公司代应某向医药公司支付借款270万元。12月3日，该变电公司向医药公司出具了270万元的转账支票，医药公司签收并出具了借款确认书。变电公司的银行账户记录显示，该公司于12月6日发生一笔支出业务，金额为270万元。借款期满，医药公司未履行还款义务，担保人亦没有承担担保责任。应某遂向重庆市第三中级人民法院提起诉讼，要求医药公司偿还借款270万元及相应利息。重庆市第三中级人民法院一审支持了应某的诉讼请求，并判决黄某等3人承担连带清偿责任。医药公司不服一审判决，向重庆市高级人民法院提出上诉。重庆市高级人民法院经审理，判决驳回上诉，维持原判。

某市公安局分局在侦办医药公司内部员工内外勾结职务侵占一案过程中，发现相关事实与法院判决认定事实存在矛盾，并就应某涉嫌犯罪情况向检察机关进行通报。因涉嫌虚假诉讼，重庆市人民检察院依职权审查后，向最高人民检察院提请抗诉。最高人民检察院审查后，认为本案确实涉及虚假诉讼，向最高人民法院提出抗诉。最高人民法院指令重庆市高级人民法院再审。重庆市高级人民法院经过审理，依法撤销一审、二审判决，并驳回应某的诉讼请求。

本案中，检察机关能动履职，通过采取向公安机关和金融机构查询、调取相关证据材料，询问当事人和案外人等调查措施，查明应某与某医药公司之间并不存在真实的借款关系，某变电公司并未代为履行涉案借款协议，某医药公司也未实际收到应某履行270万元"借款"的转账支票等事实，使相关证据形成了完整的证据链条，有效

---

❶ 汤维建. 民事检察监督制度的定位 [J]. 国家检察官学院学报，2013，(2).

证明了应某等人单方进行虚假诉讼，掩盖高利贷非法利益的有关情况，实现了精准监督的目标。

【主要法律问题】

民事诉讼检察监督的情形有哪些？

【理论分析】

依据《民事诉讼法》，在民事诉讼领域，最高人民检察院对各级人民法院已经发生法律效力的判决、裁定，上级人民检察院对下级人民法院已经发生法律效力的判决、裁定，发现有《民事诉讼法》第207条规定情形之一的，或者发现调解书损害国家利益、社会公共利益的，应当提出抗诉。地方各级人民检察院对同级人民法院已经发生法律效力的判决、裁定，发现有《民事诉讼法》第207条规定情形之一的，或者发现调解书损害国家利益、社会公共利益的，可以向同级人民法院提出检察建议，并报上级人民检察院备案；也可以提请上级人民检察院向同级人民法院提出抗诉。各级人民检察院对审判监督程序以外的其他审判程序中审判人员的违法行为，有权向同级人民法院提出检察建议。

《民事诉讼法》第207条具体言指如下情形：有新的证据，足以推翻原判决、裁定的；原判决、裁定认定的基本事实缺乏证据证明的；原判决、裁定认定事实的主要证据是伪造的；原判决、裁定认定事实的主要证据未经质证的；对审理案件需要的主要证据，当事人因客观原因不能自行收集，书面申请人民法院调查收集，人民法院未调查收集的；原判决、裁定适用法律确有错误的；审判组织的组成不合法或者依法应当回避的审判人员没有回避的；无诉讼行为能力人未经法定代理人代为诉讼或者应当参加诉讼的当事人，因不能归责于本人或者其诉讼代理人的事由，未参加诉讼的；违反法律规定，剥夺当事人辩论权利的；未经传票传唤，缺席判决的；原判决、裁定遗漏或者超出诉讼请求的；据以作出原判决、裁定的法律文书被撤销或者变更的；审判人员审理该案件时有贪污受贿，徇私舞弊，枉法裁判行为的。

在上述案例中，检察机关查明了新的足以证明应某与某医药公司之间并不存在真实借款关系的证据材料，证实应某等人进行虚假诉讼以掩盖高利贷非法利益，符合《民事诉讼法》第207条规定情形，依法开展检察监督，维护了法律的公平正义与当事人的合法权益。

三、行政诉讼检察监督

 **案例二　潘某与福建省某市公安局某区分局行政诉讼检察监督案**

【基本案情】

2014年1月15日，福建省某市公安局某区分局（以下简称某区公安局）以潘某殴打郑某致其轻微伤为由，决定对潘某处以行政拘留七日并罚款五百元，并于当日将潘某送至某市拘留所执行拘留。市拘留所于当日发出建议停止执行拘留通知书，拘留决定未能执行。2014年6月20日，某区公安分局再次针对潘某的同一个行为作出内容相同、文号相同的行政处罚决定书，并对潘某执行行政拘留。

2014年9月1日，潘某向某市某区人民法院提起行政诉讼，请求撤销某区公安分局于2014年6月20日作出的行政处罚决定。某区人民法院一审驳回潘某的诉讼请求。潘某随即向某市中级人民法院提出上诉，某市中级人民法院驳回上诉，维持原判。潘某申请再审，福建省高级人民法院裁定驳回再审申请。

2016年6月15日，潘某向某市人民检察院申请监督，某市人民检察院提请福建省人民检察院抗诉。

福建省人民检察院经查阅卷宗、调查核实，认为本案被诉行政行为系某区公安分局于2014年6月20日作出的行政处罚决定，虽然申请人提出的原审判决采信证据不合法、违反举证分配原则等申请监督理由不成立，但被诉行政处罚存在以下违法情形：2014年1月15日，某区公安分局决定对潘某处以行政拘留七日并罚款五百元，在送交某市拘留所执行行政拘留时，某市拘留所发出建议停止执行拘留通知书，随后某区公安分局将潘某释放。根据公安部《关于印发关于行政拘留执行有关问题的意见的通知》相关规定，应视为拘留决定机关同意停止执行行政拘留，行政拘留决定终止执行。在事隔5个多月之后，某区公安分局重新作出相同文号、相同内容的行政处罚决定书，违反了"一事不再罚"原则，将潘某再次执行拘留，亦明显违法。

福建省人民检察院认为，某市中级人民法院认定被诉行政处罚决定书合法，系认定事实的主要证据不足，适用法律、法规确有错误。2018年1月16日，福建省人民检察院向福建省高级人民法院提出抗诉。

福建省高级人民法院于2018年2月8日作出裁定，指令某市中级人民法院再审。2020年5月29日，某市中级人民法院作出再审判决，认为2014年1月15日的行政处罚决定应不再执行，公安机关对同一个行为再次作出内容完全相同的行政处罚决定书，属一事重复处罚，程序违法，判决撤销原一、二审判决及被诉行政处罚决定。

【主要法律问题】

行政诉讼检察监督的情形有哪些？

【理论分析】

依据《行政诉讼法》，在行政诉讼领域，最高人民检察院对各级人民法院已经发生法律效力的判决、裁定，上级人民检察院对下级人民法院已经发生法律效力的判决、裁定，发现有《行政诉讼法》第91条规定情形之一的，或者发现调解书损害国家利益、社会公共利益的，应当提出抗诉。地方各级人民检察院对同级人民法院已经发生法律效力的判决、裁定，发现有《行政诉讼法》第91条规定情形之一的，或者发现调解书损害国家利益、社会公共利益的，可以向同级人民法院提出检察建议，并报上级人民检察院备案；也可以提请上级人民检察院向同级人民法院提出抗诉。各级人民检察院对审判监督程序以外的其他审判程序中审判人员的违法行为，有权向同级人民法院提出检察建议。

《行政诉讼法》第91条具体言指如下情形：不予立案或者驳回起诉确有错误的；有新的证据，足以推翻原判决、裁定的；原判决、裁定认定事实的主要证据不足、未经质证或者系伪造的；原判决、裁定适用法律、法规确有错误的；违反法律规定的诉讼程序，可能影响公正审判的；原判决、裁定遗漏诉讼请求的；据以作出原判决、裁定的法律文书被撤销或者变更的；审判人员在审理该案件时有贪污受贿、徇私舞弊、枉法裁判行为的。

在上述案例中，福建省人民检察院发现某市中级人民法院在行政诉讼中，认定事实的主要证据不足，适用法律、法规确有错误，符合《行政诉讼法》第91条规定的情形，可以依法提出抗诉，履行检察监督职能。

四、刑事诉讼检察监督

相较于民事诉讼检察监督与行政诉讼检察监督，刑事诉讼检察监督要更为复杂和具体。依据《刑事诉讼法》的相关规定，在刑事诉讼领域，检察监督依据刑事诉讼程序的不同可以分为四个方面。

其一，立案监督，人民检察院认为公安机关对应当立案侦查的案件而不立案侦查的，或者被害人认为公安机关对应当立案侦查的案件而不立案侦查，向人民检察院提出的，人民检察院应当要求公安机关说明不立案的理由。人民检察院认为公安机关不立案理由不能成立的，应当通知公安机关立案，公安机关接到通知后应当立案。

其二，侦查监督，主要涉及对强制措施的批准与实施、侦查手段的合法性、侦查手段是否侵害公民合法权利、侦查程序是否合规的监督。

其三，审判监督，人民检察院发现人民法院审理案件违反法律规定的诉讼程序，有权向人民法院提出纠正意见。地方各级人民检察院认为本级人民法院第一审的判决、裁定确有错误的时候，应当向上一级人民法院提出抗诉。最高人民检察院对各级人民法院已经发生法律效力的判决和裁定，上级人民检察院对下级人民法院已经发生法律效力的判决和裁定，如果发现确有错误，有权按照审判监督程序向同级人民法院提出抗诉。

其四，执行监督，人民检察院对执行机关执行刑罚的活动是否合法实行监督。如果发现有违法的情况，应当通知执行机关纠正。

五、公益诉讼检察监督

案例三 六盘水市钟山区人民检察院与钟山区某镇政府公益诉讼检察监督案

【基本案情】

自 2015 年以来，六盘水市钟山区某镇政府在缺乏规划、土地、环保等一系列审批手续，未采取防渗漏、防扬散、防臭气等环保措施的情况下，将镇政府周边及附近村落的垃圾运送至某处违法占地堆放。2019 年，在对堆放垃圾进行清运后，某镇政府仍继续违规倾倒垃圾。至 2020 年 7 月，所倾倒垃圾违法占用土地面积达 1687.7 平方米，堆放量达到 4507.5 立方米，对当地的生态环境造成了严重污染。

钟山区人民检察院在开展公益监督巡查时发现了这一情况，并于 2019 年 1 月 25 日对这一情况立案。经过实地调查取证和对周边居民的走访，钟山区人民检察院对镇政府违法倾倒垃圾污染环境的行为予以查明，证实了某镇政府未依法履行辖区垃圾管理和环境保护职责的事实。在此基础上，钟山区人民检察院向该镇政府发出诉前检察建议，建议某镇政府积极治理垃圾堆放场，消除因垃圾堆放造成的环境污染。同年 3 月 20 日，某镇政府书面回复称，已对垃圾堆放和环境污染行为进行整改。同年 4 月 10 日，钟山区人民检察院实地调查，发现堆放垃圾已被清运。

2020 年 7 月，按照公益诉讼"回头看"常态化要求，钟山区人民检察院对当地的垃圾污染问题开展"回头看"，发现某镇政府仍继续在同一地点倾倒和堆放垃圾，且体量更大，垃圾成分更为复杂，环境污染问题进一步加剧。钟山区人民检察院遂重新启动调查核实工作，通过实地走访调查，查阅钟山区土地规划等相关书证，查明相关土地性质为控制建设区。经委托专业机构进行测绘，确定了该垃圾场占用林地及农用地面积，也确定了堆放工程量。同年 9 月 18 日，经环境专家评估认为，垃圾堆放时间长、堆放量大、现场恶臭且混乱，安全隐患高，环境影响大，结论为：该垃圾场已严重污染水环境、大气环境、土壤环境，危害周边居民身体健康，造成当地居民生活质量下降，产生严重的环境影响，必须进行治理。某镇政府未依法全面履职，导致环境污染"反弹回潮"，社会公共利益持续受到侵害。

2020 年 10 月 12 日，钟山区人民检察院依法向钟山区人民法院提起行政公益诉讼。同年 12 月 3 日，钟山区人民法院按照贵州省高级人民法院环境资源案件集中管辖规定，将该案移送六盘水市水城区人民法院管辖。2021 年 4 月 7 日，水城区人民法院公开开庭审理该案。庭审中，检察机关围绕某镇政府未全面依法履职，在原违法倾倒垃圾地继续实施违法行为，导致社会公共利益持续受到侵害进行举证和论述。法院完全采纳检察机关意见，并当庭宣判：确认某镇政府堆放垃圾行为违法；判令某镇政府在判决生效后 60 日内依法履行垃圾监管职责，消除环境污染。判决生效后，某镇政府制定整改治理方案，共清运垃圾 3000 余吨，恢复污染土壤 5 亩，垃圾污染环境问题得到有效治理。

2021 年 6 月，钟山区人民检察院到某镇曾堆放垃圾现场查看，垃圾已清运，垃圾场已覆土复绿。

【主要法律问题】

公益诉讼检察监督的情形有哪些？

【理论分析】

近年来，除了在传统的诉讼领域履行法律监督职责，检察机关在公益诉讼领域的监督职能亦受到重视。依据我国《行政诉讼法》第 25 条的规定，人民检察院在履行职责中发现生态环境和资源保护、食品药品安全、国有财产保护、国有土地使用权出让等领域负有监督管理职责的行政机关违法行使职权或者不作为，致使国家利益或者社会公共利益受到侵害的，应当向行政机关提出检察建议，督促其依法履行职责。行政机关不依法履行职责的，人民检察院依法向人民法院提起诉讼。行政公益诉讼本质上乃是检察监督职能的一种具体体现，通过对违法行政行为提起公益诉讼，确立违法行政机关的被告身份，并对其进行司法审查，检察权实现了对行政机关及其行政权力的法律监督。

第四编 方法论

CHAPTER 14　第十四章

法律解释

 **本章知识要点**

（1）了解法律解释的概念；（2）掌握法律解释的原则；（3）学习掌握法律解释的主要方法。

法律解释是法律实施的前提，抽象的法律条文只有通过解释者的解释才能变得实际有效，才能与复杂多变的现实生活对接。法律解释中的一个基本问题，是在对法律的理解和适用中如何妥善处理法律的确定性和妥当性的关系，这在很大程度上也就是法治视野中的规则制约与人的自由裁量的关系问题。法律解释作为一种实在的法律活动，大体上可以分为理论和操作两个方面。理论方面以探讨和厘定法律解释的概念为依归，回答的基本问题是何谓法律解释；操作方面的基本问题是如何操作法律解释，即了解解释方法和解释制度，回答的基本问题是如何进行法律解释的操作，具体包括探讨法律解释的具体方法和规则，寻找将个案事实与法律正当连接的合理途径。

第一节　法律解释的概念

理论上，有法律就会有法律解释活动。法律解释的历史与法律存在发展的历史同样久远。❶ 因此对于法律解释概念的考察首先可以从历史的视角进行，这一视角既可以从内在视角考察法律解释自身，也可以从外在视角考察人类社会不同阶段对法律的需求，以及这种需求对于法律解释活动的影响。

一、法律解释的定义

对于法律解释的概念，不同学者往往有不同的理解和界定。那么就国内学者在不同时期对于法律解释的界定进行分析比较，可以看出国内学者对于法律解释认识发展

---

❶ 梁慧星. 民法解释学 [M]. 北京：中国政法大学出版社，1995：4-5.

的过程，并且有助于概括和发现其中具有共性或者通约意义上的认识。

1955年由苏联科学院法学研究所编的《马克思列宁主义关于国家与法权理论教程》中，将法律解释定义为"阐明法律或国家政权的其他文件的意义与内容，即成为解释。在将法律或其他文件适用到具体的、实际的、需要根据法权进行判决的案件上时，就应该对这一法律或其他文件进行解释"。❶需要说明的是，当时苏联法学法理论教材对于法律解释的观点与大多数西方学者的观点一致，就是普遍将法律解释与具体个案中的法律适用与司法裁判相联系。

1982年中国人民大学孙国华教授在《法学基础理论》一书中，将法律解释定义为："法律的解释是科学地阐明法律规定的内容与含义，确切地理解法律规范中所体现的统治阶级的意志，从而保证法律规范的准确适用。"❷

1984年北京大学法律系主编的《法学基础理论》一书中，将法律解释定义为："法律解释同法律的实施、执行和适用有着密切联系。""按照通常的理解，法律解释，就是根据统治阶级的政策、立法意图和法律意识对法律规定的具体内容和含义作必要的说明。"❸

1984年中国大百科全书对于法律解释的界定是："对法律规范的含义以及所使用的概念、术语、定义所作的说明。"❹

1988年孙国华教授在一篇发表的学术论文中阐明了新的观点，认为："法律解释实际上包含了三方面的内容：一是确定法律规范的内容，探究立法意图（包括立法者立法时的主观意图和法律本身反映出的客观的立法目的与意图），说明法律规范的一种行为和过程；二是规定法律解释的主体、权限、程序、方式和效力等问题的独立解释制度；三是法律解释过程中作为技术所运用的一系列规则和方式。法律解释是动态（行为与过程）、静态（法律解释制度）和技术三者构成的统一整体。"❺

1994年北大沈宗灵教授主编的法理学教材认为："法律解释是指对特定法律规定意义的说明。"从广义上讲，法律解释包括对宪法、法律和法规的解释，从狭义讲则不包括对宪法的解释。"法律解释既是实施法律的一个前提，也是发展法律的一个方式。"❻

1995年中国社科院法学所梁慧星教授在著作中提出："法律解释乃是法律适用之不可欠缺的前提，为了解决具体的案件，必须获得作为大前提的法律规范。这种获得作为判决大前提的法律规范作业，亦即广义的法律解释。具体来说，广义的法律解释包括三项内容：其一是在有可适用的法律规范情况下确定法律规范的意义内容的作业，即狭义的法律解释；其二是在没有可适用的法律规范的情况下的漏洞补充；其三是在

---

❶ 苏联科学院法学所. 马克思列宁主义关于国家与法权理论教程［M］. 北京：中国人民大学出版社，1955：505.
❷ 孙国华. 法学基础理论［M］. 北京：法律出版社，1982：206.
❸ 北京大学法律系法学理论教研室. 法学基础理论［M］. 北京：北京大学出版社，1984：428.
❹ 中国大百科全书. 法学［M］. 北京：中国大百科全书出版社，1984：81.
❺ 孙国华，郭华成. 法律解释新论［J］. 政治与法律，1988（5）.
❻ 沈宗灵. 法理学［M］. 北京：高等教育出版社，1994：420-421.

法律规定因为过于抽象一般而不确定的情况下的价值补充。"❶

1997年北大苏力教授撰文认为："司法中所说的法律解释并不限于对法律文本的理解，甚至主要不是对法律文本的解释。尽管哲学阐释学意义上的解释存在于任何人类活动之中，因此必然存在于任何案件审理之中，但是司法上所说的法律解释往往出现在疑难案件中，这时法官或者学者往往将这个适用法律的过程或者法律推理的过程概括为'法律解释'，其中包括类比推理、'空隙立法'、剪裁事实、重新界定概念术语乃至'造法'。法律文本的解释是狭义上的法律解释。"❷

1998年北大青年学者郑戈撰文认为："有两种最基本的'法律解释'模式：一种可以称为'法律开示'模式（discovery of law），即把法律视为既存的、不容违背的'客观'规则，解释者只能尽力去发现其真实含义，并将之揭示出来，适用于具体个案；另一种是'法律阐释'模式（interpretation of law），法律条文只提供一种供解释者在其中进行解释活动的结构，法律的含义最终取决于解释行动者与结构之间的互动以及解释者之间的交流与共识。"❸

上述九种对于法律解释的界定，一般都把法律解释理解为对"法律规定"或"法律规范"的意义内容的阐释和说明。据此，我们采纳张志铭教授提出的具有操作性的法律解释的定义，即：法律解释是对法律文本的意思的理解和说明。其中"法律"主要指制定法；"法律文本"指"法律条文"；"意思"就是通常所说的"含义""意义""指称"，包括内涵和外延；"说明"指对理解结果的外在展示。简单地说，法律解释就是解释者将自己对法律文本的意思的理解通过某种方式展示出来。❹

二、法律解释的领域

法律解释的领域实际上就是什么时候需要或存在法律解释的问题。这个问题主要涉及法律解释是否存在于立法和法律实施两个领域。由此带来的问题是：法律解释是否只存在于法律实施领域，不存在于立法领域；如果法律解释只存在于法律实施领域，那么法律解释是存在于法律实施的所有环节还是只存在于其中的某个或某些环节？对此，学界有诸多分歧，这从上述法律解释的不同定义中就可以反映出来，比如前面所述不少学者认为法律解释存在于法律实施环节，甚至主要疑难案件的法律适用问题（比如前述苏力教授的观点）。❺ 对于立法领域的法律解释，有学者认为是立法而不是法律解释。❻

对于上述分歧，张志铭教授提出了以下两个方面的分析和认识。

第一，法律解释作为一种解释现象，其存在的领域可以也应该有最广泛的理解，

---

❶ 梁慧星. 民法解释学［M］. 北京：中国政法大学出版社，1995：420-421.
❷ 苏力. 解释的难题：对几种法律文本解释方法的追问［J］. 中国社会科学，1997（4）.
❸ 郑戈. 法律解释的社会构造［M］//梁治平. 法律解释问题. 北京：法律出版社，1998：65-86.
❹ 张志铭. 法律解释学［M］. 北京：中国人民大学出版社，2015：11.
❺ 苏力. 解释的难题：对几种法律文本解释方法的追问［J］. 中国社会科学，1997（4）.
❻ 陈金钊. 何谓法律解释［J］. 法治论坛，2001（1）.

不能简单地认为法律解释只存在于特定的领域，比如只存在于法律实施领域。因为解释活动本身是人类社会普遍存在的现象。"解释"具有本体论上的意义，并不单纯是认识论和方法论上的研究对象：解释根植于理解，是理解的发展和实现，而理解是人类存在的方式，有人在就会有人的理解和解释，就会有解释活动。由此看来，所有的法律活动，包括立法、执法、司法、法律监督、法学研究和教学、法律服务、法律宣传等活动，都属于广泛意义上的理解和解释活动，所以，法律解释现象在法律实践中是一个普遍的存在，法律实施活动中有法律解释，立法活动中也同样存在，立法是一个前后相承、上下左右有机联系的体系，当然存在明显的解释现象。至于解释主体的有效性以及权威性，则是另一个问题。并且，现代社会传统立法与法律实施两分的格局已经被打破，实践中出现了兼有立法与法律实施性质的法律解释的交叉活动。例如，有行政机关获得了立法授权，其作为执法机关也有了立法的权限，对于行政立法也会有相应的行政解释，比如国务院制定的行政法规。而最高法、最高检所作的司法解释也有很多属于立法的范畴。因此，实践中这种立法、执法、司法交错的现象，无法将法律解释只限定于法律实施领域。

第二，退一步说，承认法律解释作为一种法律解释现象普遍存在于法律活动的不同领域，也不妨碍对于存在于不同领域或场合的法律解释进行区分。并且，这种区分不仅可以而且必需，因为实践中需要，其目的是不使法律解释的认识限于泛泛而导致混乱。❶

这就是说，在承认法律解释普遍存在的同时，也要严格区分不同性质的法律解释，比如立法解释、法律实施中的解释。后者包括针对具体个案的"具体解释"和介于立法与法律实施之间的"抽象解释"，我们知道，抽象解释的目的在于通过解释形成具有普遍法律效力的一般解释规定。

总的来说，法律解释作为一种解释现象，存在于人类法律活动的各个领域，只是不同法律领域的法律解释具有不同的目的和特性。同时也应该承认，在法律实践中，法律解释多数情况下是指个案司法裁判中与法律适用相联系的一项活动，主要指个案裁判中的具体法律解释。

三、法律解释的主体和法律解释权

（一）法律解释的主体

法律解释存在于人类法律活动的各个领域，相应地，法律解释的主体也就非常广泛，包括法官、立法者、学者、律师和当事人。不过，不同法律解释主体对于法律解释的效力是不一样的，因为不同法律解释主体本身的法律地位与影响就不同。国内学界通常根据法律解释主体的不同效力分为法定解释和无权解释两类，法定解释又称为有权解释，是指拥有法定解释权的国家机关，如全国人大及其常委会、国务院及其职

---

❶ 张志铭. 当代中国法律解释问题研究［J］. 中国社会科学，1996（5）.

能部门、最高人民法院、最高人民检察院等对法律作出的具有普遍效力的法律解释。法定解释又可以根据解释的国家机关不同，进一步划分为立法解释、行政解释、司法解释三个类别。

学理解释属于无权解释，是指没有法定解释权的学者、律师或者团体对于法律所作出的不具有法律效力的解释，其中法律学者、专家在著述、教义所作的解释常被法定解释机关引用而具有较大的影响。也有学者认为，法律解释可区分为裁判解释、学说解释和当事人解释三种，其中裁判解释具有法律效力。❶

（二）法律解释权

不同的法律解释主体作出的法律解释效力不同的背后，其实就是法律解释权的问题。将法律解释视为一种权力，并将这种权力限定于少数法定主体，进而将法律解释进行垄断或者控制，在中外的历史上由来已久。中国古代战国时期的商鞅变法，为了树立法律权威，就首创官方释律（解释法律）的制度，要求"以吏为师"，"法无二解"，严禁私家注律。❷ 此后各朝，统治者多压制私家注律，除非得到官方承认。

历史上，西方大陆法系国家普遍设立法律解释权。公元1世纪前后，罗马皇帝奥古斯丁首创了法律解答权制度，用以解决法律适用中解释混乱问题。当时一些业绩优异的法学家被官方授予解释法律的资格，这样就使法律解释权与国家权力联系在一起。❸ 公元6世纪，罗马皇帝查士丁尼借助法学家完成《国法大全》之后，在正式颁行《国法大全》时，就发布禁令，禁止在裁判中参考法学家的著作，同时也禁止包括法学家在内的个人作任何评注，意图维护皇帝和法典的绝对权威。为此，罗马皇帝甚至不惜焚毁了编纂《国法大全》的法学家手稿，❹ 这其实与秦始皇的焚书坑儒异曲同工。1794年，普鲁士皇帝威廉二世在近代启蒙思想的影响下主持编纂了1.7万余条的《普鲁士邦法》，法典公布的同时，德皇又发布敕令，明确禁止法官出于任何理由对法律进行解释，如果有疑问，只能向国家设立的"立法委员会"提出咨询。❺ 同样的事情法国也有，拿破仑主持编纂《拿破仑民法典》之后，不希望那些曾经帮助他制定法典的法学家进行评注，用的手段是希望不要公开发表，但是在他战败退位后，就有评注公开发表，传说他听到这一消息，惊呼"我的民法典完了！"❻

从上述中外历史的情况可以看出，一方面有法律就会有对于法律的解释需求，并且这种需求促进了法律的发展和法学的繁荣；但是另一方面，统治者害怕对法律的自由解释导致法律权威的削弱，往往采取限制甚至是控制的措施，将解释权纳入官方的

---

❶ 张志铭. 当代中国法律解释问题研究 [J]. 中国社会科学，1996（5）.
❷ 商鞅，等. 商君书. 定分 [M]. 北京：中华书局，2011：定分二十六. 172.
❸ 张志铭. 法律解释学 [M]. 北京：中国人民大学出版社，2015：16.
❹ [美] 梅里曼. 大陆法系 [M]. 顾培东，禄正平，译. 北京：法律出版社，2004：6-13.
❺ [德] 茨威格特，H 克茨. 比较法总论 [M]. 潘汉典，等译. 贵州：贵州人民出版社，1992：166.
❻ [美] 梅里曼. 大陆法系 [M]. 顾培东，禄正平，译. 北京：法律出版社，2004：61.

控制之下。

近代以来，随着理性启蒙运动的发展，法治观念不断深入人心，大陆法系解释权的发展又有了一些新的因素值得注意：一是法律解释权的建立并不是要排除民间尤其是学者对法律的解释，而是出于分权的考虑，防止法官借解释法律滥用司法权，进而损害立法的权威；二是法律解释权的设立一般由立法机构或者附属于立法机关的专门机构行使，体现了一种立法对于司法的制衡；三是法律解释的产生背景都是由个案裁判适用而起。随着法律解释的发展，法官由此开始有公开的解释权，如普通法系统的法官拥有解释权，或不公开的解释权；如大陆法系虽然不公开承认法官有解释权，但实际上默认了法官在法律适用中有填补法律缺漏的作用。

（三）我国的法律解释权制度

1949 年 9 月通过的《中央人民政府组织法》第 7 条规定，中央人民政府委员会有权制定并解释国家的法律。1954 年《宪法》第 31 条规定，全国人大常委会有权解释法律，1975 年《宪法》保留了此项权力，1978 年《宪法》和 1982 年《宪法》则更进一步，增加了全国人大常委会"解释宪法"的权力。1979 年通过并经 1983 年、1986 年和 2006 年三次修订的《人民法院组织法》第 33 条规定："最高人民法院对于在审判过程中如何具体应用法律、法令的问题，进行解释。"全国人大常委会还于 1955 年和 1981 年先后两次就法律解释问题作出专门决议，其中后者在前者的基础上就法律解释的对象、主体、权限划分、内容、争议等方面做了原则性规定，确立了中国法律解释体制的基本框架。

1981 年第五届全国人大第十九次会议通过了《关于加强法律解释工作的决议》，明确了法律解释的四项原则性规定：

一、凡关于法律、法令条文本身需要进一步明确界限或作补充规定的，由全国人民代表大会常务委员会进行解释或用法令加以规定。

二、凡属于法院审判工作中具体应用法律、法令的问题，由最高人民法院进行解释。凡属于检察院检察工作中具体应用法律、法令的问题，由最高人民检察院进行解释。最高人民法院和最高人民检察院的解释如果有原则性的分歧，报请全国人民代表大会常务委员会解释或决定。

三、不属于审判和检察工作中的其他法律、法令如何具体应用的问题，由国务院及主管部门进行解释。

四、凡属于地方性法规条文本身需要进一步明确界限或作补充规定的，由制定法规的省、自治区、直辖市人民代表大会常务委员会进行解释或作出规定。凡属于地方性法规如何具体应用的问题，由省、自治区、直辖市人民政府主管部门进行解释。

2000 年出台、2015 修订的《立法法》第 45 条明确规定："法律解释权属于全国人民代表大会常务委员会。法律有以下情况之一的，由全国人民代表大会常务委员会解释：（一）法律的规定需要进一步明确具体含义的；（二）法律制定后出现新的情况，需要明确适用法律依据的。"2000年后，全国人大常委会出台的法律解释与日俱增。同时，全国人大在自己制定的法律中，常授权国务院（报全国人大备案）、国务院各部委（报国务院备案）、省级人民政府（报国务院和本级人大常委会备案）、省级地方人大常委会（报全国人大常委会和国务院备案）等制定"实施条例""实施办法""实施细则"或者"补充规定"，这其实是授权法律解释或者授权立法。

第二节　法律解释的原则

法律解释必须遵循的原则，其实与三个方面的因素有关。首先是与法律解释的目标、目的相关，法律解释的目的是揭示法律条文的意义，使其能够适用于具体的案件，这里涉及的主要因素是法律解释的对象（法条）和法律解释的目标；其次，法律解释的原则还跟法律解释的认知模式有关，确定性、普遍性和稳定性是法律的基本属性，法律解释活动本身包含着对这些法律基本属性的认同，解释者对于法条的解释必须以承认和服从法条的权威为前提；最后，基于上述观点，法律解释应当坚持维护法治的立场，遵循法律解释的程序和规则，这构成了法律解释的基本原则。

一、法律解释的对象与目标

法律解释是对法律文本意思的理解与说明，如果仔细辨别，可以发现法律解释的对象与目标是两个不同的概念。法律解释的对象是作为法律意义或意旨表达方式的法律文本，包括法律条文、立法文献、立法理由书、草案、审议记录等，还包括立法当时的社会、经济、政治、技术等附随的情况。

法律解释的目标是解释者通过对法律文本的解释而探明法律规范的法律意旨或意义。❶这其实与人们通常理解的形式与内容的区别大体相当，这里需要说明下，"文本"是哲学解释学广泛使用的一个术语，按照法国哲学家利科的界定，"文本就是任何由书面所固定下来的话语"，它是语言实现的合理形式，是与言谈话语相对应的书写的话语。❷这里需要强调的是，法律文本与其他文本比如文学作品等最大的区别是它的权威性和规范性。对法律文本的解释，必须用立法的语言，追求表意的平实、直接、准确和严谨，不能用比喻、夸张等文学修辞手法，也不能用感叹号、问号、省略号等标点符号。法定的解释必须遵守法定制度和法定程序。

二、法律解释的认知模式

如何通过法律文本探究法律意旨或法律的意义呢？用什么标准衡量法律文本的意

---

❶ 梁慧星. 民法解释学 [M]. 北京：中国政法大学出版社，1993：205.
❷ [法] 利科. 解释与人文科学 [M]. 石家庄：河北人民出版社，1987：41. 转引自张志铭. 法律解释学 [M]. 北京：中国人民大学出版社，2015：19.

义或意思呢？这在理论和实践中都存在复杂的争论。简单地说，这里面涉及法律文本本身（法条）、立法者和解释者三个方面的因素或者说复杂关系，以及与此三个因素相关联的不同认识模式。从逻辑上，跟这三个因素相关，就有三种不同法律解释标准的认知主张，分别是立法原意说、文本决定说和解释者主体说。❶

（1）立法原意说立足于立法者的原意，认为法律解释的目标就是探究立法的原意，也就是探究立法者在制定法律时的意图、目的。立法原意说的根据是自然而普遍的，也就是认为法律与其他文本形态一样，都是立法者（或作者）有意识、有目的的活动的产物，是立法者的内在思维活动、价值取向的外化，那么解释的目标就应该是探究立法者的原意。特别是当今在绝大多数国家，立法者往往是最高民意机关，体现着民意，因此无论从认知的角度还是从政治哲学原理的角度，立法原意说都具有实质意义上的正当性。

（2）文本决定说立足于法律文本，也就是法律条文、法律文献等。这种主张认为法律解释就是探究法律文本本身的合理意思。其主要理由是：法治原则所要求的是法律本身的统治，而不是法律制定者的统治；法律一经制定，便与立法者分离而成为一种独立的存在，立法者立法时的意图或目的并不具有约束力，具有约束力的是法条，也就是存在于法律文本中的合理的意义。美国大法官霍姆斯曾说："我们所问的不是（作者）想说的，而是使用这些词的环境中，在一个普通说英语者口中这些词将会有的意义。"❷ 文本决定说主张以一种共识意义上的形式正当性，要求法官或者解释者按照同一语言共同体成员所理解的法律条文的意思来解释法律。

（3）解释者主体说立足于解释者主体的观点，认为，法律文本（法律条文等法律规定）的意思取决于解释者的理解，实际上也就是解释者所理解的意思。英国的霍德利主教宣称："正是那些有绝对权力解释任何成文或口述法律的人，而不是首先写就或口述法律的人，才是法律意图和目的的给予者。"❸ 这种主张在英美普通法系的国家比较普遍，因为在普通法传统中，他们所施行的法律绝大部分是判例法，实质就是法官判决形成的法律，法院或者法官本身就具有立法的权力以及法律解释的权力，因此解释者主体说在这些普通法系的国家具有较大的接受度。但是这种主张在法国等大陆法系传统的国家没有容身之处。

以上三种不同的法律解释的主张或者说观点，包含了对法律解释目的正当性的不同认知或者说分歧，这与近代以来传统的认识论和反映论的一致性受到怀疑论冲击有关。也就是人们后来发现，立法原意、文本语义与解释者理解之间并不总是一致的，这种情况在疑难案件中表现得更为明显，在这种情况下，解释者就不得不在立法原意、文本语义以及解释者理解之间进行选择，实践中，这种选择的背后与一国特定的法律

---

❶ 张志铭. 法律解释学［M］. 北京：中国人民大学出版社，2015：25.
❷ ［美］波斯纳. 法理学问题［M］. 苏力，译. 北京：中国政法大学出版社，1994：333.
❸ 转引自哈特. 法律的概念［M］. 张文显，等译. 北京：中国大百科全书出版社，1996：140.

文化以及正当性资源有关。比如，北欧等注重立法机关权威的国家会选择立法原意，德国等注重逻辑的国家会选择法律文本语义，而普通法国家更倾向于法官解释，也就是解释者的理解。

三、法律解释的立场与原则

（一）坚持法治与法律确定性的立场

传统形式主义对于法律确定性有一个预设的理想图景，就是法律的确定性与逻辑自足性相联系，法律对于所有的具体案件都有一个唯一正确的答案，解释和理解法律的过程也是一个纯客观的、机械的反映过程，就是主观反映客观，不需要也不应该掺杂主观选择因素或者自由裁量。但是这种预设被证明不切实际，因为人们在实践中发现，在法律适用的问题上，常常出现有些疑难案件没有明确的答案，也就是有些案件缺少法律规定，或者有些疑难案件同时存在两个或两个以上正确答案的情况，从而需要法律适用者作出自由裁量。对此，作为法律人，应该反对那些以偏概全的规则怀疑者的诘难。实际上，确定性、普遍性和稳定性都是法律的基本属性，也是法律、法治的基本价值所在，不能因为在一些疑难案件中存在自由裁量就否定整个法律的确定性。作为法治的维护者，承认在一些疑难案件中存在法官的自由裁量这一点，并不意味着对法律确定性或者客观性的否定，因为其与不确定或主观任意性完全对立，并且法律的确定性和客观性可以有更为适切的含义。

对此，张志铭教授指出，除了传统意义上的主客观符合论上的客观确定性，在社会生活中还存在着另一种确定性，就是交流或交谈意义上的合理性。在一些疑难案件中，出现没有答案或者多个选择的情形下，可以通过有说服力的合理根据而非主观臆断进行裁断，这种交流或交谈意义上的妥当性也是一种确定性。❶ 美国学者波斯纳进一步指出，疑难案件相比所有案件来说，在总量上是少数，绝大多数的简单案件完全可以通过传统的形式主义的确定性和主客观的符合性得到唯一正确的答案，对于那些总量不足10%的疑难案件，可以选用具有客观性的交流或交谈意义上的合理性进行抉择，并且在一个社会或者共同体中，成员在政治思想、文化传统、价值观念、生活方式等各方面的同质性越高越容易达成共识，也就是交流或交谈意义上的合理性，这样对法律问题的处理也就越具有客观性。❷

另一方面，尽管疑难案件只是较小的比例，但是也不能忽视，需要面对。对于疑难案件背后的原因，学者们也进一步进行了分析，就法律解释而言，一个案件之所以成为疑难案件，主要有以下三个方面的原因。

一是法律本身的空缺性（openness），包括法律条文用语的歧义、模糊、评价性、

---

❶ 张志铭. 当代中国法律解释问题研究 [J]. 中国社会科学, 1996 (5).
❷ [美] 波斯纳. 法理学问题 [M]. 苏力, 译. 北京: 中国政法大学出版社, 1994: 41-42.

笼统等，以及法律在不同时期制定导致的体系上的不连贯、陈旧、缺漏等，这些导致了一些案件成为疑难案件。

二是法律解释方法上的不确定（uncertainty）。它可能是解释方法本身的不确定，即对同一种解释方法，解释者会有不同认识并运用不同的方法，从而产生不同的解释结论。比如刑法中行为无价值与结果无价值解释的不同，就会使同一案件产生不同的结论。

三是价值观念上的分歧（diversity）。法律解释必然直接或间接地涉及法律在一些案件中的诉求、禁止或允许的问题，比如刑法中的法益保护和人权保障的平衡，突出打击犯罪还是着重人权保障的争议，以及不同解释方法使用的争议等，都会导致疑难案件的产生。❶

以上三种因素相互交织、互为因果，导致了法律疑难案件的产生。在这些疑难案件中，由于法律本身的空缺性、法律解释方法的多样性以及解释者在价值观念上的分歧，无法达成传统科学或本体论意义上的确定性。在这种情况下，为了避免僵化、刻板，必然考虑使用交流共识意义上的妥当性进行衡量。尽管这种交流、交谈意义上的合理性（共识）不是"唯一正确"，但是也不是主观任意和不确定的，并且具有过程或程序的合理性和客观性，因而也是一种法律的确定性。❷

（二）法律解释的原则

以探究法律文本意义或意旨为目的的法律解释，隐含了一个预设前提，也就是法律文本与解释者的关系是一种给予和接受的关系，在这种关系中，给予是决定性的，接受只能是给予制约下的接受，因此，解释者对法律文本的理解，应该以承认和服从法律文本的权威为前提，只能在法律文本（法律条文、规定）所允许的范围内展开，不能随心所欲，不顾法律文本本身所涵盖的范围任意驰骋，如果那样做，就不是解释法律了。所以在解释法律时，应该遵循以下四个基本原则。

（1）合法性原则。

合法性原则首先要承认和服从法律的权威，有权解释的法律解释机关遵守法定的权限、程序和内容规定。法律解释必须符合法定的权限和程序，不能越权解释，不能违反相关程序，否则就是无效解释。同时对于下位法的解释，必须以符合上位法规定为前提，不得与上位法抵触，并且最终应符合宪法的规定，也就是符合宪法规范、宪法原理和宪法精神。

（2）合理性原则。

合理性原则也就是前述的妥当性、合理性，是指法律解释必须合乎法理、逻辑、公理和情理。在我国，合理性的内涵是符合我国社会发展实际，符合我国政治、经济、

---

❶ Robert Alexy and Ralf Dreier, " Statutory interpretation in the Federal Republic of Germany," in D. Neil. MacCormick and and Robert S. Summers, Interpretating Statutes：a Comparative Study, PP 74-78. 转引自张志铭. 法律解释学［M］. 北京：中国人民大学出版社，2015：40.

❷ 张志铭. 法律解释学［M］. 北京：中国人民大学出版社，2015：41.

文化等公理，符合社会主义核心价值观；同时，不得违背公序良俗，保持法律、情理和常识的一致性，顺应客观发展规律和社会发展趋势，有利于促进社会发展和进步，要以党和国家的方针政策为指导。

（3）法制统一原则。

这个原则要求法律解释在法治的轨道运行，具体包括：一是对法律解释的概念、术语、条款、规范的解释必须符合相应法律部门和整个法律体系的指导思想和原则，法律解释要有助于维护整个法律体系的统一；二是要在法律解释技术和方法上保持统一，如语言的统一、体例上的统一；三是要协调国内法和国际法，明确国内法与我国已经加入的国际条约或国际惯例冲突时的协调机制，维护整体法制的协调。

（4）历史与现实统一原则。

纵观各国法律发展的历史，任何法律、法规的制定都是在不同历史时期制定的，是历时性的，而不是在同一时间一揽子制定的。一国在不同历史时期所制定的法律都不可避免地带有立法时的时代特点，不能脱离立法当时的立法环境、立法政策、立法目的，还包括当时的立法程序。因此，进行法律解释时必然既要考虑立法当时的历史背景，还要充分考虑已经变化的社会现实和实际需要，做到历史与现实的统一。

第三节 法律解释的方法

一、法律解释方法概述

国内学者对于法律解释的方法的划分多有不同，多数学者认为的法律解释方法主要是文义解释、逻辑解释、历史解释和目的解释四种，这也是国内法理教科书最为常见的四种法律解释方法，追根溯源，这四种方法源自德国十九世纪法学家萨维尼，萨维尼较早系统研究法律解释，提出法律解释的三个要素：逻辑、语法、历史，[1]并据此提出了影响广泛的四种法律解释方法。新近一些学者在法律解释方法的分类上提出了不同的划分，比较有代表性的有：梁慧星教授等提出，法律解释方法分为狭义法律解释和法律漏洞补充两大类，前者包括传统的文义解释、体系解释、目的解释等，后者实际是创制规则，包括依习惯补充漏洞、依法理补充漏洞和依判例补充漏洞；[2] 孙笑侠教授基于分析法律问题切入角度的根本不同，把各种法律解释方法分别归入实证分析方法、社会分析方法和价值分析方法三类；[3] 张志铭教授概括总结了常见的 11 种法律解释方法，分别是语义解释、体系解释、法益解释、目的解释、扩充解释、限缩解释、

---

[1] [德] 雅各布. 格林. 萨维尼法学方法论讲义与格林笔记 [M]. 杨代雄，译. 北京：法律出版社，2014：8.
[2] 梁慧星. 民法解释学 [M]. 北京：中国政法大学出版社，1993：213-297.
[3] 孙笑侠. 法律解释体系重述 [J]. 中外法学，1995（1）.

当然解释、合宪性解释、比较法解释、社会学解释、反对解释;❶ 也有学者认为上述的11种方法大体可以归入几种方法的范畴之内,例如,扩大解释或限缩解释仍然基于语义,结果上的限缩或者扩大并不能算是一种独立的方法。❷

20世纪90年代,英国学者麦考密克、萨默斯组织了英国、美国、德国、意大利、法国等近20位学者,历经7年多考察了英国、美国、德国、阿根廷、芬兰、法国、意大利、波兰、瑞典等9个国家司法裁判实践中使用的法律解释方法,总结为11种常见的方法:普通语义解释、专门含义解释、上下文和谐解释、先例解释、类比解释、逻辑—概念解释、一般法律原则解释、历史解释、目的解释、实体理由解释和意图解释。这11种方法又可以归纳为4类,分别是语义解释方法类、系统解释方法类、目的—评价解释方法类和跨类型意图解释方法类。❸ 这四大类法律解释方法被《法律解释学》等著作引用,因此,本书主要介绍这四大类法律解释的方法。

二、法律解释的主要方法

(一) 语义解释方法类

语义解释主要包括普通含义的解释方法和专门含义的解释方法两种。如果法律规定所用的是普通语词或词组,而且是普通语言中明白的,那么除非有充分理由作出不同的解释,否则就应当以普通说话者理解的标准作出解释;如果法律规定所用的是专门语词或词组,或者具有专门含义的普通语词或词组,那么就应该从专门的语义角度进行解释。

语义解释示例:

(1)"字面解释"的例子:

《刑法》第14条第2款:"故意犯罪,应当负刑事责任。"这里的"应当",实为"必须"。

(2)"语法解释"的例子:

原《民法通则》第117条第2款规定:"损坏国家的、集体的财产或者他人的财产的,应当恢复原状或者折价赔偿。"这里,损坏财产为因,恢复原状或者折价赔偿为果。

(二) 系统解释类方法

如果法律规定属于一个更大的系统(法律体系或法律部门),无论是一项法律还是一组相关的法律,都应该把这一项或一组法律视为一个完整的和谐体系,把所有的要

---

❶ 张志铭. 当代中国法律解释问题研究 [J]. 中国社会科学,1996 (5).
❷ 苏力. 解释的难题:对几种法律文本解释方法的追问 [J]. 中国社会科学,1997 (4).
❸ 转引自张志铭. 法律解释学 [M]. 北京:中国人民大学出版社,2015:70-71. D. N. MacComick and R. S. Summers ed. Interpreting Statues:A Comparative Study [M]. Aldershot, Darmouth, 1991:464-474.

解释的法律规定作为其中一个有机部分，根据上下文和谐、相关判例、类比、逻辑—概念方法、一般法律原则和历史的方法进行解释。因此系统类解释方法具体包括上下文和谐解释方法、判例解释、类比解释、逻辑—概念解释、一般法律原则解释、历史解释六种具体方法。

系统解释示例：

（1）对全国人大常委会关于《刑法》第313条的解释中的开放性规定"其他情节严重情形"必须进行系统性的解释。"其他情节严重情形"必须和该解释所列举的第1种到第4种情形具有可比性，行为人才接受相同的处罚。在适用该空白规定时，需要考虑罪犯的整体行为，评估该行为的严重程度是否与第1至4种情形具有可比性。

（2）《刑法》第93条第1款规定"国家工作人员指在国家机关中从事公务的人员"。此外，根据《刑法》第93条第2款的规定，诸如在国有公司中从事公务的人员也"以国家工作人员论"。

首先，根据《刑法》第93条第2款的这个规定，罪犯必须在国有公司工作。其次，它要求从事的是公务，或者说是公共事务。在国有公司工作的人员可以被认为是为公共利益工作。最高人民法院《关于在国有资本控股、参股的股份有限公司中从事管理工作的人员利用职务便利非法占有本公司财物如何定罪问题的批复》中作了如下解释：在国有资本控股、参股的股份有限公司中从事管理工作的人员，除受国家机关、国有公司、企业、事业单位委派从事公务的以外，不属于"国家工作人员"。❶

（三）目的—评价类解释方法

如果可以确定一项具体的法律规定或者其所在的整个法律的一般目的，那么在个案中对该规定的解释适用应当与其一般目的保持一致；如果这种有某种价值的事物对法律秩序有根本重要性的正当概念，并且能为相应的法律解释所促进，就应选择促进该目标实现的法律解释方法。目的—评价类法律解释方法包括目的解释和实体理由解释两种具体方法，实体理由包括道德考虑、政治考虑、经济考虑或者其他考虑。目的解释的基本预设是，有一种能更好服务于制定法的最终目的的解释方案。目的—评价类解释方法基于人类行为受目的论的支配原理。

目的解释示例：

《刑法》第275条故意毁坏财物罪中的定义要点：私人财产。

（1）关于"私人财产"的定义见《刑法》第92条；要点：毁。

（2）"毁"可以定义为造成物体完全丧失其用途的行为；要点：坏。

（3）"坏"即损坏，指减损其用途。注意这里对于公私财物的毁坏不仅仅限于物理

---

❶ 国家法官学院，德国国际合作机构. 法律适用方法：刑法案例分析方法［M］. 北京：中国法制出版社，2016：52-53.

上的损毁，还包括其他造成物体完全丧失其用途的行为就是目的解释。❶

（四）跨类型立法意图类解释方法

如果能识别具体法律规定的相关立法意图，那么就应该按照对立法意图的某种适当理解，或者着眼于作为立法意图对象的某种要素，比如上述的普通语义或专门语义、目的、一般法律原则等，以保持与立法意图一致的方式解释法律规定。意图解释获得普遍的承认或应用，因为几乎所有国家都把立法意图作为一项崇高的价值。因为意图解释往往通过语义、目的、逻辑的方式实现，所以意图法律解释的方法具有跨类型的特点。这里对于目的和意图的区别，可以简单地认为目的是表层的意图，意图是深层的目的，意图是为了实现深层目的所作的打算。

意图解释示例：

《最高人民法院关于在林木采伐许可证规定的地点以外采伐本单位或者本人所有的森林或者其他林木的行为如何适用法律问题的批复》的司法解释限缩了林木的范围，"除农村居民采伐自留地和房前屋后个人所有的零星林木以外"其实就是基于立法意图的语义上的限缩，具有跨类型意图解释的特点。

三、法律解释不同方法的适用条件

以上简要介绍了四大类 11 种基本的法律解释方法，在法律解释的实践中，因为具体的路径和使用的解释材料不同，各种解释方法的效用也不尽相同。有一点必须明确，使用不同的法律解释方法，就会产生不同的结论，也就是通常所说的法律解释方法产生法律结论或者观点。还有就是，不同的解释方法总是相互作用，很难说哪一种方法处于独立、主导的地位，哪一种方法完全处于辅助地位。比如语义解释，要求必须有明确的语义，如果法律规定有语义歧义、模糊，就需要采用其他的法律解释方法。由此我们也可以看出，法律解释的方法既是解释法律的方法路径，也是法律解释操作应该遵循的准则，还是法律解释结论产生的理由或主张。法律解释方法与解释路径、解释准则、解释结论（观点）或解释理由是可以互换的。在含义上，这 4 种不同的主题词用语是相互隐含、内在联系的，明示其中一种就蕴含了其他 3 种意思。比如，如果法律解释实践中用语义解释方法，那么在这种解释方法中就蕴含了解释的路径（语义解释方式）、解释准则为语义解释准则，解释理由是语义解释的理由或论据。

那么相应的，就前述 4 大类法律解释方法的适用条件而言，如果使用语义解释法律的方法就需要被解释的法律规定有普通的或专门的语义；如果使用系统解释法律的方法，就需要被解释的法律是一个完整的、有机和谐的体系；如果使用目的解释法律的方法，就需要被解释的法律规定可以确定一般目的或者某种价值目标；如果使用意

---

❶ 国家法官学院，德国国际合作机构. 法律适用方法：刑法案例分析方法 [M]. 北京：中国法制出版社，2016：51.

图解释方法解释法律，就需要被解释的法律规定能够识别主观的或者客观的立法意图。

还需要说明的是，法律解释方法与具体的法律解释结论（观点）并不是一回事，尽管法律解释方法的使用可以得出法律解释的结论或者观点。法律解释方法必须有充实的具体的法律解释材料，才可以得出具体的法律解释结论，比如法律条文的具体规定、判例、一般法律原则、其他相关法律的法律解释等权威材料，还包括辞典、语法书、专门术语词典等非权威的材料。

四、法律解释不同方法的优先性

不同的法律解释方法都具有制度上的正当性，并且不同法律解释方法也可以同时使用，不过不同法律解释方法产生的结论却不尽一致，这里就有一个法律解释方法优先性的问题。就是不同的法律解释方法之间是否存在位阶关系，是否可以据此决定它们适用的先后顺序，从而避免产生不同的结论。

尽管法律解释的4类主要解释方法在实践运用中有复杂的情况，没有绝对意义上的有效性，但是这些不妨碍我们基于法律解释中经济、便宜的考虑，在各种解释方法的相互关系上建构一种相对简洁的优先性模式。优先性模式包含各种优先性规则，优先性规则要解决的是，在多种解释方法都具有效力但指向不同解释结论的情况下，孰先孰后的问题；或者说是一种解释方法通过既定的优先性规则压倒另一种解释方法使其居于从属地位的问题。

在前述麦考密克和萨默斯主编的《制定法解释比较研究》（*Interpreting Statues：A Comparative Study*）一书中，不同国家的近20位法学家通过对英、美、意、德、法等9个国家在司法实践中的情况进行总结后，提出了一种初始的优先性排序规则，[1] 具体如下。

第一，如果语义法律解释方法的条件能够满足，它就应该优先于其他解释论点的考虑而被运用，在各国的法律解释中，语义类论点都具有突出地位的，原因是：对立法的承认（法官服从立法的权威）。法律是人们理性活动的产物，尽管包含各种主体的参与，不同利益的冲突和妥协，但总体上法律规定遵循逻辑的基本规律，表现为有机和谐的体系。

第二，只有首先考察语义论点的解释结果，并且有某种理由对此结果的合理性表示怀疑，才能进而考虑系统论点。系统类解释论点的效力或证明力主要就是基于法律和谐一致这一基本价值。

第三，只有在考察语义论点和系统论点的解释结果之后，才能进而考虑目的—评价论点。目的解释体现为：在法律的规则和原则中，蕴含着更深层次的价值，这些价值目的在于保障和实现一些基本的政治、社会和人类价值（如自由、平等、法治、民

---

[1] D. N. MacComick and R. S. Summers ed. Interpreting Statues：A Comparative Study [M]. Aldershot, Darmouth, 1991：464-474.

主)。并且,这些人类基本价值的超越性,无法被语义论点、系统论点和跨类型意图论点充分涵盖,目的—评价解释论点就成为必要。目的—评价论点的效力和意义取决于它所体现的具有超越意义的人类基本价值。

第四,跨类型的意图论点,如其名称所示,可以跨越此种排序,即诉诸意图论点应该采取解释论点累积的形式,或确认上述论点的基本排序,或显示背离的理由。

上述优先性模式尽管简单,但是至少能够为司法裁判过程中法律解释方法的适用提供一个有效合理的框架,从各国的司法实践看,这种模式得到了广泛的认同,这种认同主要因为上述解释方法的排序体现了现代民主政治和法治社会的主要价值。❶

对于法律解释各种方法的适用,国内学者也有一些研究,目前比较有影响的是社科院梁慧星教授提出的法律解释操作层面的优先性排序,这种排序在我国的司法实践中也被广泛接受,具体而言:❷

(1) 对法条的解释,首先应采用语义解释的方法,如果解释结果可能为复数,则继之以论理解释的方法(包括体系解释、法意解释、扩张或限制解释等)。

(2) 作论理解释时,应先运用体系解释和法意解释以探求法律意旨,进而运用扩充解释或限缩解释或当然解释以判明法律的意义内容,如仍不能释疑,则进一步做目的解释以探求立法目的,或以目的解释进行核实,最后作合宪性解释看是否符合基本价值。

(3) 经论理解释仍不能确定结论的,进一步作比较法或社会学解释。

(4) 论理解释、比较法解释或社会学解释不能超出法条语义可能的范围。

(5) 经解释最终仍存在相互抵触的,进行利益衡量或价值判断。

(6) 无论何种解释,原则上不允许作出反法条语义的解释结论。

总的来说,各种法律解释方法之所以有证明力,就在于这些法律解释方法体现了法律蕴含的重要价值,比如法治、自由、平等、人权保护等。这些法律解释方法之所以可以排序,也是基于这些价值。

---

❶ 张志铭. 法律解释学 [M]. 北京:中国人民大学出版社,2015:113.
❷ 梁慧星. 民法解释学 [M]. 北京:中国政法大学出版社,1993:243-246.

CHAPTER 15 第十五章

法律推理

 本章知识要点

（1）法律推理是以法律规范为依据，按照一定的程序，运用相应的逻辑规则，对未判决的法律案件作出结论的推理；（2）法律推理的形式逻辑性，决定了它在很大程度上是一种技术性推理，而非道德推理，它包括演绎推理、归纳推理与类比推理；（3）辩证推理与权利推理。

第一节　法律推理的概念

法律推理是以法律规范为依据，按照一定的程序，运用相应的逻辑规则，对未判决的法律案件作出结论的推理。

法律推理的形式逻辑性，决定了它在很大程度上是一种技术性推理，而非道德推理。只有技术推理，才能完成"通过对手段的有效处置达到事物的确定状态"的使命。法律推理具有不同于一般逻辑推理的特殊性，是根据法律进行的推理，必须在现行法的秩序内进行，否则，它只能成为法官任意裁判的幌子。在司法过程中，诸如法律发现、法律解释、价值衡量等多种法律方法的使用，最终都必须经过法律推理这一道"门槛"，即使法律有漏洞存在，法官在司法过程中"续造"的个别规范，最后也必须经过法律推理才能获得判决的形式有效性。法律推理与司法公正的关系是一种形式与内容的关系，法律推理的过程也是追求公正的过程，在实现形式公正的过程中实现实质公正。任何裁判的形式都要经过法律推理，这也是现代司法的根本要求。如此才能防止法官的任意性，才能使法官难以偏离法律规定或以自己的喜好作出专断的判决，从而满足判决合法性的要求。

将法律推理定位于纯粹的演绎推理，保证其有效性的关键在于选定大小前提并在它们之间确立一种适当的关系。小前提的认定主要依赖于当事人的举证，而在事实的基础上寻找可适用的大前提，情况则要复杂得多。如果法律规则的含义明确，且与事

实的涵摄关系确定无疑，法官裁断过程中不可能有其主观任意性介入，推理得出的判决是唯一确定的。然而，这只不过是法学上的一个理想的乌托邦，因为在具体的个案事实面前，法律规则的含义并不总是确定无疑的。而且，法官并不是生活在真空中，而是生活在纷繁复杂的社会中，法官在整合形成推理大前提的过程中总有价值评断的因素起作用，法律推理前提的形成具有论题学的可论辩性质。

第二节 形式推理

形式推理又称分析推理，是运用形式逻辑进行的推理，一般是指演绎推理，也包括归纳推理、类比推理等。

一、演绎推理的概念及应用

案例一 陈某某与吴某某民间借贷案

【基本案情】

2008年11月4日，原告吴某某与被告陈某某签订了一份借款协议，被告陈某某向原告吴某某借款人民币200万元，借款期限为2008年11月4日至2009年2月3日，并由被告王某某和被告中某公司提供连带责任担保。原告于当日履行了出借义务，被告陈某某于当日收到原告200万元的借款。然而，陈某某拖欠其他债权人款项无法及时偿还，数额较大，并已严重丧失信誉，2008年12月14日因故下落不明，2008年12月22日陈某某涉嫌合同诈骗和非法吸收公众存款罪被公安机关立案侦查。依照协议，吴某某遂起诉要求陈某某提前归还借款，王某某、中某公司承担连带责任。被告王某某和被告中某公司辩称，本案被告陈某某涉嫌犯罪，借款性质不明，本案应中止审理，待刑事诉讼审理终结后再恢复审理本案。一审法院认为本案原、被告之间的借贷关系成立且合法有效，应受法律保护。二审法院查明，陈某某构成非法吸收公众存款罪，该判决已生效，二审法院维持原判，驳回起诉。

【主要法律问题】

该案中如何运用了演绎推理？

【理论分析】

演绎推理是指从一般的法律规定到个别特殊行为的推理。这是最简单的推理形式。由于我国是成文法国家，因此，司法活动中的形式推理一般被认为主要是演绎推理，即三段论推理。演绎推理的大前提是可以适用的法律规则和法律原则；小前提是经过认定的案件事实；结论体现在具有法律效力的针对个别行为的非规范性法律文件中，即判决或裁定。演绎推理的大、小前提是由相应法律概念结合起来的。法律概念是法律规则和法律原则的基础，法律规则和法律原则是围绕法律概念展开的。概念将有关行为分类，而以概念为基础的法律规则和法律原则预设了作为大前提的某种行为模式及其法律后果；案件事实经过法庭调查认证，认定符合概念所指称的行为或事件，就构成了小前提；法官将两者联系起来所做的判决就是结论。如故意杀人应该判死刑，张三故意杀人了，张三就应该被判死刑。在法律规定明确、事实十分清楚的情况下，演绎推理是非常有效的。但是，进行演绎推理时应注意，除了三段论谬误，法律适用中还有许多抗辩事由，有的大前提适用范围也有限，应避免推导错误。同时，法律推理是为了给结论提供正当的理由，需要对大、小前提仔细甄别。也就是说，用演绎推理得出正确结论的条件是：第一，前提真实；第二，推理形式有效。❶

本案的裁判逻辑运用的就是演绎推理，但是在推理过程中出现了以下错误。

1. 推理过程

考察本案的裁判文本，在涉案民间借贷合同和担保合同的效力问题上，一审判决书包含了逻辑推理的三段论结构：

大前提：刑事法律事实≠民事法律事实；

小前提：非法吸收公众存款的犯罪行为是刑事法律事实；

结论：非法吸收公众存款的犯罪行为≠民事法律事实。

此三段论的推理过程存在两个逻辑瑕疵。其一，大前提的不周延导致推理结论不具有完全的有效性。"刑事法律事实≠民事法律事实"并非一个全称判断，因为同时被刑法与民法调整的法律事实比比皆是。依照三段论推理"前提中不周延的词项，在结论中也不得周延"的规则，大前提和小前提不应该是一个全称判断，故结论就不能为真。其二，该推理具有"四概念"错误，大小前提是两个没有逻辑关联的命题，不仅谈不上推理形式的有效性，也无所谓推理的合理性。❷ 具体而言，"刑事法律事实不等于民事法律事实"是从法律效果的角度来陈述的，"非法吸收公众存款的犯罪行为是刑事法律事实"与"民间借贷行为是民事法律事实"是从行为定性的角度来陈述的，概念内涵不一致，在逻辑上就站不住脚。

2. 裁判逻辑的论证漏洞

法律论证不是一个单纯的形式逻辑推演活动，"逻辑并不提供用以评价法律论证实质向度和程序向度的规范。"❸ 换言之，形式逻辑的推理不能替代法律论证。在裁判文书的说理部分，法官用了"量变到质变"的哲学原理，但哲学原理与法学原理之间存在方法论上的"不可通约性"，用抽象的哲学原理来诠释具体的法律规则缺乏足够

---

❶ 张文显. 法理学［M］. 北京：高等教育出版社，2018：298-299.
❷ 雍琦. 法律逻辑学［M］. 北京：法律出版社，2004：195.
❸ ［荷］伊芙琳·菲特丽丝. 法律论证原理［M］. 张其山，等译. 北京：商务印书馆，2005：37.

的说服力。尤为重要的是,量变质变规律揭示了同一事物的发展变化过程,这属于事实描述;而违法性效力的转换过程蕴含着价值判断,二者之间不具有类比推理解释的适用空间。❶

二、类比推理概念及应用

 **案例二 韩某与李某某网络虚拟财产买卖案**

【基本案情】

2014年韩某将自己的《大话西游Online Ⅱ》四个账号交上诉人(一审原告)李某某使用。2018年3月23—24日李某某将韩某四个账号中的游戏角色及附带的物品以总计320元的价格出售给自己。关于韩某将自己的四个账号交给上诉人李某某使用的原因,双方各执一词,且均未能提供充分的证据证明自己的主张,故双方的相关主张人民法院均不予认可。关于李某某出售的游戏角色及物品的价值,韩某提供了网络游戏《大话西游Online Ⅱ》平台上的官方交易最低价格、《涉案角色物品出售情况》中李某某向他人出售相关物品的价格等证据,证明自己的主张。李某某未提供证据,故按照其向他人出售相关物品的价格确定物品价值,出售价格低于游戏平台最低交易价格的,人民法院按照游戏平台最低交易价格确定物品价值。一审法院认为,原告在网络游戏《大话西游Online Ⅱ》中所实际控制的四个游戏账号中的游戏角色及附带物品属于法律所规定的网络虚拟财产,对该财产的合法权利应当予以保护。本案二审驳回上诉,维持原判。

【主要法律问题】

类比推理的适用条件是什么?

【理论分析】

类比推理亦称"类推",是推理的一种形式,是根据两个对象在某些属性上的相同或相似,通过比较而推断出它们在其他属性上也相同的推理过程。它是从观察个别现象开始的,因而近似归纳推理。但它又不是由特殊到一般,而是由特殊到特殊,因而又不同于归纳推理。类比推理分为完全类推和不完全类推两种形式。完全类推是两个或两类事物在进行比较的方面完全相同时的类比推理;不完全类推是两个或两类事物在进行比较的方面不完全相同时的类比推理。

类比推理在法学上也被称为类推适用和比照适用,是指在法律没有明文规定的情况下,比照相近的法律规定加以处理的推理形式。类比推理具有以下特点:(1)寻找

---

❶ 周江洪,陆青,章程. 民法判例百选学[M]. 北京:法律出版社,2021:102-103.

相似性。类比的关键是两个对象之间的相似性。寻找相似性的基本方法是比较。先比较两个对象，再理性分析，最后得出结论。（2）类比推理需要想象和猜测。想象、猜测与逻辑和经验同为法律生命的源泉，科学研究离不开想象，法律职业者的工作需要更大的想象空间。任何推理都不可能是严格的逻辑推理，严格的逻辑推理大概只存在于有关逻辑理论的著述之中。（3）其结论是或然的。根据类比推理得到的结论也可能是某一具体事例的若干结论中的一种，并不是唯一正确的结论。❶

在原《民法总则》颁布之前，就网络虚拟财产权利的性质，学界存在债权说、物权说、知识产权说、无形产权说等不同见解。其中物权说为多数说，而债权说亦为有力说。法律对网络虚拟财产权利的保护方式没有明确的规定，《民法典》第 127 条本质上是一个指引性条款，并未具体规定网络虚拟财产权利相关保护性请求权的内容。《民法典》延续了原《民法总则》的规定，未作修改。因此，只能通过援引类似权利的规则以完善保护的规则。

在本判决中，从规则适用的逻辑融贯与简练上考虑，应将网络虚拟财产类比物权加以解释，因此判决虽然支持了返还原物的请求，但其依据是原《侵权责任法》第 15 条（《民法典》第 179 条）而不是原《物权法》第 34 条（《民法典》第 235 条），说明人民法院并不认为网络虚拟财产权利就是物权。严格地讲，返还财产和返还原物具有不同的含义，返还财产的范围更广，返还不当得利以及合同无效或撤销后的返还财产都不属于原《侵权责任法》的返还财产，否则会发生法律关系混乱的结果。《民法典》第 179 条第 1 款第 4 项规定的"返还财产"主要是指返还原物，除此之外，还应该包括其他具有绝对权属性的财产权利的返还，而虚拟财产权比物权也具有绝对权属性，虚拟财产权利人可以行使返还财产请求权。另外，在我国《民法典》第 179 条规定了返还财产的责任承担方式的情况下，权利人这一请求并无逻辑障碍。在具体操作层面，由于虚拟财产不具有物的有体性，因此其被他人侵占的主要表现形式是权利人的账号及密码被修改，使得权利人不能登录账号，在返还财产请求权的行使上，只能请求侵权人告知新的账号和密码，以此方式恢复对虚拟财产的控制。

综上所述，网络虚拟财产权利的保护应该通过解释《民法典》第 127 条将其性质界定为财产权，再根据具体情况分别适用物权或债权保护的规则，如本案所涉权利人对网络虚拟财产的控制为他人侵夺的情形，可以将《民法典》第 179 条的相关规则适用于物权以外的有绝对权属性的财产权，确认权利人基于网络虚拟财产权可以主张返还财产请求权。❷

---

❶ 张文显. 法理学［M］. 北京：高等教育出版社，2018：299.
❷ 周江洪，陆青，章程. 民法判例百选学［M］. 北京：法律出版社，2021：177-178.

三、归纳推理的概念及应用

 **案例三　王某德与乐山市人力资源和社会保障局行政诉讼案**

【基本案情】

原告王某德系王某兵之父。王某兵是四川某资产管理集团有限公司峨眉山分公司职工。2013年3月18日，王某兵因交通事故死亡。由于王某兵驾驶摩托车倒地翻覆的原因无法查实，四川省峨眉山市公安局交警大队于同年4月1日依据《道路交通事故处理程序规定》第50条的规定，作出乐公交认定〔2013〕第00035号《道路交通事故证明》。该《道路交通事故证明》载明：2013年3月18日，王某兵驾驶无牌"卡迪王"二轮摩托车由峨眉山市大转盘至小转盘方向行驶。1时20分许，当该车行至省道S306线29.3KM处驶入道路右侧与隔离带边缘相擦剐，翻覆于隔离带内，造成车辆受损、王某兵当场死亡的交通事故。

2013年4月10日，第三人四川某资产管理集团有限公司峨眉山分公司就其职工王某兵因交通事故死亡一事，向被告乐山市人力资源和社会保障局申请工伤认定，并同时提交了峨眉山市公安局交警大队所作的《道路交通事故证明》等证据。被告以公安机关交通管理部门尚未对本案事故作出交通事故认定书为由，于当日作出乐人社工时〔2013〕05号（峨眉山市）《工伤认定时限中止通知书》（以下简称《中止通知》），并向原告和第三人送达。

2013年6月24日，原告通过国内特快专递邮件方式，向被告提交了《恢复工伤认定申请书》，要求被告恢复对王某兵的工伤认定。因为被告未恢复对王某兵工伤认定程序，原告遂于同年7月30日向法院提起行政诉讼，请求判决撤销被告作出的《中止通知》。

四川省乐山市市中区人民法院于2013年9月25日作出（2013）乐中行初字第36号判决，撤销被告乐山市人力资源和社会保障局于2013年4月10日作出的乐人社工时〔2013〕05号《中止通知》。一审宣判后，乐山市人力资源和社会保障局提起了上诉。乐山市中级人民法院二审审理过程中，乐山市人力资源和社会保障局递交撤回上诉申请书。乐山市中级人民法院经审查认为，上诉人自愿申请撤回上诉，属其真实意思表示，符合法律规定，遂裁定准许乐山市人力资源和社会保障局撤回上诉。一审判决已发生法律效力。

【主要法律问题】

本案中《中止通知》是否属于可诉行政行为？

【理论分析】

归纳推理是一种由个别到一般的推理，是由一定程度的关于个别事物的观点过渡到范围较大的观点，由特殊具体的事例推导出一般原理、原则的解释方法。自然界和社会中的一般，都存在于个别、特殊之中，并通过个别、特殊而存在。一般都存在于具体的对象和现象之中，因此，只有通过认识个别和特殊，才能认识一般。人们在解释一个较大事物时，从个别、特殊的事物总结、概括出各种各样的带有一般性的原理或原则，然后才可能从这些原理、原则出发，再得出关于个别和特殊事物的结论。这种认识秩序贯穿于人们的解释活动中，不断从个别和特殊上升到一般，即从对个别和特殊事物的认识上升到对事物的一般规律性的认识。例如，根据各个地区、各个历史时期生产力不发展所导致的社会生活面貌落后，可以得出结论说，生产力发展是社会进步的动力，这正是从对于个别和特殊事物的研究得出一般性结论的推理过程，即归纳推理。显然，归纳推理是从认识研究个别和特殊事物到总结、概括一般性规律的推断过程。在进行归纳和概括的时候，解释者不单纯运用归纳推理，同时也运用演绎法。在人们的解释思维中，归纳和演绎是互相联系、互相补充、不可分割的。

当法官处理案件时，手边没有合适的法律规则和原则供适用，而刚巧从一系列早期的判例或指导案例中可以总结出可适用的规则和原则，那么，他就按先例处理了本案。❶ 与演绎推理由一般法律规定推及个别、特殊行为不同，归纳推理恰恰相反，它是从个别和特殊推及一般的推理，本案中归纳推理同样有所体现。

《行政诉讼法》第12条明确列举的12条具体受案范围从内容上看，并不包括本案中交警大队做出的程序性行政行为。但根据案件事实可以看出，峨眉山市公安局交警大队的程序性行政行为，将导致原告的合法权益长期甚至永久得不到依法救济，原告也无法通过对相关实质性行政行为提起诉讼维护其合法权益，实质上的确是侵犯了本案行政相对人的权利和义务。

从《行政诉讼法》第12条第12款规定可以看出，对于行政机关的行政程序性行为，行政相对人认为该行为实际上侵犯其财产权、人身权等合法权益的，可以向法院提起诉讼，法院应当受理。此处的"等合法权益"，指的是与"人身权、财产权"性质相同的合法权益，法官通过总结此处的人身权与财产权的性质，作出合理归纳；本案中行政机关的《中止通知》侵犯了相对人的合法权益，虽然未在判决中准确指出该行政行为具体侵犯的是什么合法权益，但一般而言，只要侵犯行政相对人权利，无论具体的权利是什么，它所归属的合法权益都是与"人身权、财产权"性质相同的权利，并且从行政法运行和一般司法实践看，此归纳是比较准确的。

---

❶ 张文显. 法理学 [M]. 北京：高等教育出版社，2018：299.

第三节 辩证推理

一、辩证推理的概念

辩证推理不是从固定的概念或规则出发进行的推理。它是对各种价值、利益、政策进行的综合平衡和选择,属于实践推理。在处理新奇案件时,法官要从法的价值、目的和作用,法的基本原理(原则),国家政策和执政党的政策,以及社会公共道德准则等出发,选择或创立一个适当的规范填补法的漏洞。在处理棘手案件时,法官要对各种价值进行平衡和选择,适用在特定问题上价值优先的法律规范或原则。

司法过程中的辩证推理一般产生于下述具体情况:(1)法律没有明文规定,但对如何处理存在两种对立的理由;(2)法律虽然有规定,但它的规定过于笼统、模糊,以致可以根据同一规定提出两种对立的处理意见,需要法官从中加以判断和选择;(3)法律规定本身就是矛盾的,存在两种相互对立的法律规定,法官同样需要从中加以选择;(4)法律虽然有规定,但是由于新情况的出现,适用这一规定明显不合理,即出现合法与合理的冲突,如安乐死问题等。

在上述情况下,由于缺乏必要的、确定的大前提而无法使用形式推理,法官必须根据一定的价值观和法律信念进行推理,其往往从法理、政策、公共道德、习俗等方面出发,综合考虑与平衡,在相互冲突的价值之间确定处于优先地位的价值。尽管法官在选择时难以避免情感因素甚至偏见的影响,但是,只要制度本身是完善的(特别是高度健全的法律程序),法官的选择基本上就是理性的。同时,法官的选择客观上还要受到自身经验的约束,并不总是服从目的论原则,故将辩证推理等同于非理性主义是很不恰当的。另外,有时,辩证推理与形式推理也是结合使用的。

需要明确的是,辩证推理向法律职业者提出了更高的要求,要求他们在复杂的情况下,谨慎地确定、选择适用于本案的法律渊源、法律规范及其他规则,使自己的职业行为经得起历史的检验。❶

二、辩证推理的应用

 **案例四 野生羚牛伤人案**

【基本案情】

2000年5月20日早上8时30分左右,一头野生羚牛闯入洋县四郎乡田岭村村民

---

❶ 张文显. 法理学[M]. 北京:高等教育出版社,2018:299-300.

刘某某家,将刘某某顶倒在地,其妻周某亦被困屋中,当地有关部门闻讯展开营救。我国《野生动物保护法》第 16 条明确规定,禁止猎捕、杀害国家重点保护野生动物。因科学研究、驯养繁殖、展览或者其他特殊情况,需要捕捉、捕捞国家一级保护野生动物的,必须由国务院野生动物行政主管部门批准。由于野生羚牛是国家一级保护动物,因而有关部门逐级请示,直到下午 1 时 20 分才从陕西省林业厅传来消息,可以击毙羚牛;下午 4 时 20 分,羚牛终于被击毙,而此时刘某某已经死亡,其妻周某亦因伤重抢救无效死亡。事发后,洋县政府决定由县林业局和四郎乡政府共同承担各类补偿费用 18000 元,死者家属认为数额过低,于当年 5 月向洋县法院提起诉讼,要求洋县林业局和四郎乡政府承担补偿费 43778 元。

【主要法律问题】

在法律权威(事件中为对《野生动物保护法》的信守)与社会正义(事件中为保障受害人夫妇的生命安全)二者发生冲突的时候,人们当做何选择?

【理论分析】

由于人的生命安全这一基本价值高于维护法律的权威这一社会价值,在这起野生羚牛伤人案中,当地有关部门就应当撇开《野生动物保护法》的规定,直接采取措施击毙羚牛,以保护受害人夫妇的生命安全。

第四节 权利推理

一、权利推理的概念

法律推理是一种创造性的法律实践活动。这种创造性法律实践活动应以保护公民权利为目的,以此为目的导向的实践推理称为权利推理。

首先,权利推理表现为权利发现或权利体系扩充。任何法律或者专门的权利立法都不可能像流水账那样把人们应当享有的权利一一列举出来,所以人们的权利不限于法律明文宣告的那些,还有很多没有"入账"的、没有被列入"清单"的权利,或者被"遗漏"的权利。这些权利要靠法律推理来发现、拾取和确认。权利推理就是根据社会经济、政治和文化发展水平,依照法律的精神、法律逻辑和法律经验来发现、拾取和确认权利。

其次,权利推理表现为自由推定——法不禁止即自由。凡是法律没有禁止的,都是允许的;凡是法律没有禁止的,都是合法的;每个人只要其行为不侵犯别人的自由和公认的公共利益,就有权利(自由)按照自己的意志活动。这些都是权利推理的典型。

再次,权利推理表现为保护社会弱者的原则。"社会弱者"在宏观层面是指社会弱势群体，如妇女、儿童、老人、残疾人、下岗职工等；在微观层面泛指权利受到侵害的个人，如人身权、人格权、财产权等民事权利因他人的过错而受到侵害的自然人、刑事案件中的被害人等依据权利推理的原则和方法，在立法中，国家或者是制定专门的法律、法规，或者在宪法、行政法、民法、刑法、诉讼法等基本法律中列出一些条文，对社会弱者实行特殊的权利保护；在法律适用中，如在行政诉讼案件中，实行举证责任倒置，即将本应由原告（公民或法人）承担的举证责任转由被告承担，迫使强者（政府）承担举证责任来证明自己行为的合法性，以有效保护弱者（行政相对人）的合法利益。

最后，权利推理表现为无罪推定。无罪推定是指被控犯罪的人在被依法确定有罪之前应当被视为无罪的人。❶

二、权利推理的应用

案例五　葛某某、宋某某分别诉洪某名誉权纠纷案

【基本案情】

2013年第11期《炎黄春秋》杂志刊发洪某撰写、黄某任责任编辑的《"狼牙山五壮士"的细节分歧》一文（以下简称《细节》），2013年9月9日洪某在财经网发表的《小学课本"狼牙山五壮士"有多处不实》一文（以下简称"案涉文章"）。案涉文章写道：据《南方都市报》2013年8月31日报道，广州越秀警方于8月29日晚间将一位在新浪微博上"污蔑狼牙山五壮士"的网民抓获，以虚构信息、散布谣言的罪名予以行政拘留7日。所谓"污蔑狼牙山五壮士"的"谣言"其来有自。据媒体报道，该网友实际上是传播了2011年12月14日百度贴吧里一篇名为《狼牙山五壮士真相原来是这样！》的帖子的内容，该帖子说五壮士"5个人中有3个是当场被打死的，后来清理战场时尸体被丢下悬崖。另两个当场被活捉，只是后来不知道什么原因又从日本人手上逃了出来"。而后，案涉文章对诸多细节进行了考据性论述。案涉文章发表后，"狼牙山五壮士"中的葛振林之子葛某某、宋学义之子宋某某认为，《细节》一文，以历史细节考据和学术研究为幌子，以细节否定英雄，企图达到抹黑"狼牙山五壮士"英雄形象和名誉的目的。据此，葛某某、宋某某分别起诉至北京市西城区人民法院，请求判令洪某停止侵权、公开道歉、消除影响。

【主要法律问题】

（1）案涉文章是否构成侵权？
（2）洪某在诉讼中能否以言论自由作为抗辩？

---

❶ 张文显. 法理学［M］. 北京：高等教育出版社，2018：300-301.

【理论分析】

葛某某、宋某某分别诉洪某两个案件的审判，在确定权利人及原告资格问题上，以现行法及司法解释为依据，认定英雄人物的近亲属享有程序法上的原告主体资格和实体法上的请求权；在侵权行为侵害的法益识别上，分析了"狼牙山五壮士"获得个人名誉及荣誉的历史事实，并以这一英雄群体在我国当代史上发挥的作用为依据，将其精神归纳为民族的共同记忆、民族精神和社会主义核心价值观的一部分，因而构成了社会公共利益的一部分，法益识别准确；在侵权责任的构成上，分析了文章的写作方法、资料运用、主观目的以及所形成的损害后果，准确运用了侵权责任的构成要件；在利益衡量上，结合个案分析了学术自由、言论自由与权益保护的关系，利益平衡得当。两案的判决保护了英雄人物的名誉和荣誉，维护了社会公共利益。

CHAPTER 16 第十六章

法律论证

本章知识要点

（1）法律论证是指通过提出一定根据和理由来证明某种立法意见、法律表达、法律陈述或法律决定的正确性和正当性；（2）法律论证的理由主要有五种：法律规定、法律原理、公共政策、道德规范和公序良俗；（3）法律论证存在一般规制和特殊规则；（4）法律论证的正当性标准，即内容融贯性、逻辑有效性、程序合理性和效果最优性。

第一节 法律论证的概念

一、法律论证的应用

 **案例一 昆山于某案**

【基本案情】

2018年8月27日21时30分许，于某骑自行车在江苏省昆山市震川路正常行驶。刘某醉酒驾驶闯入非机动车道，与于某险些碰擦。刘某突然下车，上前推搡、踢打于某。虽经他人劝解，但刘某仍持续追打，并从轿车内取出一把砍刀，连续用刀面击打于某颈部、腰部、腿部。刘某在击打过程中将砍刀甩脱，于某抢到砍刀，刘某上前争夺，在争夺中于某捅刺刘某的腹部、臀部，砍击其右胸、左肩、左肘。刘某受伤后跑向轿车，于某继续追砍2刀均未砍中，其中1刀砍中轿车。刘某逃离后，倒在附近绿化带内，后经送医抢救无效，因腹部大静脉等破裂致失血性休克于当日死亡。于某经人身检查，见左颈部条形挫伤1处、左胸季肋部条形挫伤1处。9月1日，昆山市公安局根据查明的事实，依据《中华人民共和国刑法》第20条第3款的规定，认定于某的行为属于正当防卫，不负刑事责任，决定依法撤销于某故意伤害案。

【主要法律问题】

（1）刘某的侵害行为是否属于"正在进行"？

（2）于某的行为是否属于正当防卫？

【理论分析】

判断侵害行为是否已经结束，应看侵害人是否已经实质性脱离现场以及是否还有继续攻击或再次发动攻击的可能。于某抢到砍刀后，刘某立刻上前争夺，侵害行为没有停止，刘某受伤后又立刻跑向之前藏匿砍刀的汽车，于某此时作不间断的追击也符合防卫的需要。于某追砍两刀均未砍中，刘某从汽车旁边跑开后，于某也未再追击。因此，在于某抢得砍刀顺势反击时，刘某既未放弃攻击行为也未实质性脱离现场，不能认为侵害行为已经停止。

不法侵害行为既包括实害行为也包括危险行为，对于危险行为同样可以实施正当防卫。如要求防卫人应等到暴力犯罪造成一定的伤害后果才能实施防卫，这不符合及时制止犯罪、让犯罪不能得逞的防卫需要，也不适当地缩小了正当防卫的依法成立范围，是不正确的。本案中，在刘某的行为因具有危险性而属于"行凶"的前提下，于某采取防卫行为致其死亡，依法不属于防卫过当，不负刑事责任，于某本人是否受伤或伤情轻重，对正当防卫的认定没有影响。公安机关认定于某的行为系正当防卫，决定依法撤销案件的意见完全正确。

本案中，昆山市公安局撤销案件的处理结果之所以被社会广泛认可，重点在于其使用了法律论证的方法，以此获得处理结果的正当性和合法性。昆山市公安局先是对案件基本事实作出了准确判定，认定刘某的行为属于"行凶"，且正在进行；而后对"正当防卫"的论证符合社会预期，并就相关疑点问题召开了新闻发布会，回应了社会关切，解答公众疑惑，这不仅是对司法公正的保障，也是对司法公信力的宣扬。从法律方法理论层面而言，正是这类司法案件推动了我国法律论证理论和方法进一步走向成熟。

二、法律论证的理由

法律论证作为一种理性思维形式，其任务不仅是获得处理法律问题的结论，更重要的是提供能够支撑其结论的理由。法律职业者在法律论证中所使用的理由多种多样，既包括来自法律领域的理由，也包括法律领域之外的理由。在现代法治国家，法律论证的理由主要有五种，即法律规定、法律原理、公共政策、道德规范和公序良俗。❶

---

❶《法理学》编写组. 法理学［M］. 2版. 北京：人民出版社，2020.

(一) 法律规定

这主要是指国家以条文形式确立的法律规则、法律原则、法律标准等要素。在法律论证的理由位阶中，法律规定无疑居于优先地位，最具权威性和说服力。

(二) 法律原理

这主要是指立法说明、执法文书、司法判例等权威性法律文本所阐述的法律原理，有时也包括法学家在法学著作中提出的法律学说。作为法律职业共同体集体智慧结晶，法律原理往往是法律职业者进行法律论证时偏好的理由。

(三) 公共政策

这是指执政党和政府为解决经济社会问题或实现预定目标任务而确立的指导方针、行动准则、具体措施的总称。在现代民主社会，公共政策经由一定的民主程序而形成，具有深厚的民意基础，是其在法律论证中影响力、感召力强的理由。在解决很多新型法律问题上，由于找不到相关法律规定和法律原理，公共政策在法律论证上可以起到填补法律空白的作用。

(四) 道德规范

自古以来，在所有文明社会，法律和道德的关系都非常密切。中华法系素以礼法并重、德法共治为显著特色，大量援引道德规范是我国法律论证的重要传统。在当前坚持依法治国和以德治国相结合的背景下，社会主义核心价值观和社会公认的道德规范，同中国特色社会主义法律体系的精神是一致的，是法律论证的有力理由。

(五) 公序良俗

公序良俗，或者称为良善风俗、民间习惯，是指经过长期的生产生活活动而形成，具有调控社会关系、维护社会秩序的社会规范，是国家制定法的重要补充。很多国家都明确承认公序良俗或民间习惯为非正式法律渊源，要求立法、执法、司法必须尊重或吸纳公序良俗。

第二节 法律论证的方法

法律论证是通过提出一定的理由来证明某个法律规则、法律陈述或法律决定的正确性。因此，论证与法律规则、法律陈述或法律决定正确与否的标准问题联系密切。这样，法律论证的方法就主要涉及法律以及法律决定的"正确"的标准和如何得出正确的结论，具体包括三个问题："正确"的标准；"正确"的方式；"正确"所需遵循的论证规则❶。

一、"正确"的标准

按照知识论思想传统，陈述的正确与否取决于对客观真理的把握，即依赖人的认识能力。但是，由于法律制度存在于日常生活之中，我们不能因为暂时没有把握真理，就不制定法律、不发表法律意见或不作司法决定；我们也不可能等待法律经过实践检验证明是正确的之后才适用相关的法律，何况真理是绝对与相对的统一。因此，实践中，验证法律规则、法律陈述和司法决定的正确性往往依靠的是一定范围的"共识"。社会生活中以制度的方式判断正确与错误，往往取决于多数人的意见。❷ 所以，正确与否，固然与人的认识相关，但是在具体的操作层面，则主要与民主制度相联。

二、"正确"的方式

法律论证中的民主不是简单的"少数服从多数"。我们知道，票数与真理不是一回事。简单形成的多数并不能够保证多数人形成真正的共识。真理最初往往掌握在少数人手里。最先掌握真理的人，通过必要的说服逐渐让更多的人同意自己的观点。亚里士多德创建形式逻辑的目的就是建立一个认识真理的客观的思维形式和推理规则。现在我们知道，形式逻辑也并不能够保证推理的正确性，因此，必须建立一个形成共识的理性机制。或者说，因为只有在理性论辩的基础上，让所有人充分发表意见，才可能形成真正意义上的多数人的共识，所以，必须提供一个能够保证理性论辩充分展开的制度。由于这个制度的目的是要保证所有参与者都能够理性地参与决策形成的过程，并在理性的氛围中讨论问题，因此，这个制度的主干就是程序性的，即理性论辩的程序。

三、"正确"所需遵循的论证规则

这些规则首先可以分为一般规则和特殊规则。

法律论证的一般规则是指各种类型的法律论证都必须遵循的规则，主要包括如下内容：第一，每个论证参与者都享有平等的发言权，都可以参加论证，提出自己的主张；第二，任何人只能主张自己相信的东西，任何人都不得自我矛盾；第三，任何人都可以质疑任何主张，被质疑的一方有义务直接回答相关质疑，并合理承担举证责任；第四，每个人在提出自己的法律判断时必须引用一个普遍性规范，并且能够从该普遍性规范中合理地推导出该法律判断；第五，主张必须以已经生效的法律规则为依据，依据法律原则提出自己的主张时，则必须确切地证明没有相应的法律规则存在并证明该法律原则存在的真实性和中立性；等等。

---

❶ 张文显. 法理学［M］. 5 版. 北京：高等教育出版社，2018.
❷ ［德］哈贝马斯. 交往行动理论（第 1 卷、第 2 卷）［M］. 洪佩郁，蔺青，译. 重庆出版社，1994.

法律论证的特殊规则是指各种类型的法律论证活动各自应该遵循的规则。以法庭辩论和司法决定的形成为例。

法庭辩论过程中应遵循的论证规则有：第一，在法庭上，法官不得发表有利于某一方的诱导性言论，原被告双方享有平等地发表意见和质疑对方意见的权利；第二，原告方必须围绕案件直接陈述自己的主张，依据法律提出证据；第三，被告方必须回应且必须直接回应原告方的主张；第四，任何人均不得使用夸张或煽情的方式陈述自己的意见和主张；第五，权利主张必须依据法律提出，任何人不得在法庭上借用公共舆论、领导意见、公共政策、道德、宗教教义支持自己的主张，从而给对方及法庭施加压力；第六，必须区别法律规则的文字含义和对法律规则的解释，任何对法律规则的解释性言论，当对方需要时，必须就其中所涉及的概念进行说明和论证，直到对方不再有疑问；等等。

司法决定形成过程及表述中的论证规则有：第一，参与司法决定（包括司法判决、司法决定、司法裁定等）形成者必须实际参与案件审理的全部过程；第二，任何人对案件审理过程的各个环节都享有平等的发言权；第三，任何人必须有权且有条件独立陈述自己的意见；第四，任何人都负有证明自己的主张符合法律规定的义务；等等。

司法决定文字表达的论证规则有：第一，任何司法文书均须充分说理；第二，判决、裁定、决定意见必须清晰地从普遍性的法律规则中合乎逻辑地推导出来；第三，在关键概念上使用非法律术语时必须进行合法性说明；第四，没有相关法律规则时，形成司法决定的参与者负有更加审慎的义务，必须证明自己的意见不带任何偏见（非歧视、非个人偏好、非个人兴趣和道德倾向），必须证明自己的意见来自"客观"共识，来自基本法理；第五，必须对法庭上有争议的法律问题和事实问题明确表达自己的意见；第六，平等地表述少数人的意见；等等。

综上所述，法律论证作为一个理性的实践活动，需要一系列的论证规则来保证。这些规则的作用在于保证在法律论证的过程中，每个人都能够理性地讨论相关法律问题、使论证活动可以理性地进行，使司法决定可以避免武断的意见并建立在充分论证的基础上。

第三节　法律论证的正当性标准

 **案例二　夏某某等人非法采矿案**

【基本案情】

2016年6月至11月，夏某某等15人为牟取非法利益，分别驾驶九江采158号、湘沅江采1168号、江苏籍999号等采砂船至洞庭湖下塞湖区域非规划区非法采砂，非法获利人民币2243.333万元。夏某某等人的非法采砂行为构成非法采矿罪,被相关刑事生效判决予以认定。2019年7月,湖南省益阳市人民检察院提起民事公益诉讼,请求判令夏某某等人对其非法采砂行为所造成的生态环境损害承担连带赔偿责任,并赔礼道歉。经湖南省环境保护科学研究院生态环境损害司法鉴定中心鉴定,夏某某等人的非法采砂行为对非法采砂区域的生态环境造成的影响包括水环境质量受损、河床结构受损、水源涵养受损和水生生物资源受损,所造成生态环境影响的空间范围共计约9.9万平方米,其中造成的水生生物资源损失为2.653万元,修复水生生物资源受损和河床结构与水源涵养受损所需的费用分别为7.969万元和865.61万元,合计873.579万元。❶

【主要法律问题】

(1) 被告实施的采矿行为是否合法?

(2) 被告实施的采矿行为,是否破坏了生态环境资源?如是,如何认定损失及责任的承担?

【理论分析】

由一定程度的关于个别事物的观点过渡到法律论证大量采用法律以外的因素,并在一定程度上超越了传统的逻辑思维模式,因此也容易受到质疑。为确保法律论证的正当性、公信力,各国法律实践中都形成了一些检验、评判法律论证的标准。概括起来,主要有以下4项标准。

(1) 内容融贯性。融贯性既指法律论证要保持法律规则、原则、理念的一致性、协调性,也指构成法律论证之前提的各种价值和理由之间协调一致、融为一体,而不能互相抵触、互相冲突。融贯性标准是法律论证的基本指引。

(2) 逻辑有效性。尽管法律论证突破了形式逻辑的限制,并以非法律因素为论证的前提,但在整体上仍然要遵循逻辑规则。在法律论证中,既要遵守"三段论"等逻辑规则,也要符合公众的思维习惯,确保论证过程和结果能够为公众所理解、所接受。

(3) 程序合理性。法律论证不同于其他论证之处,就在于要在规定的场合和程序中进行。法律论证通常在听证会、论证会、司法审判、仲裁、调解等正式场合实施。不论在什么场合中进行,法律论证都要遵循相应的程序规则和标准,包括地位平等、程序公正、辩论公开、回避原则等。

(4) 效果最优性。衡量法律论证的优劣,既要看形式、看过程,也要重结果、重实效。从中外法律发展史来看,一些法律从业者通过卓越的法律论证所获得的解决法律问题的方案,不仅取得了良好的法律效果,开启了法律发展的新方向、新路径,也

---

❶ 最高人民法院2021年12月3日发布的第31批指导性案例第176号"湖南省益阳市人民检察院诉夏顺安等15人生态破坏民事公益诉讼案(最高人民法院审判委员会讨论通过,2021年12月1日发布)"。

取得了良好的社会效果，推动了社会进步。当代中国法律论证要跳出形式主义、教条主义的窠臼，充分考量方案所产生的实际效果，努力实现法律效果、政治效果、社会效果相统一。❶

在本案中，法律论证的 4 项正当性标准，在案件的审理和裁判过程中均有体现。在法律论证内容的融贯性方面和逻辑有效性方面，人民法院审理环境民事公益诉讼案件，应当贯彻损害担责、全面赔偿原则，对于破坏生态违法犯罪行为不仅要依法追究刑事责任，还要依法追究生态环境损害民事责任。认定非法采砂行为所导致的生态环境损害范围和损失时，应当根据水环境质量、河床结构、水源涵养、水生生物资源等方面的受损情况进行全面评估、合理认定。案件的审理涉及民事、刑事和司法解释的相关规定，这些相关规定都是法律体系的重要组成部分，法院在认定全面损害赔偿时涉及这些相关规定的融合问题，因此在论证夏某某等 15 人破坏生态民事公益诉讼案时，将刑事法、民事法和司法解释的相关规定很好地融贯在了一起，同时在逻辑上也很顺畅，没有阻碍。

在法律论证内容的程序合理性上，法院确认 15 名当事人违法犯罪行为和应承担法律责任的论证程序十分严密。法院生效裁判认为❷：根据我国相关矿产资源法律法规的规定，开采矿产资源必须依法申请许可证，取得采矿权。夏某某等 15 人在下塞湖区域挖取的砂石系国家矿产资源。根据沅江市砂石资源开采管理领导小组办公室证明、益阳市水务局《情况说明》、湘阴县河道砂石综合执法局证明、岳阳市河道砂石服务中心证明，并结合另案生效判决认定的事实及各被告当庭陈述，可证明被告未依法获得许可，私自开采国家矿产资源，应认定为非法采砂。非法采砂行为不仅造成国家资源损失，还对生态环境造成损害，致使国家利益和社会公共利益遭受损失。矿产资源兼具经济属性和生态属性，不能仅重视矿产资源的经济价值保护，而忽视矿产资源的生态价值救济。非法采砂违法犯罪行为不仅需要依法承担刑事责任，还要依法承担生态环境损害赔偿民事责任。应当按照谁污染谁治理、谁破坏谁担责的原则，依法追究非法采砂行为人的刑事、民事法律责任。

本案中，夏某某等 15 人的非法采砂生态破坏行为，导致了洞庭湖生态系统的损害，具体包括丰富的鱼类、虾蟹类和螺蚌等软体动物生物资源的损失，并严重威胁洞庭湖河床的稳定性及防洪安全，破坏水生生物资源繁衍生存环境。为确保生态环境损害数额认定的科学性、全面性和合理性，人民法院委托具备资格的机构进行司法鉴定，通过对生态环境损害鉴定意见的司法审查，合理确定生态破坏行为所导致生态环境损害的赔偿数额。本案中，人民法院指导鉴定专家按照全面赔偿原则，对非法采砂行为所导致的采砂区域河床、水源涵养、生物栖息地、鱼虾生物资源、水环境质量等遭受的破坏进行全方位的鉴定，根据抽取砂土总量、膨胀系数、水中松散沙土的密度、含

---

❶ 《法理学》编写组. 法理学 [M]. 2 版. 北京：人民出版社，2020.
❷ 湖南省益阳市中级人民法院民事判决书（2019）湘 09 民初 94 号。

水比例，以及洞庭湖平均鱼类资源产量等指标量化了各类损失程度。被告虽主张公共利益受损与其无关联，但本案各被告当庭陈述均认可实施了采砂行为，根据另案生效判决认定的事实及审理查明的事实，各被告实施的采砂行为非法，且鉴定意见书明确了采砂行为造成生态环境受损，故认定被告的采砂行为破坏了生态环境资源。各被告未提交反驳证据推翻案涉鉴定意见，经审查，对鉴定意见载明的各项损失及修复费用予以确认。

在法律论证的效果最优性方面，生效法律判决基于对行为人违法犯罪行为的认定，根据《中华人民共和国环境保护法》、原《中华人民共和国侵权责任法》、《最高人民法院关于审理环境民事公益诉讼案件适用法律若干问题的解释》的相关规定，认定夏某某等 15 人在各自参与非法采砂数量范围内构成共同侵权，应在各自参与非法采砂数量范围内承担连带赔偿生态环境修复费用的民事责任。生效法律判决充分考虑了案件可能产生的各类效果和影响，充分考量到生效判决所产生的实际效果❶，努力实现了法律效果、政治效果和社会效果相统一。❷

---

❶ ［美］鲁格罗·亚狄瑟. 法律的逻辑［M］. 唐欣伟，译. 商周出版社，2005：第一版前言.
❷ ［德］罗伯特·阿列克西. 法律论证理论——作为法律证立理论的理性论辩理论［M］. 舒国滢，译. 商务印书馆，2019.

第五编 价值论

CHAPTER 17 第十七章

法的基本价值

 **本章知识要点**

（1）法的主要价值取向；（2）法与秩序、自由、效率、正义的关系。

第一节 法与秩序

法律发挥社会作用的过程即为对那些有价值的事物予以保护并助长的过程。秩序价值作为法律制度所服务的对象，展现了人类社会关系的理想状态以及关于权利义务的分配格局。秩序价值的保护使得社会关系的稳定性、社会进程的连续性、人类行为的规则性以及人类身心的安全性得以维持。因此，在文明社会中，任何国家的法律制度都对秩序价值予以特殊的维护。

一、法的秩序价值概述

 **案例一 Z市新冠疫情期间的防控通告**

【基本案情】

2022年年初，新冠疫情在Z市出现反弹迹象，防控形势突然变得复杂而严峻。为有效阻断疫情传播，Z市新冠疫情防控指挥部发布通告，决定实施主城区内静态管理。与此同时，Z市疫情防控指挥部采取多种方式加强疫情管控措施宣传，号召全体市民自觉遵守疫情防控各项规定。市、区行业主管部门加强巡查，对于违反治安管理的人员，移送公安机关处罚；触犯《刑法》的，按照相关规定移送司法机关处理，并公开予以曝光。

【主要法律问题】

上述案例中的通告是在维护何种法律价值？它是如何维护这种法律价值的？

【理论分析】

现存的多元规范体系以及多元秩序结构，都要经历一个向法治化过渡的法治化过程。或者说，法是维护良好的社会主义统治秩序和社会生活秩序的最基本的手段。因此，当一个国家或者社会遭遇紧急状态时，秩序往往会成为首要的法律价值。从上述案例中的通告就可以看出，紧急状态下维护秩序价值具有紧迫性与重要性。因为一旦社会秩序失控，那么其他的法律价值也很难得到保障。因此，在特定情形下，为了维持秩序，甚至可以暂时牺牲其他的法律价值。遵循此种逻辑，法维护秩序的途径往往以赋予社会主体法律责任的强制性方式，从外在行为上进行维护，而不论社会主体内心是否顺从。具体而言，主要有以下三种方式：一是通过立法直接创设某种重要秩序，以使社会更有序；二是将已有的重要社会秩序在法运行的各个环节（主要包括立法、执法、司法以及守法等环节）或法理研究的过程中，逐步内化到法律中去，使之成为法律秩序；三是建立确保上述法律秩序得以维系的物质强制力及其运行秩序。上述案例中管控通告的具体措施与内容主要采用了第一种方式。

二、法对秩序价值的维护作用

案例二　张某扰乱人民法院工作秩序案

【基本案情】

张某以到 P 市信访为由，拒绝购买 P 市公交车票，遂与公交司机发生冲突，被公安机关行政处罚。张某因此提起系列行政诉讼，因无事实法律依据，被 P 市 F 区人民法院依法驳回。张某不服判决，于 2014 年 3 月 21 日下午，擅自闯入 F 区法院办公区、进入承办法官办公室，要求复印案件开庭笔录及部分证据材料，导致办公室内其他工作人员无法正常办公。承办法官将其劝离办公室后，张某又在办公区楼道内大声辱骂承办法官达数分钟。后经法官劝导教育并与其约定领取相关案卷材料时间，张某方才离院。3 月 24 日上午，张某依约再次来到 F 区法院，在等待过程中，再次长时间高声侮辱谩骂该院行政庭副庭长和承办法官，并频繁敲击审判区域与办公区域之间的玻璃门，严重影响法院工作秩序。《中华人民共和国行政诉讼法》第 59 条规定："诉讼参与人或者其他人有下列行为之一的，人民法院可以根据情节轻重，予以训诫、责令具结悔过或者处一万元以下的罚款、十五日以下的拘留；构成犯罪的，依法追究刑事责任……（六）以暴力、威胁或者其他方法阻碍人民法院工作人员执行职务，或者以哄闹、冲击法庭等方法扰乱人民法院工作秩序的；"根据以上法律规定，F 区法院认为，张某严重扰乱人民法院工作秩序，侮辱人民法院工作人员，于 2014 年 3 月 24 日决定对张某司法拘留 15 日。

【主要法律问题】

法如何维护权力运行秩序？

【理论分析】

法律是消灭专制主义、限制自由裁量、建立权力运行秩序的重要手段，其作用主要体现为以下两个方面：第一，明确公民的各项政治权利和自由，并加以有力的保障，确保国家政权的民主性质；第二，对国家权力系统的结构作出科学的安排，主要包括规定各权力主体（各国家机关）之间的权限划分以及相互之间的合作、协调与制约关系，还有各权力主体内部的职权分配以及权力运行的程序机制等。❶

人民法院良好的工作秩序是司法人员履行职责的重要保障。法院内的区域属于公共场所，进入公共场所应当遵守公共规则。自觉维护国家机关工作场所秩序，是公民参加公共社会生活的基本要求。然而近年来，在立案大厅、信访接待室、诉讼服务中心、电梯间、楼道间和工作人员办公室等法院公共区域内喧哗吵闹，甚至公然侮辱、诽谤、殴打人民法院工作人员，毁损法院公共设施和办公物品等行为时有发生，这些行为不仅对其他公民参与诉讼活动造成了干扰，也妨碍了司法人员依法履行职务。《人民法院落实〈保护司法人员依法履行法定职责的规定〉的实施办法》第 10 条要求各级人民法院的立案信访、诉讼服务、审判区域应当与法官办公区域相对隔离，配备一键报警装置，而且应当为法官、审判辅助人员配备相应设备，提供专门接待场所，强化依法履职的设施装备保障措施。❷ 本案中，张某擅自闯入法院办公区域及法官办公室，用污言秽语辱骂承办法官，人民法院根据其行为对其予以制裁，不仅是为了维护法院正常工作秩序，也是为司法人员依法履行职责营造正常工作环境的必要举措。

第二节 法与自由

在人类所追求的诸种价值目标中，自由与人的主体性关联最为紧密。可以说，人的主体性很大程度上即是由自由来体现的，没有自由即没有主体性"人"的存在。因此，自由是人类社会每个独立个体所追求的重要价值目标之一。法律作为调整社会活动主体间相互关系的规范体系，要保证主体的地位，就要保证自由。❸

---

❶ 张文显. 法理学 [M]. 北京：高等教育出版社，北京大学出版社，2007：310.
❷ 来源于最高人民法院公布的司法人员依法履职保障十大典型案例。
❸ 张文显. 法理学 [M]. 北京：高等教育出版社，北京大学出版社，2007：314.

一、法对自由价值的确认作用

 **案例三 李某某编造、故意传播虚假信息案**

【基本案情】

2020年3月7日，J省M市通过其官方微信公众平台，发布了M市关于新冠疫情的第一次公告，确认1例初筛阳性感染者；3月9日0点27分，发布M市关于新冠疫情的第二次公告，确认2例初筛阳性感染者。M市迅速实施相关管控政策。

李某某系J省M市某传媒公司员工。2020年3月9日19时许，李某某收到其在J省H市的母亲用微信发来的H市政府疫情防控通知，主要内容是H市域内要求核酸检测应检尽检；从3月10日下午4点起实行区域封闭，非必要不准离家，居民可利用当天和第二天上午的时间采购必需物资，居家等候市政府各项指令。当日20时许，李某某作为网络传媒公司的工作人员，明知涉疫信息在网络平台传播的敏感度和影响力，而故意将通知中的"H市"改为"M市某区域内"，并将该虚假信息发布到公司微信业绩群内，该微信群人员又将此消息转发给自己亲人、其他微信群，导致该虚假信息在M市迅速传播扩散，造成全域群众恐慌，纷纷到超市抢购米、面、油、蔬菜等生活必需品。M市一天内出现物资短缺、物价上涨的紧张局面，严重扰乱了社会秩序，对当地疫情防控工作造成了不良影响。3月10日，M市对虚假疫情防控信息公开辟谣，各社区和街道工作人员从线上到线下进行了大量的辟谣安抚工作。

3月10日，公安机关以涉嫌编造、故意传播虚假信息罪对李某某立案侦查，同日采取取保候审强制措施。4月6日，该案移送检察机关审查起诉。经讯问，李某某认罪认罚并自愿出具"悔过书"。4月7日，检察机关开展认罪认罚控辩协商及听取意见同步录音录像，充分听取被告人、值班律师意见。后经综合考虑李某某的犯罪情节，检察机关依法对李某某提起公诉，并提出了"拘役四个月，缓刑五个月"的量刑建议，建议适用速裁程序。4月8日，M市人民法院适用速裁程序对本案进行了公开审理，采纳检察机关提出的量刑建议并当庭宣判，认定被告人李某某犯编造、故意传播虚假信息罪，判处其拘役四个月，缓刑五个月。

【主要法律问题】

上述案例中法律在发挥其作用的过程中是否侵害了公民的自由？从法与自由关系的角度如何认识这个问题？

【理论分析】

上述案例中所涉公民的自由问题，首先即是李某某的言论自由权问题。言论自由，一般是指公民享有宪法赋予的通过口头、书面、著作及电影、戏剧、音乐、广播、电视等手段发表自己意见的自由权利,它是公民政治自由中最重要的一项权利。借由这项权利,公民拥有了更多表达自我、评价他人、参与社会事件的机会,尤其是自媒体平台的广泛应用,打破了传统媒体发布信息的垄断地位,通过微信等网络平台,公民可以在尽量全面地了解事情真相的基础之上,有序、有效地发表自己的意见和观点,并且使之能更加广泛地传播,让社会听到个人的声音。然而,也正是因为网络平台所具有的及时、持续的传播能力,使得虚假信息的传播也变得更容易。面对虚假信息,任何用户或是出于好奇、或是出于求证、或是出于娱乐,都可能会对这样的消息进行转发和评论,进而可能会导致更多的人将信将疑。一旦这样的假消息借助开放的网络平台散播出去之后,负面效应的消除就会变得很难,即使是专家、学者进行辟谣、澄清,也无法挽回之前不真实的信息被持续传播的不良后果,从而引发对公众判断的一种错误煽动和导向。

本案中,李某某故意编造、传播虚假涉疫信息,看似是其行使了言论自由权,但最终却导致该虚假信息的传播扩散,引发全域市民恐慌及哄抢商品等破坏正常经济秩序的现象。这样一种无序状态的出现,打破了原本稳定的社会关系,混淆了原本有序的社会结构,诱发了种种偶然的和不可预测的因素。这些因素直接干扰着人们正常的社会生活进程,从而使人们的行为呈现出一种无规则状态,人与人之间信任减少、不安全感增加。因此,为了维持正常的社会秩序,必须采取措施消除这样的无序状态,而法律无疑是首要的手段。此时,自由与法律从表面上看存在着很大的冲突和矛盾,似乎法律是对言论自由的限制。实质上,诚如亚里士多德所言,法律不是对自由的限制,法律是对自由的保护,自由是对法律的促进。自由的行使不能没有边界,这个边界就是由法律所确定的其他主体的权利和自由。如果个人权利和自由的行使超过了必要的限度,必然会受到法律的调整和限制,而这是对于真正自由的保护和确认。如果一个人超出法律的边界,盲目、过度地追求自己的自由,就会侵犯其他主体的自由,最终导致其他主体同样跨越法律边界来剥夺他的自由,所以,自由必须以承认和尊重他人的权利和自由为前提,必须接受法律必要的限制。

二、法律保障自由价值的原则

 **案例四　刘某变更姓名案**

【基本案情】

2020年11月,原告刘某因特别钟爱某品牌车"霸道"系列车型,并认为该系列汽车的名称听起来颇具气势,便向公安机关S市H区某派出所提出更改自己的姓名为刘霸道的申请,却遭到拒绝。后来刘某又多次为此事与该派出所进行沟通,而派出所始终未受理其姓名变更申请。于是,原告刘某以公民享有变更自己姓名的权利为由,将S市H区某派出所诉至法院,要求被告为其变更姓名登记,履行法定职责。S市H区法院经审理认为，原告申请变更户籍登记姓名为"刘霸道"的理由，为"霸道"系其所喜欢的一款汽车的名称，且认为变更后的姓名听起来更有气势，这些理由均不是需要变更户籍登记姓名的特殊原因或正当理由。如人人因个人喜好而变更户籍登记姓名，会给社会公共管理带来巨大成本，亦会增加社会管理的风险性和不确定性。故被告依据上述规定对原告刘某变更姓名的请求不予准许并无不当。综上，原告要求被告履行变更户籍登记姓名法定职责的理由不成立，依照《中华人民共和国行政诉讼法》第69条之规定，判决驳回原告刘某的诉讼请求。

【主要法律问题】

上述案例中，法院对于公民使用、变更姓名权利的保护体现了法律确认和保障自由的哪项原则？

【理论分析】

法律赋予公民使用、变更姓名的自由，但同时也对该权利的行使作出限定。根据《中华人民共和国民法典》第1012条规定："自然人享有姓名权，有权依法决定、使用、变更或者许可他人使用自己的姓名，但是不得违背公序良俗。"法律上的姓名不仅包括正式的户籍登记姓名，也包括其他类似于姓名的笔名、艺名、绰号、网名等非正式姓名。法律赋予公民使用、变更姓名的自由，但同时也对于该权利的行使作出限定，故姓名的变更权并非一种无限的自由权，而是一种有限制的权利。根据上述法律规定，自然人姓名的变更不得违背公序良俗，尤其是户籍登记姓名的变更。公民户籍登记制度利于自然人从事民事活动法律身份的确认，同时也是国家进行社会公共管理的手段。公民户籍姓名的变更特别是18岁以上成年人户籍登记姓名的变更会给社会管理带来诸多不便。故考虑到户籍登记姓名的变更对社会公共秩序的影响，各级公安机关均出台了相关的规范性文件以规范户籍登记姓名的管理。上述案例中，刘某以其个人喜好为由申请变更姓名将会增加社会管理的风险性和绩效成本，尤其是其更改申请所采用的名字是曾涉辱华问题的车名，这是有悖公序良俗的。那么户口登记机关依据相关规定对其变更姓名的请求不予准许，并无不当。

由此，可以看出确认和保障自由的制度构建，就在于对自由的许可与干预之间。那么其中所包含的法律原则就应当有以下几项，即：每个人自由并存原则、消极自由之保障（非干预）原则、积极自由之保障（有限干预）原则、公益干预原则。上述案例，具体来说，体现了公益干预原则。这一原则意指为了保护公共利益或促进重要的公共福利，可以构成对个人自由干预的授权。具体而言，这项原则主要包含两个部分：一是当公共利益受到个人自由侵害时，可以对个人自由施加干预。比如，私权的运用损害公序良俗时，可以对私权的运用作出限制。此案即是最佳证明。二是当个人自由的行使妨碍重要公共福利的发展时，可以对个人自由进行干预。比如，为了缩小社会差别和实施福利政策而对个人所得征收累进税；为了修建公路、铁路、机场等重要公共设施,在无更合理的替代方案并且在给予原土地所有者合理补偿的条件下可以强制其搬迁。这一原则是平衡公共利益和社会成员自由所不可缺少的,没有这一原则,社会公共利益的存在和发展将难以保证。

第三节 法与效率

在我国社会主义法律价值体系中,效率日益受到重视。如何理解效率,如何认识效率与公平的关系,如何运用法律机制促进效率的实现,是法学理论面对的重大现实问题。

一、法对效率价值的促进作用

第一,法律承认并保障人们的物质利益,从而鼓励人们为物质利益而奋斗。人类在追逐物质利益的过程中必然会产生对立和摩擦。这种对立和摩擦会造成资源的浪费甚至是巨大的浪费。因此,法在承认和保护人们的物质利益的同时,还要权衡和调节各种利益冲突,以便把对立和摩擦减少到最低限度。法的整个运行过程实际上就是对各种利益进行平衡、选择、取舍,并通过权利和义务对这些不同利益进行权威性、规范性调整的过程。

第二,确认和保护产权关系,鼓励人们以效益为目的占有、使用或转让(交换)财产。财产权利的承认(产权关系的明确)是有效利用自然资源的前提。人们只有获得了对资源的占有权和使用权,物有其主,并有权排除他人对自己财产的侵犯或夺取,财产所有者才有信心和动机投入资源,发展财富。任何一个国家的民事法律都是以财产权为核心的。法在确认财产权的同时,还要创造财产权有效利用的机制,其中最主要的是为财产权的转移提供保障和便利。

第三,法通过兼顾公平,来激发和保证持续的效率。在良好的社会制度下,效率和公平本质上是统一的,只有大力发展生产力,提高劳动生产率,增加社会财富总量,才有可能创造出兼顾公平的物质基础。同时,效率是以自由而公平的竞争为前提的。在市场经济条件下,主体之间只有以平等的资格,在平等的条件下公平竞争,才能进一步发挥市场竞争机制的作用,促进优胜劣汰,从而获得更高的效率。

二、法促进效率价值的一般路径

 **案例五 民营企业裁判错误纠正案**

【基本案情】

原审被告人张某原系 W 集团有限公司(以下简称 W 集团)董事长。2009 年 3 月

30日，张某因犯诈骗罪、单位行贿罪、挪用资金罪被判处有期徒刑12年，并处罚金人民币50万元。2016年10月，张某向最高人民法院提出申诉。最高人民法院于2017年12月27日作出再审决定。2018年5月31日最高人民法院提审本案后，以认定事实和适用法律错误为由撤销原审判决，改判张某无罪，原判已执行的罚金及追缴的财产依法予以返还。最高人民法院再审认为，W集团在申报国债技改贴息项目时，国债技改贴息政策已有所调整，民营企业具有申报资格，且W集团所申报的物流项目和信息化项目均属于国债技改贴息重点支持对象，符合国家当时的经济发展形势和产业政策。原审被告人张某、李某在W集团申报项目过程中，虽然存在违规行为，但未实施虚构事实、隐瞒真相以骗取国债技改贴息资金的诈骗行为，并无非法占有3190万元国债技改贴息资金的主观故意，不符合诈骗罪的构成要件。故原判认定张某、李某的行为构成诈骗罪，属于认定事实和适用法律错误，应当依法予以纠正。原审被告单位W集团在收购A公司所持股份后，给予赵某30万元好处费的行为，并非为了谋取不正当利益，亦不属于情节严重，不符合单位行贿罪的构成要件，张某作为W集团直接负责的主管人员，对其亦不应以单位行贿罪追究刑事责任。原判认定W集团及张某的行为构成单位行贿罪，属于认定事实和适用法律错误，应当依法予以纠正。原判认定张某挪用资金归个人使用、为个人谋利的事实不清、证据不足。故原判认定张某的行为构成挪用资金罪，属于认定事实和适用法律错误，应当依法予以纠正。

【主要法律问题】

上述案例反映出法律如何促进效率？

【理论分析】

既然效率是社会发展的基本价值目标，那么现代社会的法律，从实体法到程序法，从根本法到普通法，从成文法到不成文法，都有或应有其内在的经济逻辑和宗旨，即：以有利于提高效率的方式分配资源，并以权利和义务的规定保障资源的优化配置和使用。法律对效率的促进，首先可以通过确认和维护人权，调动生产者的积极性，促进生产力的进步。我们知道，生产力的基本因素有三个，即劳动者（人）、劳动资料（物）和劳动技能（智）。只有这三个要素得到保护，并且能够得到自由的结合，生产力才能发展。这三个要素是分别由人权、物权、"智权"（如知识产权）来加以保护的。在社会主义条件下，只有充分尊重和保护这些权利，使人民群众清楚地认识到自己在国家和社会中的主人和主体地位，切实感受到自己是人、有做人的权利，他们才能满腔热情、扎扎实实地去学习和工作，创造出人类前所未有的物质文明。❶ 此案中，法律通过纠正涉及民营企业家的冤错案件，加强对企业家权益的保护，从而达到稳定企业家预期，调动企业家的积极性，促进生产力进步的目的。

---

❶ 张文显. 法理学[M]. 北京：高等教育出版社，北京大学出版社，2007：330.

第四节 法与正义

在人类的法律理论和实践中,正义这一概念往往扮演着一种高级法的角色,并为评论和改造实在法提供指导。从古代思想家的阐述里可以看到,法律被刻画为一种"正义之术",法学被界定成关于正义和非正义的学问。由此,当我们说正义是法的整体价值目标时,实际上也就意味着主张法律的合法性要以正义的正当性为依托。基于这样的事实,法律与正义之间的问题,便不再是有无联系的问题,而是有什么联系的问题,或者说人们应当如何对待两者之间的联系的问题。

一、法对正义价值的保障作用

 **案例六 中国"高考移民诉讼第一案"**

【基本案情】

2007年11月,X省招生委员会办公室突然出台新规定,要求只有在X省落户满3年的考生才能在当地报名高考。2008年2月,依据X省招生委员会办公室《关于做好2008年普通高等学校招生考试报名工作的通知》精神,现籍X省S市的88名高三学生因"户籍在X省不满三年"及"高级中等教育学籍在X省不满三年",被教育行政主管部门认定为"高考移民"并取消了2008年高考报名资格。之后,被取消资格的考生家长们便奔波于各级教育行政部门之间寻求说法,他们称:自己是按照S市"在小城镇买房落户"的政策合法迁入户籍的,报考也符合S市有关招生政策,考生本已通过高考资格审查取得准考证号,现在却又被取消了高考资格。但因多方沟通无效,2008年4月18日,其中的12名学生家长以考生的名义,将S市招办、S市B区招办和区教育局告上了法庭。此案于5月14日上午开庭审理。5月26日,S市B区法院作出一审判决,驳回了考生的诉讼请求。这起罕见的"群体诉讼案",被称为中国"高考移民诉讼第一案"。

【主要法律问题】

上述案例中,法是如何促进正义价值实现的?

【理论分析】

在高考移民现象中,我们首先肯定,移民考生和迁入地考生这两类群体作为我国法律规定上的平等主体,在享有权利和履行义务上应是平等的,他们的受教育权都应得到保障。其次,在保障受教育平等权的过程中,权利的实现应注意把握限度,不能因保障一方的权利而损害另一方的权利。❶ 也就是说高考移民考生有追求平等入学机会的权利，但行使这项权利的同时不能损害迁入地考生的权利。如要选择迁移方式进入当地考试，可以根据相应法律法规的要求（比如提前一定年限进入该地区学习，在达到相应条件后可以取得该地区报考资格），来享有政策补偿，这是权利的合理行使。如果是移民考生在发达地区充分享受优先教育资源后，以不正当途径迁入落后地区挤占入学机会，无疑会给迁入地考生的权利带来不利影响，此种情况不应得到国家的保护。因此，高考移民现象中，受损害的不仅有落后地区考生的受教育平等权，往往也包括高考移民学生本人的受教育平等权。为了维护这项权利，法律必须采取必要的手段与措施。

对于"高考移民"现象的法律规制可以看出，一方面，法促进和保障分配正义，主要表现为把指导分配的正义原则法律化、制度化，并具体化为权利和义务，实现对资源、社会合作的利益和负担进行权威的、公正的分配。当然，法所促成实现的"分配正义"，并非对所有人都是公正的。但是分配作为正义也不是绝对没有一致的、共同的内容。正义对分配的底线是任何分配都不能是完全任意的，而是要依据一定的可识别的标准进行。在现代社会，分配的正义标准也是有基本底线的。另一方面，法促进和保障社会正义。在这一意义上，法律对于正义无疑具有重要的作用。法律规定各种社会资源的分配与社会负担的承担，能够提高资源分配的确定性与规范性程度，以防止权力对资源的垄断与无理分配。同时，法律能够实现公民公平参与竞争的社会环境。此外，法律能够保障公民参与社会竞争的能力，比如保障公民平等地享有教育资源的权利等。综上所述，国家作为提供公民社会生活基本资源的义务主体，向每个适龄公民提供入学的机会，这不论对于哪个地区都是平等的，但国家不可能对教育投入进行平均分配。让每个公民绝对平等地享有国家教育资源是不现实且缺乏实际操作性的。国家在总体鼓励前提下对经济基础较好的地区进行优先投入，以取得教育资源投入产出比率的最大化，同时对经济欠发达地区的教育资源进行补偿，以达到整个社会教育体系的平衡发展。

二、法在实现诉讼正义中的作用

 **案例七　文某丰故意伤害与欧某某寻衅滋事案**

【基本案情】

刘某某因对薪酬不满经常旷工而受到公司处罚。随后刘某某为此事与公司负责人发生争吵，便联系其亲戚欧某某来帮忙。欧某某于当晚20时许赶到该公司后，因公司相关负责人已下班，刘某某便邀欧某某及另外两名同事一起吃夜宵喝酒唱歌至次日零

---

❶ 梁家平. 论受教育的平等权——以高考移民现象为视角［J］. 今日南国（理论创新版），2008（7）.

时。酒后，刘某某认为同事文某丰人品有问题、在背后给自己穿小鞋，遂临时起意要同欧某某一起去恐吓文某丰。刘某某醉酒驾车，和欧某某一起来到其公司门口，用微信约正在上晚班的文某丰到公司门口见面。刘某某拿出一把事先放在车上的匕首交给欧某某，并吩咐欧某某等文某丰出来了就用匕首恐吓他。文某丰来到公司门口后，刘某某提出自己要从公司离职，要求文某丰给付金钱赔偿。文某丰当场拒绝并转身欲返回公司。刘某某追上阻拦并抓住文某丰的左手，同时用拳头击打文某丰的头部，欧某某亦上前持匕首朝文某丰的左胸部刺去。文某丰见状用右手抓住匕首的刀刃，并抢夺欧某某手中的匕首。抢夺中，文某丰所穿针织衫左胸部位被匕首划烂，右手手指、手掌均被划伤。文某丰抢到匕首后，拿着匕首对仍在殴打自己的刘某某、欧某某挥刺。刘某某被刺后松开文某丰，欧某某亦摔倒在地。文某丰即转身跑往公司保安亭，立即拨打110报警。民警赶到现场后，文某丰将匕首交给民警，如实供述了事发经过。医护人员到现场后，发现刘某某已经死亡。经鉴定，刘某某系因剑突下单刃刺器创伤致右心室全层破裂、右心房穿透创伤造成急性循环功能衰竭死亡。文某丰损伤程度为轻伤一级。随后，公安局以文某丰涉嫌故意伤害罪、欧某某涉嫌寻衅滋事罪移送检察院审查起诉。检察院经审查认为，文某丰面对刘某某以拳头殴打和欧某某持匕首刺向自己胸部的情境，夺下匕首进行反击，其行为符合《刑法》第20条第3款正当防卫的规定，依法不负刑事责任，对文某丰作出不起诉决定。欧某某因随意殴打他人，情节恶劣，构成寻衅滋事罪被依法提起公诉，最终被宁乡市人民法院判处有期徒刑六个月。

【主要法律问题】

法是如何促进和保障诉讼正义的？

【理论分析】

现代社会生活中，法律纠纷是在所难免的。这是因为，一方面，人与人之间不可避免地会发生利益冲突，另一方面，即使法律存在权利和义务的分配关系，也不可能受到所有人的尊重。由此引起的这些冲突和纠纷就需要法律出面解决，法律既可以为和平地解决冲突提供规则和程序，也可以为公正地解决冲突提供规则和程序。这里，为了保障冲突和纠纷的公正解决，法律所提供的规则和程序主要包含以下内容：司法独立、回避制度、公开审判、权利平等、合乎情理、高效审理、律师自由以及完备的上诉和申诉制度等。其中，合乎情理就强调了判决的内容应当有事实根据和法律依据，并为公认的正义观所支持。

此案中，刘某某指使欧某某恐吓文某丰，到达现场后拿出匕首交给欧某某，尽管其吩咐恐吓的内容不确定，但当欧某某持匕首向文某丰的要害部位刺去时，二人共同实施的不法侵害已严重危及文某丰的人身安全。文某丰面对刘某某、欧某某共同实施的暴力侵害进行反击，无论造成二人中谁的死伤，都属于正当防卫，即使造成暴力程度较轻的刘某某重伤或者死亡，也不属于防卫过当，不负刑事责任。司法机关认定文某丰的行为属于正当防卫，依法作出不起诉决定，具有积极意义。一方面，有利于鼓励公民行使正当防卫权利，在遭受不法侵害，特别是严重暴力侵害时，要敢于积极同违法犯罪行为作斗争。另一方面，司法机关在办理涉正当防卫案件时，行使司法权的过程中应注重查明前因后果，分清是非曲直，确保案件处理于法有据、于理应当、于情相容，符合人民群众的公平正义观念，从而实现法律效果与社会效果的有机统一。

CHAPTER 18 第十八章

法的价值冲突与整合

本章知识要点

（1）法的价值冲突的逻辑形态及成因；（2）法的价值整合过程及原则。

第一节 法的价值冲突

法的价值问题是法理学最根本的问题之一，它涉及人们对法律制度的期待以及对法律的目的、正当性和理想图景的思考。然而，法的价值是一个具有多样性和位阶性的体系，在某些情况下会发生矛盾和冲突，会产生位列排序的难题，即产生法的价值冲突。

一、法的价值冲突的逻辑形态

 **案例一 李某走私、运输、贩卖毒品案**

【基本案情】

河南郑州一名 35 岁的母亲李某，其 1 岁零 9 个月的儿子罹患一种罕见的癫痫症。在医生介绍下，李某找到了一款用于治疗"药物难治性癫痫"的药物，名叫氯巴占。在超过 100 个国家，氯巴占被用作抗癫痫药物，具有"疗效确切、安全性高、耐受性良好"的特点。但根据我国《精神药品品种目录（2013 年版）》，氯巴占属于第二类精神药品，受到严格管控。因此，在国内的医院、药店，李某买不到这款药物。一直以来，她通过病友群里的代购者来购买。代购者从国外购买正规上市的氯巴占，再转卖给病友们。2021 年 9 月 3 日李某被郑州市中牟县警方以涉嫌走私、运输、贩卖毒品罪采取取保候审的强制措施。11 月 12 日，中牟县人民检察院认为其构成走私、运输、贩卖毒品罪，但因"初犯""从犯""为子女治病诱发犯罪""未获利"等因素，综合考量其犯罪情节轻微，决定不予起诉。

【主要法律问题】

在本案中，如何体现法的价值冲突？哪些价值之间产生了冲突？

【理论分析】

走私类犯罪属于法定犯的一种，国家的法律将违反海关管理秩序的行为规定为犯罪。在本案中，李某代购并转卖国家严格管控的精神药品，在客观层面上，破坏了我国海关管理的行政秩序，具有毒品流通的社会危害，其行为符合走私、运输、贩卖毒品罪的构成要件。但究其主观层面，李某并无营利目的，仅是为了救助自己和其他同病相怜家庭的孩子。犯罪成立的必要条件是，行为具有社会危害性。氯巴占作为国家二类精神管制药品，确实在刑法规定的"毒品"范畴里，氯巴占具有成瘾性，会令人产生依赖。但本案既未造成服药群体的身体伤害延误治疗等，也未造成列管药物秩序的混乱，无任何药品流入了毒品市场。罕见病儿童需要药品，其中癫痫患儿首选氯巴占，国内尚未有药企能制造，国内医疗机构也未专门就此进行海外采购，家长们迫不得已才违反行政管理秩序，进行海外代购。在本案中存在着救助个人生命和维护社会管理秩序的冲突，这便是法的价值冲突的一种表现形式。检察机关最终作出酌定不起诉，认定李某的行为构成犯罪，但由于犯罪情节轻微，依法免予刑事处罚。

法的所有目的价值和形式价值都是值得追求和珍视的美好之物，如果能够使所有的价值都完全不受任何限制地充分实现，确实是一件再好不过的事情，然而，这是不可能的。因为价值之间具有非常复杂的关系，粗略地说，可以有三种状态：一是无涉状态，即两种价值之间不存在直接关联，既没有正相关关系，也没有负相关关系；二是耦合状态，即两种价值之间存在正相关关系，两者之间任何一个变量的增减都意味着另一个变量的增减；三是竞合状态，即两种价值之间存在负相关关系，两者交集在一个点上并相互竞争，彼此消长之间呈现反向的关联——彼长则此消，此长则彼消。当法的不同价值在特定场合处于竞合状态时，法的价值冲突就出现了。

法的价值冲突既可能发生在目的价值层面，也可能发生在形式价值层面。例如，在市场经济中，交易自由和交易安全都是法律所服务的价值目标，在某些场合，两者之间的关系可能处于无涉状态或耦合状态。但是，在要式合同的交易中，立法者为了更好地保证交易安全，会规定一些特定的形式和手续作为合同成立的条件，即使交易双方达成合意，在不具备这些条件的情况下，该合意在法律上也不能产生合同效力，这样，交易自由显然受到了限制。再如，确定性和灵活性都是法的重要形式价值，人们期望法律在形式上具有确定性以防止法律本身的含混不清，同时，人们也期望法律在形式上具有一定灵活性而不要过于僵硬机械。但是，在某些特定的场合，确定性的增长可能意味着灵活性的降低，而灵活性的增长又可能导致确定性被削弱。

一般而言，与形式价值冲突相比，法的目的价值冲突是一种更主要的冲突，同时，也是更不易于解决的冲突。在现代社会中，最为引人关注的目的价值冲突大抵就是公平与效率、自由与秩序之间的冲突。公平、效率、自由、秩序都是特别重要的社会价值，当它们成为法律的追求目标时，就是法的最重要的目的价值。公平与效率、自由与秩序，并非总是处于负相关关系之中，但是，在某些特定的事项上，一方的上升却会在一定的范围内对另一方产生抑制作用。例如，在税收、公共福利、治安管制等问题上，公平与效率之间、自由与秩序之间就时常表现出深刻的矛盾、巨大的张力。较高的税率可以提高公共福利的标准从而支撑公平程度的提高，但又可能抑制投资的热情从而降低经济效率；提高治安管制的级别可以更有效地应对骚乱、暴力犯罪和恐怖主义从而维护秩序的安全，但又往往会过多地限制人身自由。

二、法的价值冲突的成因

法的各种价值之间为什么会发生冲突呢？正是人类社会生活本身的特殊性导致了价值冲突的必然性。

第一，人类生活需求的多样性决定了价值目标的多元化。人类作为一种高级生物，不像其他生物那样只有比较简单甚至近乎单一的需求，相反，人类的生活需求是多方面的，以至于很难用简单列举的方式加以罗列。与这一特点相适应，法律制度所要达到的目标也是多元的，而社会实现这些目标的资源和机会却是有限的。在法的价值发生冲突的所有特定场合，其背后都存在这样一种情形，即稀缺的资源和机会不足以支持所有价值目标同时得到实现。一言以蔽之，"正义只是起源于人的自私和有限的慷慨，以及自然为满足人类需要所准备的稀少的供应"。❶

第二，人类社会利益主体的多元化使法的价值冲突变得更为常见和复杂。上面提及的社会价值目标的多元化只是使不同种类的价值之间发生冲突成为必然，如公平价值与效率价值的冲突、自由价值与秩序价值的冲突等。而利益主体的多元化又会导致两种形式的价值冲突：一方面，由于人们的价值偏好不同，一些人可能强烈期待法服务更多地向某种价值倾斜（如分享更多的公共福利），而另一些人则可能有同样强烈的不同期待（如投资回报率的提高），由此会导致不同种类法的价值的冲突。另一方面，由于利益分化的作用，不同利益主体之间完全可能在同一种利益之上发生竞争，例如，财产利益是法律所保护的目的价值，然而，提高关税的法令在使国内制造商得到更多利益的同时，必定会使进口商的利益减损。

除以上两点基本原因之外，社会变迁、制度改革以及立法政策的变更等因素，都会引起法的价值的冲突。

---

❶ ［英］休谟. 人性论［M］. 关文运，译. 北京：商务印书馆，1980：536.

第二节　法的价值整合

从法的价值冲突的原因可以看出，法的价值冲突是价值主体开展社会实践的必然结果，它是绝对的、无法避免的。但是，法的价值冲突会在一定程度上影响法律的整体性，更会影响法律的实施效果。为了把法的价值冲突控制在法律秩序允许的范围内，降低冲突的频率和强度，法的价值整合就成为一个必要的和意义重大的课题。法的价值整合过程，是一个对各种具体的价值目标加以统筹协调的过程，也是一个谋求价值总量最大化的过程，在民主体制下，它也是一个通过公共理性进行对话交流、沟通协商来形成社会共识的过程。

 **案例二　陈某与济南客运管理中心行政诉讼案**❶

【基本案情】

2015年1月7日，两名乘客通过网络打车软件与原告陈某取得联系，约定陈某驾车将乘客从济南市八一立交桥附近送至济南西站，由乘客支付车费。当日11时许，陈某驾驶私人小汽车行至济南西站送客平台时，被告济南客运管理中心的工作人员对其进行调查，查明陈某未取得出租汽车客运资格证，驾驶的车辆未取得车辆运营证。济南客运管理中心认为陈某涉嫌未经许可擅自从事出租汽车客运经营，对其下达《行政强制措施决定书》，暂扣其车辆。济南客运管理中心于2015年1月26日向陈某送达《违法行为通知书》，认为其未经许可擅自从事出租汽车客运经营，拟处二万元罚款，没收违法所得。其后，陈某要求听证。在听证过程中，济南客运管理中心办案人员陈述了陈某的违法事实、有关证据、处理意见等，陈某对事实认定、法律适用和执法程序均提出质疑。2015年2月13日，济南客运管理中心作出《行政处罚决定书》并送达陈某，以其非法经营客运出租汽车，违反《山东省道路运输条例》第69条第2款的规定为由，责令停止违法行为，处二万元罚款并没收非法所得。陈某不服，在法定期限内提起行政诉讼。

山东省济南市市中区人民法院一审认为：网约车这种客运服务的新业态，作为共享经济产物，其运营有助于提高闲置资源的利用效率，缓解运输服务供需时空匹配的冲突，有助于在更大程度上满足人民群众的实际需求。因此，当一项新技术或新商业模式出现时，基于竞争理念和公共政策的考虑，不能一概将其排斥于市场之外，否则

---

❶ 陈超诉济南市城市公共客运管理服务中心客运管理行政处罚案 [J]. 最高人民法院公报, 2018（2）: 45-48.

经济发展就会渐渐缓慢直至最后停滞不前。但同样不容否认的是，网约车的运营需要有效的监管。网约车这种客运行为与传统出租汽车客运经营一样，关系公众的生命财产安全，关系政府对公共服务领域的有序管理，应当在法律、法规的框架内依法、有序进行。因此，在本案当中，我们既要依据现行有效的法律规定审查被诉行政行为的合法性，以体现法律的权威性和严肃性，同时也要充分考虑科技进步激发的社会需求、市场创新等相关因素，作出既符合依法行政的当下要求，又为未来的社会发展和法律变化留有适度空间的司法判断。一审法院判决撤销被告济南客运管理中心对陈某作出的《行政处罚决定书》。济南客运管理中心不服一审判决，提出上诉。

山东省济南市中级人民法院二审认为：比例原则是行政法的重要原则，行政处罚应当遵循比例原则。对当事人实施行政处罚必须与其违法行为的事实、性质、情节和社会危害程度相当。网约车作为客运服务的新业态和分享经济的产物，有助于缓解客运服务的供需矛盾，满足公众多样化出行需求，符合社会发展趋势和创新需求，对其应当保持适度宽容。另一方面，这种新业态又给既有客运管理秩序带来负面影响，甚至存有安全隐患等问题，确需加强规范引导。《网络预约出租汽车经营服务管理暂行办法》的出台，也从侧面对此予以佐证。当一种新生事物在满足社会需求、促进创新创业方面起到积极推动作用时，对其所带来的社会危害的评判不仅要遵从现行法律法规的规定，亦应充分考虑是否符合社会公众感受。本案被上诉人陈某通过网络约车软件进行道路运输经营的行为，社会危害性较小，符合一般社会认知。行政机关在依据现行法律法规对其进行处罚时，应当尽可能将对当事人的不利影响控制在最小范围和限度内，以达到实现行政管理目标和保护新生事物之间的平衡。二审法院判决驳回上诉，维持原判。

【主要法律问题】

(1) 从程序上看，法的价值整合分为哪几个阶段？
(2) 在不同的阶段中，法的价值整合分别具有怎样的特点？
(3) 在案件的审理中，法院采取了何种方式来整合法的价值？

【理论分析】

1. 法的价值整合阶段

法的价值整合从法律创制开始，一直延伸到法律实施的各个阶段，在立法程序、行政程序和司法程序中都有所体现。立法程序是法的价值整合的初始阶段。我国网约车经过初期的野蛮生长和自由发展之后，在 2016 年 7 月迎来了国务院办公厅颁布的《关于深化改革推进出租汽车行业健康发展的指导意见》和交通运输部、工信部等 7 部委发布的《网络预约出租汽车经营服务管理暂行办法》。这些法规在国家层面给予了网约车合法的身份，使网约车发展步入合法时代。在立法程序中，法的价值整合具有三个基本特点：一是宏观性，即立法阶段对法的价值整合不涉及具体的个案，而是在那些具有普遍意义的价值目标之间建立起逻辑联系，使之构建为一个有机的体系。二是基础性，指的是立法者对各种价值目标所作的制度安排，其本身就是统筹协调的整合过程，同时，它为此后的价值整合奠定了基础，决定后续价值整合的基本走向。三是机动空间较大，立法者对各种价值目标的安排，尽管也要受到上位法、法律连续性、社会情势等因素的制约，但是，其回旋空间在一般情况下要远远大于法律适用者。

网约车新政出台后，各地方政府纷纷根据授权就网约车相关发展问题制定地方性实施细则。各地制定网约车实施细则所追求的目的价值各有不同，网约车实施细则的价值冲突在所难免。由于一些地方网约车实施细则实行车辆、人员严格限制，过度地强调安全的价值取向，虽然规范了网约车运营，保障了运营安全和乘客的出行安全，却导致网约车平台公司的设立门槛过高，行政干预色彩浓厚，增加了网约车平台公司设立的难度，影响了网约车平台公司的运营效率，在一定程度上抑制了网约车这种新型业态发展的活力，阻碍了分享经济的发展。

在行政程序和司法程序中，由于受到法治原则的限定，行政行为和司法行为都必须接受立法者根据法律施加的指引和约束，行政决策和司法裁判不得超越法律所确定的界限，但是，这并不意味着行政权和司法权在法的价值整合方面毫无用武之地。这里要区分两种情况：一种情况是在行政羁束行为和司法羁束行为领域，另一种情况是在行政裁量行为和司法裁量行为领域。在前一领域，行政权和司法权只是把立法者在价值整合过程中作出的一般性方案适用于具体个案；而在后一领域，行政和司法的作用不仅仅是"实施性"的，同时具有重新或二次价值整合的功能。这是因为，在裁量行为领域，立法者并没有向行政和司法发布一个"对号入座"式的明确指令，而是提供了数个可选择的方案或仅仅是解决问题的大致方向，因而，在这个范围之内，行政和司法在价值整合方面所扮演的角色与立法者有类似之处。

2. 法的价值整合原则

在立法、行政和司法程序中对法的价值进行整合，应当遵循若干原则。

（1）兼顾协调原则。

法的价值整合应当遵循兼顾协调原则。在法的价值体系中，所有的价值都应当受到保护。但在现实中，法的价值冲突又是非常普遍的。在这种两难的困境之下，无论是立法还是行政或司法，在价值整合时，都应当优先采取兼顾协调的立场和态度来处理各种价值目标的关系。在对各项存在冲突的价值予以衡量和比较的过程中，要对各种价值予以充分的尊重，认识和评估各项价值诉求的合理性，要有全面性的眼光；要在最大范围内最大限度地致力于实现各项价值目标，尽量考虑各项价值的共融性，也就是要以包容性眼光看待各项价值；要结合社会发展的具体条件，综合考虑基本价值与非基本价值、不同社会发展阶段的价值倾向等。因为所有的价值目标都是值得追求和珍视的，即使它们之间发生冲突，也与人身安全与暴力犯罪之间、财产利益与合同诈骗之间的冲突存在本质区别。故而，最大限度地协调它们之间的关系，维持整个价值体系的稳定，尽可能避免、弱化或化解价值冲突，应当成为首位的选择。

(2) 法益权衡原则。

法的价值整合应当遵循法益权衡原则。在价值整合的过程中，总会出现无法兼顾互相冲突的价值的情况。这时，继续采取兼顾协调的立场和态度已经不复可能，应当有所取舍。但是，取舍之间应当有所归依，在这种场合，法益之间的权衡比较必须作为重要方法予以考量，无论是以权利形态存在的法益（如言论自由、担保物权等），还是以非权利形态存在的法益（如善良风俗、公共安全等），都应当在经过仔细斟酌之后，以"两害相权取其轻"的标准决定取舍。

(3) 法律安定性原则。

法的价值整合应当遵循维护法律安定性原则。法治社会的特点是通过而不是绕过法律实现公平正义、促进自由和维护秩序，因此确保法律本身的安定性成为现代法治特别重要甚至是头等重要的价值。"法的安定性的要求是：在任何一个法的争论中，总要有一个是最终的结论，哪怕这一结论是不切实际的。法的安定性要求缘起于它的深层需求：这种需求渴望将现实既定的纷乱纳入秩序之中，渴望对纷乱有事先的防范，并使之在人的控制之内。"[1] 在人治主义传统和法律工具主义观念的影响下，法律的安定性在我国现实生活中没有得到足够的重视，许多人常常把它视为较为次要的价值，通过牺牲法律的安定性来追求所谓的道德效果、经济效果或政治效果的事例时有发生，其结果必然是使法律失去恒定可期、值得信赖的品质。如果为了实现某个具体的价值目标而动辄使法律的安定性受到损害，那么法治就成了一个无意义的价值目标，因此，在法的整合过程中，精心维护法律的安定性显得十分必要。

---

[1] ［德］古斯塔夫·拉德布鲁赫. 法律智慧警句集［M］. 北京：法律出版社，2001：17.

法理学案例教程

第六编 社会论

CHAPTER 19　第十九章

法　治

> **本章知识要点**
>
> （1）法治的基本内涵与核心要义；（2）法治与德治的关系；（3）法治与人治的区别。

第一节　法治的核心要义

现代法治应是以民主为前提和目标，以严格依法办事为核心，以制约权力为关键，以保障人权为基本价值的社会管理机制、社会活动方式和社会秩序状态。

一、民主是法治的前提与目标

法治，即"法的统治"，与英文表述中"Rule of Law"的意思基本相同，对于它基本内涵的理解，可以将其作为一种社会活动方式，也就是说法治是一个能动的或动态的概念。在现代法治社会，所有社会关系参与者都有着明确的法治化要求，即立法机关科学立法、执法机关依法行政、司法机关公正司法、全体社会成员一律循法而行为。法成为人与人之间的连接线，人们依法从事社会生活或社会活动。人们是否以法作为自己的活动方式，或在何种程度上以法作为自己的活动方式，既是人们法治意识的外化，也是社会法治程度的标志。而这其中，首先要确定的是，民主是法治的前提。没有民主，法就不可能是多数人意志的体现，相反地，法就可能为专制者所垄断、所驱使，继而导致法失去其最基本的社会基础，人治取代法治，专制取代民主，依法而治将沦为空谈。除此之外，没有民主，法也就不可能在社会中得到有效的贯彻实施。法的生命力在于运行，没有民主，法治将难以起步。因此法治必须以民主为基础。与此同时，对于人类的全面自由发展来说，民主与法治虽然都是手段，但若将其二者放置于局部关系来看，民主与法治则是相应地互为手段和目的。民主乃人民主权，民主即意味着多数人的权力、多数人的统治，把民主作为法治的目标，实际上是法治对于人的价值的最直接的体现。法治必须在民主的基础上又以民主为目的。否则的话，不以民主为目标的法治必将演化为人治，甚至专制，最终导致人类社会在"法治"的迷雾中丧失自我。

二、依法办事是法治的基本准则

 **案例一　韦某国家赔偿案**

【基本案情】

1997年7月30日，韦某因涉嫌盗窃罪被G省H市L县公安局Y派出所传唤。自1997年7月30日起至8月1日止，派出所警察黄某浩、黄某文审讯了韦某3次，长达30多个小时，对其采用体罚、殴打等方式逼取口供。8月1日，韦某自缢于该派出所留置室。经法医鉴定，韦某身上多处损伤均系钝器作用所致，属轻微的非致命伤，结论为韦某系生前缢死。1998年1月7日，G省H市中级人民法院认定黄某浩、黄某文构成刑讯逼供罪，依法追究二人刑事责任。1997年12月8日，韦某的亲属以刑讯逼供致韦某死亡为由申请国家赔偿。H市中级人民法院经审理，决定：L县公安局赔偿韦某死亡赔偿金、丧葬费合计149580元；给付韦某生前抚养的韦某锋、韦某勇二人生活费合计17745元；给付韦某的父母韦某金、黄某田二人每年3120元的生活费，从1997年8月1日起直至死亡时止。

【主要法律问题】

上述案例反映了法治是如何被践踏与维护的？

【理论分析】

首先，法治作为一种治国方略，意味着一个国家在各种社会调控方式面前选择以法律为主的手段对社会进行控制。基于这一层面的认识，"法治"是与"人治""礼治""德治"等相对立的概念。其次，法治作为一种良好的社会秩序，法治社会中每个法律主体都有着明确的权利和义务内容，社会生活的方方面面已经法律化和制度化。它是完备的法律制度被良好实施后的社会实在，是社会法治化的结果。社会是法治化了的社会，法治是社会化了的法治；社会以法治的状态出现并发展，法治在社会中得以充分展现。再次，法治是有着特定价值基础和价值目标的法律秩序，法治社会的生活方式往往带有价值规定性的特点。最后，从观念层次上而言，法治表示一种对法律的信仰，也就是社会公众对法律至上的一种神圣性情感认同。在法治社会里，法律所蕴含的形式价值与实体价值的合理性促使人们法律信仰的形成，进而让"法律获得普遍的服从"。这里的"普遍服从"是对所有社会关系参与者的法治化要求，包括立法机关、执法机关、司法机关以及全体社会成员一律循法而为。其中，执法机关严格依法办事,这是法治的核心与最基本准则。基于立法民主之上的法治,其核心问题就在于如何严格依法办事的问题。现代法治状态下,依法办事首先便是对社会的特殊成员进行法治化要求,即国家机关及其公务人员必须坚持法律至上的要求,遵循法的规定,依法办事。否则,离开了依法办事,即使立法初衷设计得再完美,也只能是空中楼阁,不可能转化为社会现实。

结合上述案例来看,人民法院通过本案的审理明确,公安机关作为国家司法机关,在刑事侦查过程中存在刑讯逼供等违法行为,且该行为与受害人自杀身亡具有内在联系,据此就应当认定属于"刑讯逼供造成公民死亡"的情形,赔偿义务机关应当对其违法行使职权的行为承担国家赔偿责任。本案的赔偿决定,让死者的配偶、未成年子女、父母均得到应有的赔偿,最大限度地保障了其权利。案件这样的审理结果,最大程度上践行了法治的核心要义,即刑事侦查过程中,国家司法机关应严格依法进行,在查明案件事实的同时,还应当依法保护犯罪嫌疑人的合法权益,不得以刑讯逼供或者变相刑讯逼供,否则应当承担相应的赔偿责任。

三、权力制约是法治的关键之维

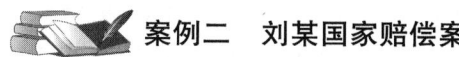

案例二　刘某国家赔偿案

【基本案情】

刘某原系H省某药业Y公司(以下简称Y公司)会计,莫某强系该公司的法定代表人。1998年7月,因莫某强将Y公司转手给李某,涉嫌合同诈骗,同月20日H省H市公安局对其二人立案侦查,案件承办人为原H市公安局经侦支队三大队副大队长赵某某。2000年3月,刘某受莫某强委托,经周某革介绍,以29.5万元的价格将Y公司转让给金某谊。金某谊又委托周某革将该公司转让给他人。之后,周某革以刘某非法转让公司使其无法经营为由要求退还转让费,刘某不同意。2001年1月3日,周某革与刘某因退款一事发生争执后报警,当晚值班民警赵某某带着干警出警,以办案为由要求周某革、刘某等人到H市公安局接受调查。回到公安局后,赵某某对刘某一方说,莫某强是在逃诈骗犯,刘某帮其卖公司也属诈骗,刘某如果不答应退钱,当晚就回不去。刘某见状表示同意退还20万元,随后分两次在赵某某办公室将20万元交给周某革。后H省H市L区人民法院作出刑事判决,认定赵某某犯滥用职权罪。刘某随后提出国家赔偿申请。H省高级人民法院赔偿委员会经审理认为,赵某某身为公安民警,利用职务之便,滥用侦查职权,插手经济纠纷,构成滥用职权罪。本案报案、出警、追缴财产的地点及过程,均证明赵某某的行为属于职务行为,符合1994年《国家赔偿法》第16条规定的违法追缴财产情形,H市公安局应承担其工作人员违法行使职权造成受害人损失的赔偿责任。据此,决定由H市公安局返还受害人20万元。

【主要法律问题】

法治如何制约权力、保障人权?

【理论分析】

法治的关键在于制约权力。权力因其自身天然的属性,使得其拥有者极易破坏法治。所以,法治必须首先对拥有权力的机关及其人员实行制约,其目的在于维护和实现法治,否则法治就可能因权力的不受约束而毁于一旦。此外,人权是现代法最基本的价值之一。尊重和保障人权既是人类文明的标志,是一切进步的法的基本特征,也是现代法区别于传统法的基本标志。

上述案例中,个别公安干警利用职务之便,滥用侦查职权,对当事人进行传唤,违法介入经济纠纷,构成滥用职权罪,其行为属职务行为,其所在机关应当承担违法行使职权造成公民损失的国家赔偿责任。根据《公安部关于公安机关不得非法越权干预经济纠纷案件处理的通知》规定,严禁公安机关非法干预经济纠纷,在办理涉嫌经济犯罪案件的过程中,必须划清经济犯罪与经济纠纷的界限,不得更不允许以查处诈骗等经济犯罪为名,以收审、扣押人质等非法手段插手经济纠纷,侵犯法人和公民的合法权益。本案中,公安机关工作人员利用职务之便,滥用侦查职权,插手经济纠纷,侵犯他人合法权益并造成损失,属于职务行为,公安机关应承担国家赔偿责任。国家赔偿法以及国家赔偿审判实践,通过明确国家机关及其工作人员侵犯公民、法人和其他组织行为的情形及责任,形成了制约和监督公权力运行的倒逼机制,依法维护公民、法人及其他组织的合法权益。

第二节 法治与德治

法治与德治是中国社会自古至今的恒久主题。在当代中国,正确认识和处理法律与道德、法治与德治的关系,既有深刻的理论意义,更有重大的实践意义。

一、法与道德的一般关系

2016年12月9日,习近平在十八届中央政治局第三十七次集体学习时的讲话中指出:"法律是成文的道德,道德是内心的法律。法律和道德都具有规范社会行为、调节社会关系、维护社会秩序的作用,在国家治理中都有其地位和功能。法安天下,德润人心。法律有效实施有赖于道德支持,道德践行也离不开法律约束。法治和德治不可分离、不可偏废,国家治理需要法律和道德协同发力。"2018年3月10日习近平在参加十三届全国人大一次会议重庆代表团审议时,再次指明"要既讲法治又讲德治,重视发挥道德教化作用,把法律和道德的力量、法治和德治的功能紧密结合起来,把自律和他律紧密结合起来，引导全社会积极培育和践行社会主义核心价值观，树立良好道德风尚，防止封建腐朽道德文化沉渣泛起。"诚然，法律作为由国家制定和认可的社会准则，对约束社会成员的行为、稳定社会秩序、维护公平正义发挥着不可替代的效用。但是，良好法律效果的取得在一定程度上要依赖于道德的支持。道德与法律同作为社会规范，正确认识它们二者之间的关系，是促使两者在社会调整中协同发挥作用的前提。

法与道德有着十分密切的纵向联系与横向联系。所谓纵向联系表现在它们的基本原则和主要内容必然是一致的。法与道德的横向联系则主要体现为以下几方面：（1）互相渗透。法贯穿着道德精神，它的许许多多的规范是根据道德原则或规范制定的，而道德的许多内容又是从法律中汲取的。（2）互相制约。道德通过对法的某些规定的公正性和公正程度的评价，促使法的改、废、立，使其符合统治阶级（或人民）的利益，保持法的伦理方向。法则通过立法和司法，促使某些道德规范的完善和道德的发展，制约不道德行为不得越出法律许可的范围。（3）互相保障。既然法和道德的社会本质和服务方向是一致的，那么，凡是法所禁止和制裁的行为，也是（或应该是）道德所禁止和谴责的行为，凡是法所要求和鼓励的行为，也是道德所要培养和赞扬的行为。❶ 因此，法与道德相辅相成，道德状况制约着立法发展，法必须以道德作为价值基础，是传播道德的有效手段。

二、立法的道德限制

2012 年 12 月 28 日，十一届全国人大常委会第三十次会议修订的《老年人权益保障法》，明确"家庭成员应当关心老年人的精神需求，不得忽视、冷落老年人。与老年人分开居住的家庭成员，应当经常看望或者问候老年人。用人单位应当按照相关规定保障赡养人探亲休假的权利"（第 18 条）。作为孝道的"常回家看看"从道德层次上升到法律规范，这一条款引起社会各界讨论。

"常回家看看"原本是个比较纯粹的伦理问题，但在现实必要和时机成熟时，并不影响其向立法性议题的转化。将"常回家看看"纳入法律，只是把原本道德上、传统上大家都需要做到的基本义务予以法律化，这种要求并非强人所难。伴随社会生产力发展水平的提高和一些社会问题的出现，法律与一些普世性、底线性伦理的契合度会越来越高，原本一些特殊性、修养性的道德逐渐被赋予法律制度的形式。道德法制化是道德与法律结合的有机体，它是以法律规范来弥补道德规范的部分不足，是以法补德，而不是以法代德。

"常回家看看"纳入立法，是基于对法律功能的实然需求。我们知道，即便在成熟的法治社会，法律也不是万能的，但是没有法律却是万万不能的。道德也有其自身的局限性，其对于孝顺儿女的影响作用虽巨大，但对于不孝儿女就显得疲软无力。法律

---

❶ 张文显. 法理学 [M]. 北京：高等教育出版社，北京大学出版社，2007：382.

的一个重要特征是国家强制性,尽管用诉讼方式来解决亲情纠纷着实令人尴尬和无奈,但同时却又是非常必要的最后救济途径。如果法律对此根本没有相关规定,那么这种基本亲情权利和人伦义务就会缺乏底线性保障,导致法庭更加无所适从,只能疲于调解;如果调解不成,只能延续儿女的不孝、老人的悲哀。道德法律化将一些占有统治地位的道德规范赋予国家意志,其目的是保障道德规范的实施,以提高社会文明程度。

第三节 法治与人治

法治与人治之间的关系,一直是法治研究的核心问题之一。与法治不同的是,很少有思想家给人治下过定义。因此,厘清法治与人治的区别,界定清楚"人治"与"人的作用的发挥"等概念,对于我们坚持法治、摒弃人治,意义重大。

一、人治的基本特征

一般认为,古希腊柏拉图所主张的"贤人政治"就是人治;中国儒家所主张的"为政在人"也是人治。人治作为一种治国理念和方式,是最早出现的国家与社会治理方式,它长期与法治对应,具有如下几个特征:

第一,人治根据的是特定意志。这种意志是拥有公权力的政治领袖个别人或者少数人的意志。政治领袖的意志直接就是国家或者社会的行动指南,就是根据,而无须规则,甚至无须转化为规则。即使有规则,也可以为权力拥有者一言以立,一言以废。第二,人治具有随意专横的可能性质。由于人治依据的是政治领袖的意志,而这种意志又是易于变动的,于是就具有难以避免的随意性、专断性和专横性。政治领袖的专制与开明往往取决于政治领袖自身的修养与特定的权力结构。第三,人治者往往轻视法律。在人治中,法律的地位是低下的,尤其是面对政治领袖的意志,法律始终是第二位的或者更低。人治者或许也会运用到法律,但法律不过是政治领袖手中的工具,只是达成政治领袖目标的手段,它本身并不是目的。第四,人治中的法律服从于政治意志。政治领袖可以任意改变法律,一旦法律的规定与政治领袖的意志相冲突,法律人的自由、平等、人权可能会被认为是政治领袖的恩惠,成为政治领袖之伟大的证明或证据。

二、法治与人治的区别

习近平精辟地指出:"法治和人治问题是人类政治文明史上的一个基本问题,也是各国在实现现代化过程中必须面对和解决的一个重大问题。综观世界近现代史,凡是顺利实现现代化的国家,没有一个不是较好解决了法治和人治问题的。相反,一些国家虽然也一度实现快速发展,但并没有顺利迈进现代化的门槛,而是陷入这样或那样的'陷阱',出现经济社会发展停滞甚至倒退的局面。后一种情况很大程度上与法治不彰有关。"[1] 现代国家治理中，之所以要实行法治、摒弃人治，原因即在于法治与人治之间存在着根本性差异与对立。

人治作为一种古老的国家与社会的治理方式，是人类社会最初自发的治理模式与治理手段。一般而言，人治是与法治相对应的概念，用来指称政治领袖个别人或少数人以其掌握的公权力，运用其智慧以及军事、经济、政治、文化、法律、道德、宗教等手段来管理国家或者社会的治国方式和政治模式。遵循这样的逻辑概念，无论是古希腊柏拉图所主张的"贤人政治"，还是中国儒家所主张的"为政在人"都是人治的一种表现形式，甚至是极为精致的人治。其缘由就在于中国传统社会的礼治、德治，抑或作为国家治理及社会治理基本方式的人治，它们都具有以下几个共同特征：一是以特定意志为基础；二是具备随意专横的可能性质；三是意志决定者往往轻视法律；四是政治领袖意志效力高于法律；五是政治领袖意志内容缺乏自由、平等、人权等价值理念与准则。

与此大相径庭的是，法治恰恰具有截然不同的品性：首先，法治强调权自法出，即所有的公共权力都应当具有合法性根据，没有合法性基础便不得行使任何权力，即使人们在法律之外行使了相关权力，也不发生法律效力；其次，法治强调法大于权，即一切公权力都应当服从法律，法律是最高的公共理性；再次，法治强调人从于法，一切人都要无条件地服从法律的指令，上到国家政治领袖，下到普通百姓，都应当如此；最后，法治强调法律至上。因此，在传统的农业社会，在自然经济条件下，人治具有其深厚的社会基础，而且正是那个社会所需要的治理模式。而随着人类的进一步理性发展，人们逐步认识到法治优于人治，尤其是进入近代社会之后，市场经济、民主政治和多元文化等方面的发展，要求人类逐步地放弃人治而采取法治。也就是说，法治是从人治脱胎而来的。如果说人治是人类自发产生的对公共事务的治理方式，那么法治就是人类理性进步的产物。

---

[1] 习近平. 在中共十八届四中全会第二次全体会议上的讲话. 习近平关于全面依法治国论述摘编[M]. 北京：中央文献出版，2015：12.

CHAPTER 20 第二十章
法治与经济和科技

 **本章知识要点**

（1）法与经济的关系；（2）法治与经济的关系；（3）法治与科技的关系。

第一节 法治与经济

综观所有社会现象，法与经济的联系可谓是最直接、最密切的。尤其是现代社会，市场经济本身就是法治经济，故而理解法与经济的关系，尤其是理解法治与经济的关系，对于未来的我们把握经济改革方向与路径选择将大有裨益。

一、法律与经济的互动关系

正确理解法与经济的关系，既不能否定法与经济的关系，也不可用狭隘的单线形式决定与被决定状态来呈现法与经济的关系。法作为一定社会的上层建筑形式，决定于该社会的经济基础。在法所联系的社会生活诸现象中，法与经济的联系最为密切和深厚。经济是决定法的性质及其发展规律的最根本的因素。法的产生、发展、变化的情况往往可以从经济关系的变动中找到根源。当然，法律也有必要通过确认经济关系、规范经济行为、维护经济秩序以及服务经济活动等方式对经济活动进行规范。因此，对法与经济之间关系的一般认识，更应该是"交互作用"的观念。法与经济的互动关系在历史年轮的大时段来讲，主要表现在如下几方面：（1）契约自由、所有权绝对、主体平等。个人本位的法律原则是与自由资本主义的经济关系相适应的。自由资本主义经济关系的核心构成要素是自由的市场机制。主体的平等交换、商品的自由流通、交换主体对商品拥有绝对的权利等原则是自由的、统一的、不受国家干预的市场得以形成的关键要素。自由的市场经济关系会孕育出自由、平等的法律元素。以保护个人利益为主的、强调规则至上的、强调形式正义的法律制度是自由资本主义经济条件所决定的。（2）当法律制度具有社会本位倾向，它就与垄断资本主义的经济条件相适应。

为了弥补完全的市场自由所带来的种种缺陷，各国纷纷加强对经济生活的国家干预，国家干预经济成了垄断资本主义时期经济生活的重要特征。这就必然会出现为了社会利益而限制个人利益的趋势。契约自由不得违反公序良俗、所有权人行使权利时不得妨碍社会公共利益、应注意保护市场中的弱势群体利益等现象都是这种趋势的反映。由此可见，以保护社会利益为主的、以目的政策为中心的、注意结果公正的法律制度是由垄断资本主义的经济条件决定的。(3)对生态利益保护的法律倾向是与全球一体化的经济条件相适应的。随着各国经济的相互依赖趋势的加强、世界统一市场的普遍性的加强，出现了许多影响到各国经济发展的共同的、普遍的利益因素。生态环境就是其中的一个重要因素。良好的生态环境是各国经济发展的共同条件，人类只有一个共同的生态环境，生态利益是全人类的共同利益。从一定意义上讲，强调生态利益保护的法律制度是由全球一体化的经济条件所决定的。❶

二、法律对市场经济的作用

案例一　B 公司行政诉讼案

【基本案情】

某高新环保能源公司 A 公司拟在 S 省 C 市投资兴建生活垃圾焚烧发电 BOT 项目。2014 年，A 公司向原 S 省环境保护厅报送《环境影响报告书》《技术评估意见》《预审意见》等材料，申请环境评价许可。S 省环保厅受理后，先后发布受理情况及拟审批公告，并经审查作出同意项目建设的《批复》。而另外一化学有限公司 B 公司作为案涉项目附近经营范围为化妆品添加剂制造的已处于停产状态的企业，不服该《批复》，向原中华人民共和国环境保护部（以下简称环境保护部）申请行政复议。环境保护部受理后，向 S 省环保厅发送《行政复议答复通知书》《行政复议申请书》等材料，并向原 S 省 H 市环境保护局发送《委托现场勘验函》。环境保护部在收到《行政复议答复书》《现场调查情况报告》后，作出维持《批复》的《行政复议决定书》。B 公司不服遂提起法律诉讼。S 省中级人民法院一审认为，B 公司位于案涉项目附近，其认为《批复》对生产经营有不利影响，有权提起行政诉讼，具有原告主体资格。案涉项目环评编制单位和技术评估单位均是具有甲级资质的独立法人，在《环境影响报告书》编制期间，充分保障了公众参与权。S 省环保厅依据 A 公司报送的《环境影响报告书》《技术评估意见》《预审意见》等材料，进行公示、发布公告，并根据反馈情况经审查后作出《批复》，并不违反相关规定。环境保护部作出的案涉行政复议行为亦符合行政复议法及实施条例的规定。一审法院判决驳回 B 公司的诉讼请求。S 省高级人民法院二审认为，S 省环保厅在审批《环境影响报告书》时已经履行了对项目选址、环境影响等问

---

❶ 朱景文. 法理学［M］. 北京：中国人民大学出版社，2006：84.

题的审查职责，故判决维持一审判决。最高人民法院再审审查认为，B 公司并非案涉项目厂界周围的环境敏感保护目标，且当时处于停产状态，没有证据证明 B 公司与 A 公司之间就案涉环境保护行政许可存在重大利益关系。案涉项目环评过程中保障了公众参与权，S 省环保厅在作出环境评价许可过程中履行了对项目选址、污染物排放总量平衡等问题的审查职责，亦未侵犯 B 公司的权利。S 省环保厅的环境评价许可行政行为、环境保护部的行政复议行为均符合相关法律、法规的规定。最高人民法院裁定驳回 B 公司的再审申请。

【主要法律问题】

如何运用法治手段促进经济的发展？

【理论分析】

上述案例所涉项目系生活垃圾焚烧发电项目，对社会整体有益，但也可能对周围生态环境造成一定影响。此类项目周边的居民或者企业往往会对项目可能造成的负面影响心存担忧，不希望项目建在其附近，由此形成"邻避困境"。随着我国城市化和工业化进程，"邻避"问题越来越多，"邻避"冲突逐渐呈现频发多发趋势。本案的审理对于如何依法破解"邻避"困境提供了解决路径。即对于此类具有公共利益性质的经济建设项目，建设单位应履行信息公开义务，政府行政主管部门应严格履行监管职责，充分保障公众参与权，尽可能防止或者减轻项目对周围生态环境的影响；当地的公民、法人及其他组织则应依照法律规定行使公众参与权、维护自身合法环境权益。同时本案前后发生、审理的过程也使我们看到了，经济生活作为人类生活的重要方面，法律有必要对其进行规范。否则，仅依靠人类自发行为会造成经济失序与不安全，甚至危及人类的生存状态。因此，法律通过民商法、经济法、行政法和程序法等间接调控经济关系、规范经济主体的行为，使经济秩序得以维持。同时，加之以严格的手段保护经过确认的各种经济形式和市场经济秩序，设置相应的侵扰经济秩序违法行为的法律制裁，并辅助以服务经济的活动来确保经济运行的平稳性与合规性，以达到提升经济效率的目的。

第二节 法治与科技

一、法律与科技的辩证关系

按照马克思主义的观点，科学技术作为生产力的核心要素，决定着整个社会的经济基础，而法律是重要的社会上层建筑，因此从哲学的角度看，它们二者之间势必会产生相互依存、相互影响、相互渗透的联系和互动。

（一）科技对法律的影响

从纵向看，科技的发展是法律葆有生命力与活力的一个重要因素，科技的变革影响着法律体系的内容、法律制度的变迁。从横向看，科技对于法律内容、表现形式、运行机制等各个方面均产生了诸多影响。具体而言，主要有以下内容：（1）科技的发展催生了新社会关系的产生，因此为了更好地调整这部分社会关系，法律必须作出新的立法安排，如此一来便拓宽了法的视野，丰富了法的内容，扩大了法的调整范围；（2）科技成果的应用提升了立法、执法、司法、守法等法的运行效率与运行效果；（3）科学研究方法被法学研究方法所借鉴与运用。

（二）法律对于科技的影响

首先，科技的发展会产生许多新的利益关系，这些利益关系的确立和保护都需要法律予以强有力的支持。其次，法律可以组织和协调科技活动，使科技活动进一步制度化、科学化，从而助益于国家人力、物力、财力的合理分配，以便发挥科技自身的优势作用。再次，法能够克制科技发展产生的一些负面效应，将科技这把"双刃剑"的消极后果控制在可控范围之内，以达到事前防范或者事中抵制的目的。最后，法律还对科学技术的健康发展，起着统筹规划的作用。

总而言之，科学技术为法律的变革提供了不断更新的理论和方法，促进了法律理论的深入和法律文化的进步，也为法学开辟了许多新的研究领域，不断充实着法的内容，并且它的一套科学的知识体系可以为法学所借鉴，有力地推动了法律的科学化进程。与此同时，法律为科学技术的快速健康发展营造了一个良好、安全的保护环境，使得科学技术在得到自身充分发展的同时，能够为人类社会服务。

从日益完善的科技法律体系内容可以看到，随着科技进步与社会发展，数据已经成为重要的生产要素，尤其是个人信息作为数据中最特殊的一种数据，如果不当利用极有可能给个人带来人身和财产损害，甚至危及国家安全。因此，《数据安全法》《个人信息保护法》两部核心数据保护法律颁布有着重要意义，它们与《网络安全法》《密码法》《民法典》《刑法》《消费者权益保护法》和《电子商务法》等构成了数据治理基本立法框架。

二、现代科技在法律生活中的影响

 **案例二　郭某与 H 市野生动物世界合同纠纷案**

【基本案情】

2019 年 4 月，Z 省 H 市市民郭某花费 1360 元，购买了一张 H 市野生动物世界（以下简称"动物世界"）"畅游 365 天"的双人卡，并确定以指纹识别方式入园游览。

同年10月，园方将指纹识别升级为"刷脸"入园，并要求用户录入人脸信息，否则将无法入园。郭某认为人脸信息属于高度敏感个人隐私，动物世界无权采集，不接受人脸识别，要求园方退卡。园方则认为，从指纹识别升级为人脸识别，是为了提高效率。双方协商无果，郭某一纸诉状将动物世界告上了法庭。2020年11月，H市F区人民法院一审判决，H市野生动物世界赔偿当事人郭某合同利益损失及交通费1038元，驳回了郭某提出的其他诉讼请求。对于判决结果，郭某与野生动物世界均不服判决、提起上诉。2021年4月9日，该案二审在H市中级人民法院开庭，法院经审理后判定，H市野生动物世界赔偿郭某合同利益损失及交通费共计1038元；删除郭某办理指纹年卡时提交的包括照片在内的面部特征信息，以及指纹识别信息；并于判决生效之日起十日内履行完毕。这起因为"刷脸"而"刷"出的诉讼，是我国大数据背景下因科技应用导致的纠纷案件，吸引了社会各界的高度关注。

【主要法律问题】

现代科技对法治发展有哪些影响？

【理论分析】

科技活动的社会效果具有两重性：一方面，现代科技的发展为人类提供了改造和利用自然的新手段，提高了人们的生活质量。另一方面，科学技术的失控、滥用也可能引发严重的社会问题。因此为防止对科技成果的误用、滥用和非道德使用所造成的社会危害，必须有相应的法律加以防治，并对受害者给予法律救济。简而言之，必须以法治预防科技引发的社会问题。基于此，法律针对不同科学技术，囿于其每种技术所具有之"双刃剑"的不同，自然也会差别对待。法律对新科技的开发与使用呈现三种态度：一是完全禁止。这类技术的特性在于，所带来的风险无法估量且难以逆转，在道德与伦理层面受到高度一致的批判，典型的例子有基因编辑技术。我国刑法中规定了非法植入基因编辑、克隆胚胎罪后，将基因编辑、克隆的人类胚胎植入人体或者动物内的行为与将基因编辑、克隆的动物胚胎植入人体内的行为，已被全面禁止。二是在原则上禁止的同时允许例外使用。此类技术的特性是，虽然能带来较大的效益但风险难以预测，其中蕴含的政治性与社会性风险，易于对现代社会所珍视的重要价值（如自由、人权与民主等）构成严重威胁，因此在道德与伦理层面面临重大质疑。相应地，在珍视这些价值的社会中，可能会对此类技术采取原则禁止的态度。上述案例中人脸识别技术即属于此类技术的范畴。❶ 三是允许在合规的情况下推广使用。该类技术的特性是，总体上收益大于风险，且预期的风险较为可控，也不会让某一或某些群体不公平地处于不利的地位。自动驾驶便是这样的技术，目前各国法律对相关研发与推

---

❶ 欧盟的《一般数据保护条例》对于包括人脸数据在内的生物识别信息采取的便是原则禁止例外允许的立场。

广均持肯定的态度。❶

  在上述人脸识别案例中，若要从根本上解决信息保护的困扰，就必须借助包括法律在内的制度，对现有的社会结构施加反作用力，推动后者完成根本性转变。因此，法律介入对人脸识别技术的规制势在必行，也已成为基本共识。❷

---

❶ 劳东燕."人脸识别第一案"判决的法理分析［J］.环球法律评论，2022（1）.
❷ 劳东燕."人脸识别第一案"判决的法理分析［J］.环球法律评论，2022（1）.

CHAPTER 21 第二十一章
法治与社会发展

> **本章知识要点**
>
> （1）政治的发展变化往往直接导致法的发展变化，法的存在能够协调政治关系，规范政治行为，促进政治发展；（2）文化对法具有重要影响，并奠定了法的文化基础，法治对文化有维护和促进作用；（3）社会治理需要依法治理，同时坚持法治与自治相结合；（4）生态文明保护工作对法治具有高度依赖性，需要用法治的方式来确认和推行生态文明成果。

第一节 法治与政治

一、法治与政治的一般关系

作为社会上层建筑中的两个重要组成部分，法与政治之间有着特别的紧密关系。习近平总书记指出："法治当中有政治，没有脱离政治的法治"，"每一种法治形态背后都有一套政治理论，每一种法治模式当中都有一种政治逻辑，每一条法治道路底下都有一种政治立场。"❶

法与政治之间是一种相互作用的关系。一方面，政治的发展变化往往引发法律制度的发展变化，因为政治的发展变化带来了新的法律诉求，也改变了既有的体制结构与力量关系，需要对旧的法律制度进行修改调适；另一方面，法治又起到了协调政治关系、规范政治行为与引导政治发展的重要作用，能够将不同国家机构的权力结构、政治目标等纳入法律秩序的框架，实现政治运营与发展的于法有据。

二、法治与民主

仅就概念的内在规定性而言，法治对应人治，强调依法治理，说明的是治理中的

---

❶ 习近平. 在省部级主要领导干部学习贯彻党的十八届四中全会精神全面推进依法治国专题研讨班上的讲话（2015年2月2日）[M]//习近平关于全面依法治国论述摘编. 北京：中央文献出版社，2015：34.

方法选择问题；民主对应专制，主张由多数人决策，回答的是国家权力的来源和归属问题，二者所回答的分别是"如何治理"与"谁来治理"两个问题。❶ 在当下的社会生活中，法治与民主是紧密联系、无法分割的一对概念。一方面，民主是法治的基础，是确保良法善治的有效保障，也是推动法治发展的核心动力，只有坚持民主作为法治基础的地位，才能在法治中体现和维护最广大人民的利益。如果我们脱离了民主来谈论法治，便会忽视广大民众在法治建设中的重要作用，割裂广大民众同法治建设的内在联系。另一方面，法治又是民主的重要保障，法治能够通过制度化的设定来规范民主生活的开展、保障民主表达的权利、惩罚破坏民主的行为，以法律的形式来确保民主理想的实现。如果忽略了法治对民主的约束和保障作用，民主便很可能演化为无秩序的动荡，引发大众的喧闹与多数人的暴政，甚至倒退回专制。也因此，党的十九大报告就明确提出"坚持党的领导、人民当家作主、依法治国有机统一是社会主义政治发展的必然要求"。

对法治与民主之间的紧密联系，我们可以通过杭州市的立法听证会制度加以理解。

2001 年，为发扬立法民主，增强立法透明度，提高立法质量，更好地体现和保障人民群众当家作主的权利，杭州市发布《杭州市实施立法听证会制度的规定》（以下简称《规定》）。根据《规定》的相关内容，下列立法事项应当组织立法听证会进行听证：创设审批、收费事项的；涉及企业、公民切身利益的；其他应当听证的事项。公民、有关单位和组织皆可以向市政府法制工作机构提出参加立法听证会的申请，立法听证会应确保参加人具有广泛性和代表性。凡报名要求参加旁听的，一般应允许其参加旁听。《规定》还对立法听证会的一般程序进行了规定，且要求立法听证会结束后，市政府法制工作机构应当对解答人、听证会参加人及旁听人的意见进行研究，并写出书面听证报告。

杭州市立法听证制度一经制定发布，便进入地方立法实践，成为一项重要的民主生活方式。多年来，在各项立法工作中发挥着重要作用。2004 年 11 月，杭州市针对《杭州市城市市容和环境卫生管理条例（修订草案）》举行立法听证会，针对是否应当限制破窗开店，包括杭钢职工、退休人员、街道人员在内的部分代表分别发表了自己的意见。此外，市民代表还围绕是否应当禁止饲养家禽家畜问题进行了讨论，赞成者与反对者分别表达了自己的观点与理由。有关负责人表示，各位代表的建议与观点使立法工作者受益匪浅，类似的立法听证会应当多多举行。

杭州市发布《规定》体现了法治对民主的保障作用。《规定》的发布实施从制度上确认了立法听证会制度的正当性与合法性，赋予了立法听证制度法律地位，保障了民众参与立法听证的民主权利。此后，在各项地方性立法工作中，杭州市积极践行立法听证会制度，注重民众的立法参与性，广泛听取民众对立法工作的意见，这有利于结果意义上的立法内容反映广大民众的切实诉求，体现了民主作为法治基础的重要意义。

---

❶ 周恒，庞正. 民主的网络维度及其限度［J］. 北方法学，2019，（5）.

第二节　法治与文化

一、文化对法治的影响

"法不仅仅是一个范畴，一切法律上的考察皆是由此出发并以此为基础的；也不仅仅是一种思考方式，舍此根本不能思考法律之事。而且它还是一种现实的文化形态，其使法律世界的一切事实得以形成和塑造。"❶ 任何国家的法治建设都无法脱离其自身的文化而独立存在，甚至可以说，一国法治建设本身即是在文化基础上发展成长而来的。正如孟德斯鸠所言："法律应该和国家的自然状态有关系；和寒、热、温的气候有关系；和土地的质量、形势与面积有关系；和农、猎、牧各种人民的生活方式有关系。法律应该和政制所能容忍的自由程度有关系；和居民的宗教、性癖、财富、人口、贸易、风俗、习惯相适应。最后，法律和法律之间也有关系，法律和它们的渊源，和立法者的目的，以及和作为法律建立的基础的事物的秩序也有关系。应该从所有这些观点去考察法律。……这些关系综合起来就构成所谓'法的精神'。"❷

文化对法的作用可以从三个方面获得理解。首先，法治所包含的价值标准通常也是社会主导文化中所体现的价值标准，一项法律制度与一国法治建设若要获得民众的真诚认同，就必然需要符合社会主流的价值判断，迎合多数人的价值信念。其次，在法律制度出现之前，社会本身主要依凭道德、宗教、习惯等文化规则作为行为标准，只是随着上述文化要求无力满足社会管理对生活规则强制力与普遍性的要求，法律制度才得以出现，也因此，其在内容上往往是对社会文化中重要内容的制度化重述。对上述两方面的作用，我们可以从古代法律制度的儒家化现象中获得清晰的理解，正是由于儒家文化所包含的评判标准构成了社会文化的主流，唐代法律制度也会予以引用和确认，且二者在内容上也保持一致。最后，文化对法治建设还具有重要的支撑意义。法治并非简单的规范组合，或者单纯由规范、技术、设施构成的组合，而同样要求社会民众具有相应的法治意识以及良好的社会法治文化。法治文化构成了法治建设主体认知、信仰、运作以及遵守法治的前提条件。也因此，我国近年来持续推进法治文化建设，着力打造学法、懂法、守法、用法的社会法治文化氛围。

关于文化对法的影响，可以从儒家文化对传统法律制度的影响中获得感受。例如，受儒家思想文化中孝悌观念的影响，传统中国的法律制度始终将"亲亲得相首匿"作为一项重要内容，允许同居亲属相互守匿，为处理宗族亲情与法律制度之间的矛盾提供标准。此外，存留养亲制度也是儒家孝悌文化的一种体现。《唐律疏议·名例》规

---

❶ [德] 古斯塔夫·拉德布鲁赫. 法律智慧警句集 [M]. 舒国滢, 译. 北京：中国法制出版社, 2016：9.
❷ [法] 孟德斯鸠. 论法的精神（上册）[M]. 张雁深, 译. 北京：商务印书馆, 1961：7.

定:"诸犯死罪非十恶,而祖父母、父母老疾应侍,家无期亲成丁者,上请"。再比如,在儒家"民本"思想与文化的影响下,唐朝法律制度中体现出鲜明的慎刑理念,强调对死刑案件要审慎处理,尽量避免适用死刑,并同时规定了较为细致的赦免制度。

二、法对文化的维护与促进

在庞德看来,"对过去来说,法律是文明的一种产物;对现在来说,法律是维系文明的一种工具;对未来来说,法律是增进文明的一种工具"。[1] 这一言论洞见了法与文化之间的深刻联系,即法由文化或文明中产生,并维系以及促进文明或文化的发展。法对文化的作用主要体现在两个方面:一方面,法能够对文化工作加以制度化规范,借助国家立法的形式,明确文化事业的主体及其相应职责,推动国家文化事业的不断发展;另一方面,法能够确认并强化社会主流文化的价值标准,赋予社会主流文化以制度层面的正当性,促进主流文化价值的传播与认同。

举例来看,我国于2016年12月通过了《中华人民共和国公共文化服务保障法》,并于2017年3月1日起施行。《公共文化服务保障法》的立法目的在于加强公共文化服务体系建设,丰富人民群众的精神文化生活,传承中华优秀传统文化,弘扬社会主义核心价值观,增强文化自信,促进中国特色社会主义文化繁荣发展,提高全民族文明素质。《公共文化服务保障法》的实施从制度层面明确了公共文化服务的概念、方向,相关主体的公共文化服务职责,公共文化设施的建设与管理、公共文化服务的提供,相应的保障措施、法律责任等。

《公共文化服务保障法》的施行旨在改善我国公共文化服务工作,提升公共文化服务水平,满足人民日益增长的精神文化需求。这一立法举措完善了我国的文化法律体系,为公共文化建设提供了基本的法律制度依据与法律保障,强化了对公共文化服务的社会认同,并推动公共文化服务工作的不断深入发展。

第三节 法治与社会治理

一、社会治理的法治化

在全面推进依法治国,建设社会主义法治国家的时代背景下,社会治理现代化与社会治理法治化之间有着不可分割的内在关联。社会治理现代化的核心内容之一即是坚持依法治理,将法治作为社会治理的基本方式,运用法治手段与法治思维来解决社会问题,树立法在社会治理与社会矛盾纠纷化解中的权威地位。

依法治理首先要加强社会治理立法,为社会治理工作提供法律依据。尤其是在教

---

[1] [美]罗斯科·庞德. 法律史解释[M]. 邓正来,译. 北京:中国法制出版社,2002:212.

育、就业、社会保障、收入分配、食品安全、医疗卫生、社会弱势群体保护等重点领域，更应注重社会治理于法有据。

依法治理还要求构建以司法为中心的多元纠纷化解机制。在坚持司法在矛盾纠纷化解工作的中心地位的同时，还应当发挥社区、居民委员会、村民委员会、民间组织等的纠纷化解能力，以减轻司法机关的案件处理压力。

最后，依法治理还需要构建完善的法律服务体系。为了解决法律资源分布均衡的问题，应当统筹城乡、区域法律资源，实现法律服务资源对城乡居民的均等覆盖，打造具备较强的专业素养与较硬的思想政治素质的法律服务队伍，帮助人们解决社会生活中的法律问题，营造学法用法的社会氛围。

二、德治、法治、自治相结合

国家借助公权力对各项社会事务进行管理和解决是社会治理的主要手段，但与此同时，公民、社会组织等各类社会主体通过自我协商、平等对话开展自我治理也是社会治理的一种重要形式。党的十八届三中全会通过的《中共中央关于全面深化改革若干重大问题的决定》指出，要"加快实施政社分开，推进社会组织明确权责、依法自治、发挥作用"。党的十八届四中全会通过的《中共中央关于全面推进依法治国若干重大问题的决定》提出，支持行业协会、商会类社会组织发挥行业自律和专业服务功能，发挥社会组织对其成员的行为导引、规则约束、权益维护作用；深入开展多层次多形式法治创建活动，深化基层组织和部门、行业依法治理，支持各类社会主体自我约束、自我管理。《法治社会建设实施纲要（2020—2025年）》再次强调，要"促进社会组织健康有序发展，推进社会组织明确权责、依法自治、发挥作用"，"发挥行业协会商会自律功能，探索建立行业自律组织"。需要说明的是，自治不是任意的，而是以党的领导和国家法律框架作为根本遵循与基本前提的，是法治指导下的自治。自治与法治的结合打造了国家"硬法"与民间"软法"相结合的社会治理规范体系，有助于弥补国家治理的不足，减轻社会治理压力，推动提升社会治理的精细化与社会治理效果的社会认同感。

关于如何具体实现德治、法治与自治的结合，可以结合河南省汤阴县的实践样本作出观察。近年来，河南汤阴以德治"春风化雨"，以法治"定分止争"，以自治"共治共享"，夯实了乡村治理的根基，有力促进了乡村经济社会的稳定发展。

首先，以德治"春风化雨"。近年来，汤阴十分注重榜样模范引领与文明实践教育，累计评选榜样模范3000余人，褒奖平常善举，放大微小感动，让"日行一善，小善大德"成为新的社会风尚。

其次，以法治"定分止争"促和谐。对于村里涉及法律问题的简单纠纷，讲清法，说通理，矛盾也就好解决了。对于调解不成的"疑难杂症"，则由城管司法所引导村民走法律途径。

最后，以自治"共治共享"建家园。近年来，汤阴县298个行政村修订了村规民约，出台了婚丧嫁娶指导标准，建立健全红白理事会，形成了"大事一起干，好坏大家判，事事有人管"的自治局面。

针对汤阴县所开展的治理实践，汤阴县委书记这样总结道："德治奠定道德基础，法治保障合法权益，自治促进治理有序，三者相辅相成、相互支撑，最终统一于'人'这个核心，打造共建共治共享的社会治理新格局。"❶

结合汤阴县的多元治理模式来看，通过引导村民依法开展自治与推动德治，诸如婚丧嫁娶等一些法律无法治理或者不适合治理的社会问题得到了较好的解决，且村民对于自治、德治所形成的社会秩序也有着较强的认同感，社会秩序与社会风气都有着显著成效，展现出法治与德治、自治相结合的治理体系的生命力。

第四节 法治与生态文明

一、生态文明保护的法治要求

法治与生态文明之间的关系首先体现为生态文明对法治的依赖，即生态文明保护依赖法治的制度性保障，来确认生态文明保护的措施与成果。

首先，生态文明保护依赖法治对人与自然之间的关系进行控制。生态文明保护面临的最大威胁在于人与自然关系的恶化，尤其是自人类社会工业化以来，二氧化碳排放、森林砍伐、大气污染等问题不断加剧，对此必须加强生态环境保护领域的立法工作，运用法治方式来调整人与自然之间的相互关系，规范人类社会的资源开发、废弃物排放等行为。

其次，生态文明保护需要法治来对各种利益关系进行调整与优化。生态文明背后涉及复杂的利益博弈：一方面，出于对有限的自然资源的占用，不同资源开发者之间容易陷入恶性的资源竞争，导致对自然资源的不当开发，或者拒绝实施相应的生态环境保护措施；另一方面，社会经济发展与生态文明保护同样构成了一组紧张的利益关系，如何合理地平衡二者之间的相互关系成为生态文明保护的重要问题。对生态文明保护中的利益关系，必须运用法治的方式予以明确和保护。

最后，对人类社会在长期发展过程中所创造出来的诸多生态保护方案、模式与成果，也需要以法治手段对其加以确认和推行，真正实现和推动人类社会的可持续发展。

二、法治对生态文明的保护与促进

法治与生态文明的关系还体现为，法治确实能够对生态文明予以促进与保护，能

---

❶ 乡村治理的三个"妙招"——德治、法治、自治相结合的汤阴实践［EB/OL］．（2019-06-06）［2022-02-04］．https://www.sohu.com/a/318994314_123753．

够规范人与生态环境的关系，促进人与自然的和谐共处。在具体的生活实践中，我国各地区法治工作普遍重视生态环境保护，确立了促进和保护生态文明的法治理念，其相关法治内容涉及生产资源产权制度、生态资源使用制度、生物多样性保护制度、生态损害责任制度、生态保护创新与合作制度等多项内容，确立了生态环境保护的法治框架，为生态环境保护工作提供了完备而扎实的法治依据。并且，在遵守国家法律与生态治理工作统一性的前提下，各地区在生态文明法治工作中也十分注重结合本地区实际，具有一定程度的灵活性与地方特色。

举例来看，2012年2月，苏州市正式开始实施《苏州市湿地保护条例》（以下简称《条例》），从法律制度层面解决了湿地保护的种种缺陷。《条例》对"湿地"概念进行了规范化界定，强调了农林部门作为湿地保护主管部门的管理职责，并对农林部门实施行政处罚作出了相关规定。根据《条例》相关内容，苏州市将恢复一大批湿地，实施分区域保护；划定一批市级重要湿地，推进湿地分级保护；规划建设一批湿地保护（小）区；筹建一批湿地公园等。除《苏州市湿地保护条例》外，苏州市还制定了《市级湿地公园管理办法》《市级重要湿地认定办法》《湿地恢复技术标准》《人工湿地建设标准》等，作为《条例》的完善和补充。

CHAPTER 22 第二十二章
法治中国建设

 **本章知识要点**

结合案例,学习掌握以下内容:(1)全面依法治国方略的提出及其重大意义;(2)中国特色社会主义法治道路核心要义及其基本原则;(3)中国特色社会主义法治体系的具体内涵;(4)法治中国的概念及其总体要求。

第一节 全面依法治国方略

"匠万物者以绳墨为正,驭大国者以法理为本。"❶ 全面依法治国是当代中国法治建设的主题和关键,对推进国家治理体系和治理能力现代化、全面建成小康社会、实现中华民族伟大复兴中国梦具有深远历史意义和重大现实意义。

一、全面依法治国方略的提出

1997 年,中共十五大提出"依法治国,建设社会主义法治国家",这是中国共产党首次将依法治国作为党领导人民治理国家的基本方略,把建设社会主义法治国家作为国家建设和发展的重要目标之一。中共十五大报告全面阐述了依法治国的含义、意义和战略地位。1999 年 3 月 15 日,第九届全国人大第二次会议以宪法修正案的方式规定"中华人民共和国实行依法治国,建设社会主义法治国家"。至此,依法治国基本方略上升为宪法原则,得到了根本法的确认。这标志着我国社会主义法治建设进入了一个新的发展阶段。

2002 年召开的中共十六大和 2007 年召开的中共十七大重申"依法治国,建设社会主义法治国家",并对全面落实依法治国基本方略、加快建设社会主义法治国家作出新的部署。2012 年,中共十八大作出"全面推进依法治国"的决策部署,强调法治是治国理政的基本方式,要推进科学立法、严格执法、公正司法、全民守法,坚持法律面

---

❶ 萧子显. 南齐书. 卷四十八 [M]. 北京:中华书局,2000:567.

前人人平等，保证有法必依、执法必严、违法必究。完善中国特色社会主义法律体系，加强重点领域立法，拓展人民有序参与立法途径。推进依法行政，切实做到严格规范公正文明执法。进一步深化司法体制改革，坚持和完善中国特色社会主义司法制度，确保审判机关、检察机关依法独立公正行使审判权、检察权。深入开展法治宣传教育，弘扬社会主义法治精神，树立社会主义法治理念，增强全社会学法尊法守法用法意识。提高领导干部运用法治思维和法治方式深化改革、推动发展、化解矛盾、维护稳定能力。党领导人民制定宪法和法律，党必须在宪法和法律范围内活动。任何组织或者个人都不得有超越宪法和法律的特权，绝不允许以言代法、以权压法、徇私枉法。"全面推进依法治国"在语义上已经接近"全面依法治国"。

中共十八大之后，习近平总书记提出"建设法治中国"的战略。2013年，中共十八届三中全会《中共中央关于全面深化改革若干重大问题的决定》确认了"法治中国"概念，并鲜明提出"推进法治中国建设"，强调依法治国、依法执政、依法行政共同推进，法治国家、法治政府、法治社会一体建设。"共同推进、一体建设"既是法治中国的要义，也是全面依法治国的内涵。2014年10月，中共十八届四中全会通过了《中共中央关于全面推进依法治国若干重大问题的决定》。中共十八届四中全会之后，中国共产党关于新时代中国特色社会主义的战略布局更加明晰，正式提出"全面建成小康社会""全面深化改革""全面依法治国""全面从严治党"。至此，实现了从"依法治国"到"全面依法治国"的概念转换。在概念转换之后，中共十九大进一步把"依法治国基本方略"转换为"全面依法治国基本方略"，同时把治国理政意义上的全面依法治国提升为新时代坚持和发展中国特色社会主义的基本方略，凸显了法治在"五位一体"总体布局和"四个全面"战略布局中的地位，提升了法治在推进国家治理现代化和建设社会主义现代化强国中的基础性、支撑性、引领性作用，也充分体现了中国共产党坚定不移全面依法治国的意志和智慧。这必将进一步坚定全党全国人民奉法强国的信念，强化对中国特色社会主义法治的道路自信、理论自信、制度自信、文化自信和实践自信。

二、全面依法治国方略的重大意义

第一，全面依法治国是党领导人民治理国家的基本方略。社会主义国家是人民当家作主的国家，人民是治理国家的主体。人民的治国活动需要统一的意志和统一的行为。人民作为一个整体，他们的整体意志需要一个形成过程和表达形式，人民的治国行为也需要统一行动。人民的意志必须借助立法予以整合，借助法律予以表达，人民的行动需要通过法律予以协调，人民通过制定法律、实施法律来实现当家作主与治国理政。

第二，全面依法治国是社会主义市场经济发展的客观需要。市场经济是法治经济，市场经济的主体需要法律确认，市场经济的规则需要法律确立，市场经济的行为需要法律调整，市场经济的秩序需要法律维护，市场经济的成果需要法律保护。因此，在市场经济的进一步发展中,法治就成了必然要求。所以,全面依法治国是推动市场经济发展、保障市场经济秩序的需要。

第三,全面依法治国是民主政治建设的根本保障。民主政治必然是法治政治,人民当家作主是民主政治的本质。人民是不确定的多数人,是不计其数的民众,他们当家作主离不开代议制。如何产生代表?代表们如何履职?代表们失职时人民如何制约?如何判别代表的行为是否符合人民的意愿?这些都需要法律提供准则,故人民当家作主必须有选举制。除了选任代表,还须选举国家和政府的政治领袖。这些领袖如何行使权力?如何确保他们忠于人民?这些都需要法律提供必要的规则,并以此作为最终的标准,所以说,全面依法治国是民主政治建设的根本保障。

第四,全面依法治国是中国共产党依法执政的法治前提。全面依法治国是中国共产党执政兴国的必然要求。中国去向何方与中国共产党能否依法执政、如何依法执政、是否切实推进依法治国具有密切联系。依法执政是在依法治国的伟大事业中提出的,体现了中国共产党的法治自觉,体现了中国共产党坚持依法治国与依法执政、依法治国与依规治党的有机统一。

第五,全面依法治国是国家长治久安的有力保证。国家的长治久安是人民生活幸福、社会安定有序的客观前提。动荡的社会、民不聊生的局面必然导致人民生活艰辛,甚至成为人民的灾难。渴望长治久安是人民的共同心愿,也是社会持续发展、不断进步的保障。改革开放以来取得的巨大成功与成就,与安定团结的社会局面是分不开的。历史的经验教训与现实的客观需要,都要求我们必须全面依法治国,走法治之路,为长治久安,为安定团结、和谐发展创造良好的法治环境和法治基础。

第二节 中国特色社会主义法治道路

法治道路是达到法治目标的途径。道路决定命运。法治道路是否正确,直接决定着能否真正实现全面依法治国,能否最终建成法治中国。全面推进依法治国这件大事能不能办好,最关键的是方向是不是正确、政治保证是不是坚强有力。只有走对了路,法治建设才会焕发生机活力。

一、中国特色社会主义法治道路的核心要义

中国特色社会主义法治道路包括三个"核心要义",即坚持党的领导,坚持中国特色社会主义制度,贯彻中国特色社会主义法治理论。这三个方面的"核心要义"规定和确保了中国特色社会主义法治体系和社会主义法治国家的制度属性和前进方向。

(一)坚持党的领导

党的领导是中国特色社会主义最本质的特征,是社会主义法治最根本的保证。法

治中国只能而且必须坚持党的领导。作为执政党的中国共产党，应当义无反顾地担当起领导全面推进依法治国的神圣使命。中国共产党对全面推进依法治国的领导，既取决于党的本质属性和根本目标，又是全面推进依法治国的客观必要。

坚持党的领导具体体现为党领导立法、保证执法、支持司法、带头守法。领导立法是指党对国家重大立法规划、立法决策和宪法法律修改中的重大问题作出决定、提出建议或进行指导。党通过立法集合民意、集思广益时具有高度的统领性、回应性、盖然性和代表性，对实现良法善治意义重大。为此，既要加强党对立法工作的领导，也要完善党对立法工作中重大问题的决策程序。保证执法是指党通过政治和法律的方式确保体现党的意志和人民利益的法律得到正确实施和执行，要求党委积极支持和推动政府创新社会治理体制，完善行政执法程序，督促文明执法，防止滥用自由裁量权。支持司法是党的领导与司法规律有机结合的科学体现，指通过正确处理党的领导与司法机关依法独立公正行使司法职权的关系，保证党委及其政法委依照宪法法律、运用法治思维和法治方式领导政法工作，为独立公正司法创造良好环境，防止领导干部干预司法活动、插手具体案件处理。带头守法要求党组织树立法治信仰、维护法律权威，既带头遵守宪法法律，又引领全社会形成办事依法、遇事找法、解决问题用法、化解矛盾靠法的法治风尚，并领导和监督本单位党员模范守法，坚决查处执法犯法、违法用权行为。

（二）坚持中国特色社会主义制度

中国特色社会主义制度是中国特色社会主义法治体系的根本制度基础，是全面推进依法治国的根本制度保障。中国特色社会主义法治是中国特色社会主义制度的重要组成部分，中国特色社会主义法治道路坚持的是社会主义制度而不是其他性质的社会制度。其中，人民代表大会制度是中国特色社会主义法治道路的最重要制度载体。人民当家作主是中国特色社会主义制度的本质属性，人民行使当家作主权利的根本制度支柱是人民代表大会制度。坚持人民代表大会制度，就是要反对三权分立，不搞西方的两院制。

（三）贯彻中国特色社会主义法治理论

没有科学的法治理论就不可能取得法治中国建设的成功。中国特色社会主义法治理论是法治体系的理论指导和学理支撑，是全面推进依法治国的行动指南。

中国特色社会主义法治理论是将马克思主义法学思想和理论运用于中国法治实践而总结出来的科学理论，深刻揭示了法治中国建设的理论基础、科学内涵和实践规律。主要包括：一是关于民主和法治的理论。民主是法治的基础，法治是民主的保障，必须"发扬社会主义民主，健全社会主义法制"。二是关于法治原则的理论。法治的原则是一个体系，其中最根本的原则是"坚持党的领导、人民当家作主和依法治国的有机统一"。三是关于法治道路的理论。中国的法治只能走中国共产党领导下的中国特色社会主义道路。四是关于法治体系的理论。从法律体系到法治体系的转变，意味着对法治理论认识的进一步深化。五是关于良法善治的理论。"法治是国家治理体系和治理能力的重要依托"；"法律是治国之重器，良法是善治之前提"。六是关于宪法至上的理论。"依法治国首先是依宪治国，依法执政首先是依宪执政"。七是关于立法协商的理论。"充分发挥政协委员、民主党派、工商联、无党派人士、人民团体、社会组织在立法协商中的作用"。八是关于法治政府的理论。科学地划分了公民权利和政府权力的界限，对政府而言，"法无授权不可为"；对公民而言，"法不禁止皆可为"。九是关于法治实施的理论。"法律的生命在于实施，法律的权威在于实施，法律的伟力也在于实施"。十是关于公平正义的理论。"公正是法治的生命线"，"让人民群众在每一个司法案件中都感受到公平正义"。十一是关于人权保障的理论。确立了人民主体地位这一法治原则，强调"人民是依法治国的主体和源泉，法律为人民所掌握、所遵守、所运用"；"法治建设以人民权益为根本出发点和落脚点"；"加强重点领域立法"；"加强人权司法保障"，推进"人权保障法治化"。十二是关于法律权威的理论。"人民权益要靠法律保障，法律权威要靠人民维护"；"法律的权威源自人民的内心拥护和真诚信仰"；"法律红线不可逾越、法律底线不可碰触"。十三是关于法治思维的理论。要提高"法治思维和依法办事能力"，等等。这些法治理论，凝聚着法治的中国精神，饱含着法治的中国元素，彰显了法治的中国价值，有利于在理论自信的基础上增强法治的道路自信和制度自信，为人类提供了法治的新经验和新话语，使法治中国建立在科学、完善、成熟的法治理论基础之上。

二、中国特色社会主义法治道路的基本原则

走中国特色社会主义法治道路都必须始终坚持以下基本原则：

第一，坚持中国共产党的领导。坚持中国共产党的领导，是全面推进依法治国必须坚持的首要原则。党的领导和社会主义法治是一致的，社会主义法治必须坚持党的领导，党的领导必须依靠社会主义法治。只有在党的领导下依法治国、厉行法治，人民当家作主才能充分实现，国家和社会生活法治化才能有序推进。

第二，坚持人民主体地位。始终坚持法治建设为了人民、依靠人民、造福人民、保护人民，以保障人民根本权益为出发点和落脚点，保证人民依法享有广泛的权利和自由、承担应尽的义务，维护社会公平正义，促进共同富裕；始终坚持保证人民在党的领导下，依照法律规定，通过各种途径和形式管理国家事务，管理经济文化事业，管理社会事务。法律为人民所掌握、所遵守、所运用，法律是全体公民必须遵守的行为规范，法律更是全体公民保障自身权利的有力武器。

第三，坚持法律面前人人平等。平等是社会主义法律的基本属性。任何组织和个人都必须尊重宪法法律权威，在宪法法律范围内活动，依照宪法法律行使权力或权利、履行职责或义务，自觉维护法律的统一、尊严和权威，保证宪法法律实施。把平等性从各种属性当中抽取出来，其作为中国特色社会主义法治的基本原则，有其鲜明的针

对性，即针对特权思想、特权人物、特权阶层，针对权大于法、钱大于法、情大于法。坚持法律面前人人平等，必须旗帜鲜明地反对任何人以任何借口任何形式以言代法、以权压法、徇私枉法。尤其是要以规范和约束公权力为重点，加大监督力度，做到有权必有责、用权受监督、违法必追究，坚决纠正有法不依、执法不严、违法不究行为。

第四，坚持依法治国和以德治国相结合。《中共中央关于全面推进依法治国若干重大问题的决定》强调"必须坚持一手抓法治、一手抓德治"，大力弘扬社会主义核心价值观，弘扬中华传统美德，培育高尚的社会主义道德情操。依法治国与以德治国的关系在于：国家和社会治理需要法律和道德共同发挥作用，既重视发挥法律的规范作用，又重视发挥道德的教化作用。以法治体现道德理念，强化法律对道德建设的促进作用；以道德滋养法治精神，强化道德对法治文化的支撑作用。实现法律和道德相辅相成、法治和德治相得益彰。

第五，坚持依法治国与依规治党有机统一。习近平强调指出，中国共产党要履行好执政兴国的重大历史使命，赢得具有许多新的历史特点的伟大斗争胜利，实现党和国家的长治久安，必须坚持依法治国与依规治党统筹推进、有机统一，注重党内法规同国家法律的衔接和协调，发挥二者在治国理政中的互补作用。"全面推进依法治国，必须努力形成国家法律法规和党内法规制度相辅相成、相互促进、相互保障的格局。"❶"新形势下，我们党要履行好执政兴国的重大职责，必须依据党章从严治党、依据宪法治国理政。"❷ 建设中国特色社会主义法治体系，既要形成完备的法律规范体系，也要形成完善的党内法规体系，拥有一套完备的党内法规体系是中国共产党的一大政治优势。要以党章和宪法为基石，加快党内法规制度建设，形成内容科学、程序严密、配套完备、运行有效的党内法规制度体系，为提高党的执政能力和领导水平、推进国家治理体系和治理能力现代化、实现中华民族伟大复兴的中国梦提供有力的制度保障。

第六，坚持从中国实际出发。中国特色社会主义法治道路和法治体系，只能建立在中国自身的基本国情和政治经济制度之上。"全面推进依法治国，必须从我国实际出发，同推进国家治理体系和治理能力现代化相适应，既不能罔顾国情、超越阶段，也不能因循守旧、墨守成规。"❸ 坚持从实际出发就是要突出法治的中国特色、实践特色和时代特色，实现历史经验和现实需求与现实条件的统一，不断丰富和发展符合中国社会主义初级阶段客观实际、具有鲜明中国特色、反映社会发展客观规律的社会主义法治理论，正确地指导全面依法治国伟大实践。

---

❶ 习近平. 十八大以来重要文献选编（中）[M]. 北京：中央文献出版社，2016：150.
❷ 习近平. 十八大以来重要文献选编（中）[M]. 北京：中央文献出版社，2016：142.
❸ 习近平. 十八大以来重要文献选编（中）[M]. 北京：中央文献出版社，2016：186.

第三节　中国特色社会主义法治体系

全面推进依法治国，总目标是建设中国特色社会主义法治体系，建设社会主义法治国家。这就是，在中国共产党领导下，坚持中国特色社会主义制度，贯彻中国特色社会主义法治理论，形成完备的法律规范体系、高效的法治实施体系、严密的法治监督体系、有力的法治保障体系，形成完善的党内法规体系，坚持依法治国、依法执政、依法行政共同推进，坚持法治国家、法治政府、法治社会一体建设，实现科学立法、严格执法、公正司法、全民守法，促进国家治理体系和治理能力现代化。其中，建设中国特色社会主义法治体系是全面推进依法治国的基础工程和关键任务，对法治中国建设具有重大的实践意义。

一、完备的法律规范体系

　**案例一　邱某光申请居住权强制执行案**

【基本案情】

邱某光与董某峰于 2006 年登记结婚，双方均系再婚，婚后未生育子女，董某军系董某峰之弟。董某峰于 2016 年 3 月去世，生前写下遗嘱，其内容为："我名下位于洪山区珞狮路某房遗赠给我弟弟董某军，在我丈夫邱某光没再婚前拥有居住权，此房是我毕生心血，不许分割、不许转让、不许卖出……"董某峰离世后，董某军等人与邱某光发生遗嘱继承纠纷并诉至法院。法院判决被继承人董某峰名下位于武汉市洪山区珞狮路某房所有权归董某军享有，邱某光在其再婚前享有该房屋的居住使用权。判决生效后，邱某光一直居住在该房屋内。2021 年年初，邱某光发现所住房屋被董某军挂在某房产中介出售，其担心房屋出售后自己被赶出家门，遂向法院申请居住权强制执行。

生效裁判认为，案涉房屋虽为董某军所有，但是董某峰通过遗嘱方式使得邱某光享有案涉房屋的居住使用权。执行法院遂依照民法典第 368 条等关于居住权的规定，裁定将董某军所有的案涉房屋的居住权登记在邱某光名下。

【主要法律问题】

《民法典》的出台对形成完备的法律规范体系的重要意义？

【理论分析】

《民法典》物权编正式确立了居住权制度，有利于更好地保障弱势群体的居住生存权益，对平衡房屋所有权人和居住权人的利益具有重要制度价值。本案申请执行人作为丧偶独居老人，其对案涉房屋的居住使用权益取得于《民法典》实施之前，执行法院依照《民法典》规定的居住权登记制度，向不动产登记机构发出协助执行通知书，为申请执行人办理了居住权登记，最大限度地保障了申请执行人既有的房屋居住使用权利，对于引导当事人尊重法院判决，推动民法典有关居住权制度的新规则真正惠及人民群众，具有积极的示范意义。《民法典》的出台是我国在推进全面依法治国、完善中国特色社会主义法律体系过程中一次重要的标志性立法。民法是中国特色社会主义法律体系的重要组成部分，是保证国家制度和国家治理体系正常有效运行的基础性法律规范，被誉为社会生活的"百科全书"。民法之治是法治的基础和关键。只有全面贯彻实施好民法典，才能不断推进全面依法治国，坚持和完善中国特色社会主义制度、推进国家治理体系和治理能力现代化，实现人民对良法善治的美好期待。

完备的法律规范体系是法治体系的第一要义。目前，中国特色社会主义法律体系已经形成。而法律体系绝不是封闭的、静止不变的，需要不断完善与优化。从法律体系的形成到构建完备的法律规范体系，是全面推进依法治国新形势下的新期待和新任务。法律体系是一个宽泛的概念，而法律规范体系则相对具体明确。在"完备的法律规范体系"中，所谓"完备"，是指法律规范的内在结构严谨，不同法律规范之间逻辑关联科学，法律规范对社会关系的调整全面协调，对权力和责任、权利和义务的设定科学合理，不仅在量上达到应有规模，做到全面系统、协调有序，而且在质上符合社会发展和文明进步的要求。

完备的法律规范体系对规范性法律文件的制定提出了更高的要求：一是价值优良。始终以时代的核心价值为引导，恪守以民为本、立法为民理念，坚持反映人民意志、实现人民利益的根本原则，把公正、公平、公开原则贯穿立法全过程，切实做到实质正义。二是逻辑严谨。构建以宪法为核心，上下有序，各部门法和同一法律部门不同法律规范之间协调一致、有效衔接，调控严密的法律体系，从而实现从法律大国向法治强国的根本转变。三是实际可行。对权利和权力、义务和责任的设定要明确具体，具有可操作性和可执行性，坚决反对打法律"白条"，防止空洞抽象、逻辑模糊或自相矛盾。

二、高效的法治实施体系

 **案例二　楼某熙诉杜某峰、某网络技术有限公司肖像权纠纷案**

【基本案情】

2021年7月7日，杜某峰通过其名为"西格隆咚锵的隆"的新浪微博账号发布一条微博，内容为："日本地铁上的小乘客，一个人上学，那眼神里充满自信和勇气，太可爱了"，并附有楼某熙乘坐杭州地铁时的照片，引起热议。次日，楼某熙的母亲在新浪微博发布辟谣帖："我是地铁小女孩的妈妈，网传我家孩子是日本小孩！在此特此申明：我家孩子是我大中华儿女，并深深热爱着我们的祖国！……"广大网友也纷纷指出其错误。杜某峰却仍不删除案涉微博，还在该微博下留言，继续发表贬低祖国和祖国文化的言论。后该微博账号"西格隆咚锵的隆"由于存在其他不当言论被新浪微博官方关闭，所有发布的内容被清除。楼某熙以杜某峰、某网络科技有限公司侵害其肖像权为由，提起诉讼。生效裁判认为，自然人享有肖像权，有权依法制作、使用、公开或者许可他人使用自己的肖像；任何组织或者个人不得以丑化、污损，或者利用信息技术手段伪造等方式侵害他人的肖像权；未经肖像权人同意，不得制作、使用、公开肖像权人的肖像，但是法律另有规定的除外。本案中，杜某峰发布的案涉微博中使用的图片含有小女孩的清晰面部、体貌状态等外部身体形象，能够清楚确认案涉微博中的肖像为楼某熙的形象，故楼某熙对该图片中的肖像享有肖像权。杜某峰在"七七事变"纪念日这一特殊时刻，罔顾客观事实，在众多网友留言指出其错误、楼某熙母亲发文辟谣的情况下，仍拒不删除案涉微博，还不断留言，此种行为严重损害了包括楼某熙在内的社会公众的国家认同感和民族自豪感，应认定为以造谣传播等方式歪曲使用楼某熙的肖像，严重侵害了楼某熙的肖像权。楼某熙诉请杜某峰赔礼道歉，有利于恢复其人格状态的圆满，有利于其未来的健康成长，依法应获得支持。法院遂判决杜某峰向楼某熙赔礼道歉，并赔偿楼某熙精神损害抚慰金、合理维权费用等损失。

【主要法律问题】

本案如何体现高效的法治实施？

【理论分析】

本案是人民法院依法打击网络侵权行为、保护自然人人格权益的典型案件。本案中，行为人于"七七事变"纪念日在微博上发表不当言论，并附有他人清晰脸部和身体特征的图片，意图达到贬低、丑化祖国和中国人的效果。该行为不仅侵犯了他人的肖像权，而且冲击了社会公共利益和良好的道德风尚。审理法院在本案判决中依法适用民法典的规定保护他人的肖像权，同时结合案情，将"爱国"这一社会主义核心价值观要求融入裁判说理，既依法维护了当事人的合法权益，也充分发挥了司法裁判的引领示范作用，突出弘扬了爱国主义精神的鲜明价值导向，有利于净化网络环境，维护网络秩序。

高效的法治实施体系是法治体系的关键。法之不行，等于无法；倘若法律实施效率低下甚至不讲效率，也难以充分彰显公平正义的精神、赢得人民的高度信任。此即所谓的"迟到的正义"是"非正义"。公正是法治的核心价值，效率则是公正的条件和保障，两者相辅相成，不可偏废。

高效地实施法律是全面推进依法治国的实践要求。在现实中，我国的法律实施水平和质量还不尽如人意，正如中共十八届四中全会《决定》所指出的："有法不依、执法不严、违法不究现象比较严重，执法体制权责脱节、多头执法、选择性执法现象仍然存在，执法司法不规范、不严格、不透明、不文明现象较为突出，群众对执法司法不公和腐败问题反映强烈。"如果这些问题得不到有效解决，不仅会破坏社会主义法治的权威性，更会侵犯人民群众的合法权益。为了克服上述现象，必须花大力气加强执法司法工作，完善法治实施体系。其中，最主要的是发扬人民民主、形成社会合力、健全宪法实施体制、强化宪法实效、创新执法体制、落实执法责任、推进司法改革、释放司法效能、坚持公开透明、注重信息建设，让民众通过执法司法获得公平正义。

三、严密的法治监督体系

 **案例三　魏某某与王某某民间借贷案**

【基本案情】

魏某某生前是河南省新密市的一名企业家。2004年至2005年，魏某某先后4次共借给当地一家耐火材料公司实际经营者王某某140万元，王某某给魏某某打了4张借条。2006年6月底，魏某某向王某某催要借款未果。2006年7月31日，魏某某突发疾病去世。魏某某去世后，他的家人多次向王某某催讨借款。2007年上半年，王某某却拿出一张纸条，说她已在魏某某生前还清了140万元欠款。魏某某家人对此不认可，沟通无果后，2007年6月5日，魏某某家人将王某某诉至法院，请求法院判令王某某偿还140万元借款及利息。字据的真伪成了双方争议的焦点。历经4次鉴定，经历了一审、二审、再审，法院均认为，仅凭"魏某某"签名真实，也可以认定证据的真实性，案件相关事实已经查证属实。最终，法院采纳了被告所提出的140万元已经还清的辩解，驳回了原告诉讼请求。

魏某某家人向检察机关申请监督，河南省检察院对全案证据进行了仔细分析，认为终审判决认定的基本事实缺乏证据证明，遂提请最高人民检察院抗诉。最高检认为，字据系孤证，且存在多处瑕疵；王某某所称以承兑汇票贴息兑付方式还款100万元的事实，无法提供充分证据予以证明；以字据作为认定案件事实的关键证据，证明力明显不足，遂向最高法提出抗诉。最终，最高法经审理后认定，王某某并未清偿140万元借款。2019年3月25日，最高法作出终审判决，王某某应向魏某某家人支付140万元及相应利息。

【主要法律问题】

本案如何体现严密的法治监督？

【理论分析】

从一审、二审、省高院再审，检察机关抗诉，直至启动最高法再审，一张五厘米宽的小纸条所引发的诉讼，经历了现行制度内的所有诉讼程序，耗时十二年之久。民事检察倡导精准监督。所谓"精",就是要注重选择在法治理念、司法活动中有纠偏、创新、进步、引领价值的典型案件,努力做到监督一件,促进解决一个领域、一个地方、一个时期司法理念、政策、导向问题;所谓"准",就是要做到案件事实认定清楚、法律适用正确,在此基础上根据案件具体情况,选择适当的监督方式。

法治监督就是对法律实施进行的监督,即对一切公权力及其行使,无论是行政权、司法权、执法权还是其他相关权力的行使,都必须依法依纪进行监督制约。有了好的法治实施体系,还必须对法治实施进行严密的监督制约。否则,便难以形成良性循环的法治实施体系。法治监督,"严"字当头。为此,应当织就疏而不漏的法治监督之网,加强党内监督、人大监督、民主监督、行政监督、司法监督、审计监督、社会监督、舆论监督制度建设,形成科学有效的权力运行和监督体系,增强监督实效。必须进一步强化法律监督,突出监督重点,加大监督力度,完善监督机制,提升监督能力。如果监督主体不明、监督范围过窄、监督程序不明、监督责任不清、监督疲弱乏力,那么,法治体系便会因为权力的膨胀性与扩张性而无法建立起来。所以,必须一手抓法律实施,一手抓法律监督,切实做到有权必有责、有责必追究;切实改变不愿监督、不敢监督、不会监督、不想监督的局面;坚决杜绝以权谋私、权钱交易,坚决破除潜规则、坚持对腐败的零容忍,坚决反对和克服特权思想、衙门作风、霸道作风,坚决反对和惩治粗暴执法、野蛮执法、权力寻租现象,确保法治在正确轨道上健康有序地运行。

四、有力的法治保障体系

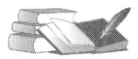 **案例四 吴某某申请国家赔偿案**

【基本案情】

2004年11月,河南省商丘市民权县两名幼童食物中毒,导致一死一伤,同村村民吴某某被认定为凶手。在此后的三年时间里,商丘市中级人民法院三次以故意杀人罪判处吴某某死缓,河南省高级人民法院三次裁定撤销原判,发回重审。2008年,商丘市中级人民法院第四次开庭判处吴某某无期徒刑,从此,吴某某和家人走上了多方申诉的漫漫长路。2018年9月,最高人民法院指令河南省高级人民法院再审吴某某案,2020年2月24日,河南省高级人民法院作出再审判决,撤销一、二审判决,宣告吴某某无罪。2020年6月,吴某某向河南省高级人民法院申请国家赔偿。同年8月,河南省高级人民法院作出《国家赔偿决定书》,决定赔偿吴某某侵犯人身自由赔偿金194万余元,精神损害抚慰金68万元,并向吴某某赔礼道歉。

吴某某以赔偿金额偏低为由,向最高人民法院递交了国家赔偿申请复议书。2021年4月,最高人民法院作出(2020)最高法委赔25号国家赔偿决定,将原来的68万元精神损害抚慰金提高至120万元。

【主要法律问题】

本案如何体现有力的法治保障?

【理论分析】

本案是最高人民法院适用精神损害司法解释审理,并作出国家赔偿的第一起案件。对于人民法院在今后如何认定精神损害程度,如何确定精神损害抚慰金数额具有重要指导意义。

法治局面的形成和有效运行需要强有力的保障体系。实践证明,若法治保障体系严谨、强大有力、方向正确,则法治实施健康有序、成效显著;若保障无力甚至缺少保障,法治制度便难以为继,不可能高效率地运行,更不可能达到预期的制度效果。所以,不仅要有一整套法治保障制度,还要确保法治保障体系强效而有力。

法治保障体系是由政治保障、思想保障、组织保障、能力保障、体制保障和履职保障以及实践运行保障构成的统一体。其中,坚持中国共产党的领导和中国特色社会主义道路是根本政治保障,马克思主义法学思想和中国特色社会主义法治理论是根本思想保障,切实提高领导干部的法治思维和依法办事能力、建设高素质的法治队伍是根本组织保障,而体制保障更具有根本性、长远性和全局性。行政执法体制的优化、司法体制的改革、社会治理体制的形成和依法执政体制的完善,都为法治建设奠定了坚实的基础。

五、完善的党内法规体系

无论是治国理政还是管党治党,无论是依法治国还是依法执政,除了要有一套完备的国家法律规范体系,都还要有一套完善的党内法规体系。中共十八届四中全会《决定》指出:"党内法规既是管党治党的重要依据,也是建设社会主义法治国家的有力保障。"党内法规体系的完善与否,是政党执政合法性和执政水平高低的主要标志,必须在"宪法至上、党章为本"基本原则指导下,建立健全以党章为根本、以民主集中制为核心的内容科学、程序严密、配套完备、运行有效的党内法规体系,实现党内法规与国家法律的衔接和协调,确保党领导人民制定宪法和法律,也带头遵守宪法和法律。

第四节 全面推进法治中国建设

"法治中国"这一概念具有强大的凝聚力、感召力,它所表达的不仅是法治建设的目标或定位,更是建设法治强国的美好梦想和愿景。

一、法治中国概念

"法治中国"是在深刻总结地方法治实践经验基础上提炼而成的新概念,是依法治国、建设法治国家的升级版。中共十八大闭幕不久,习近平总书记就提出要建设"法治中国"。中共十八届三中全会《决定》首次确认了"法治中国"这一概念,将法治改革与建设的纲领确定为"建设法治中国"。中共十八届四中全会发出了"向着建设法治中国不断前进""为建设法治中国而奋斗"的时代强音。

二、法治中国的总体要求

全面推进法治中国建设伟大实践的系统化、集成化创新之举,集中体现为坚持依法治国、依法执政、依法行政共同推进,坚持法治国家、法治政府、法治社会一体建设。

(一) 依法治国、依法执政、依法行政共同推进

依法治国是党领导人民治理国家的基本方略,指全体人民在党的领导下,依照宪法法律管理国家事务、经济文化事业和社会事务,使国家各项工作法治化,实现人民民主的法律化、制度化。

依法执政是中国共产党执政的基本方式,是指党依照宪法法律和党法党规管党治党、领导国家和人民,即依照法定的程序和方式将自身意志上升为国家法律,以法治形式实施和执行自己的政治纲领和政治主张,领导人民带头遵守宪法法律和实施党法党规。为此,一要强化执政的法治意识。把法治精神当作主心骨,以法治思维和法治方式分析和解决问题,加强法治能力建设,把党建设成为依照法治思维和法治方式治国理政的执政党,依照国法和党规行使领导权和执政权的领导党。二要构建执政的法治体制。按照法治原则优化和规范好执政党与参政党、政党与国家、政府与人民之间的相互关系,确保党领导立法、保证执法、支持司法、带头守法,推进依法民主科学执政的制度化、规范化。三要严守执政的法治程序。依照法治程序进行民主决策、科学决策、依法运行执政权力,改进党的领导方式和执政方式,实现依法执政的规范化、程序化。

依法行政要求行政机关必须依法取得和行使行政权力并对行政行为的后果承担法律责任。"执法者必先守纪,律人者必先律己。"❶ 执法是行政机关履行政府职能、管理经济社会事务的主要方式,各级政府必须依法全面履行职能,坚持法定职责必须为、法无授权不可为,健全依法决策机制,完善执法程序,严格执法责任,做到严格规范公正文明执法。

依法治国、依法执政、依法行政是一个统一的整体,三者相辅相成、不可分离。

---

❶ 明确任务落实责任加强监督 确保各项改革举措落地生根 [N]. 人民日报, 2015 (1): 1.

其相互关系表现在：依法治国具有统领性、根本性和全局性，总揽法治的全局，能不能实现依法治国，关键在于执政党能不能坚持依法执政，政府能不能依法行政。依法执政具有导向性和决定性，为依法治国提供价值理念和政治意识。全面推进依法治国，建设法治中国，重点是党科学而有效地依法执政。依法行政则具有主体性和实践性，在法治体系中，政府执法无论在范围、对象还是数量上都极其广泛、庞大，事关依法治国战略部署的具体执行与落实。

（二）法治国家、法治政府、法治社会一体建设

法治国家不同于国家法治，它是通过依法治国和法治国家建设所要达到的理想的法治化状态。成熟的法治国家通常具备五个方面的基本标识：第一，法律之治。法治成为国家治理和社会治理的基本方式，实现民主政治、市场经济、社会管理、文化建设以及生态文明法治化。第二，程序之治。在某种意义上，法治就是程序之治，依法办事就是依照程序办事。程序是制约权力、保障人权、科学决策的保障。第三，人民主体。法治为了人民、依靠人民、造福人民、保护人民。第四，依法行政。政府权力既受法律的制约，同时也要保证行政权力拥有足够的权威和效率。第五，良法善治。这是法治国家的最高境界。❶

法治国家致力于在法治层面解决三大主要问题：一是国家权力的合法性来源。依法设定国家权力，使一切国家权力的取得和确认均具有宪法和法律上的依据，即合法律规范性；更为重要的是，作为蕴含着良善价值观的法治，赋予国家权力以文明进步、公平正义、以人为本、人民主权之类的先进价值诉求，从而不断强化合乎法律价值性。夯实公权力的合法性基础是良法善治在国家领域的具体实践要求。二是国家权力关系模式的法治化。从内部看，应该进一步优化国家权力的分工、协作与配合、制约关系；从外部看，则应不断理顺国家权力与政党权力的关系，在法治的轨道内通过全面深化改革，完善政党、立法、执法、行政、司法以及社会治理制度，构建法治国家。三是国家权力运行的规范化。厉行法治乃治本之策。❷依法治国的前提在于依法规范和运行好国家权力，无论是公权力的执行原则、方式、途径与程序，还是其义务与责任，都要具有法律根据与法律强制保障，以防止法外用权、有权无责或有责难究。

法治政府在法治中国建设中发挥着重要而特殊的作用。法治政府是集为民政府、有限政府、阳光政府、诚信政府、程序政府、责任政府于一体的政府。现阶段，我国提出"加快建设职能科学、权责法定、执法严明、公开公正、廉洁高效、守法诚信的法治政府"❸，进一步明确了法治政府的核心指标与现实价值。从理论上讲，与政府法治、政府法制、行政法治不同，法治政府具有三个主要法理特征：一是在权力设定上，

---

❶ 张文显. 习近平法治思想研究（中）——习近平法治思想的鲜明特征 [J]. 法制与社会发展，2016（3）.
❷ 张文显. 习近平法治思想研究（上）——习近平法治思想的鲜明特征 [J]. 法制与社会发展，2016（2）.
❸ 中共中央关于全面推进依法治国若干重大问题的决定 [M]. 北京：人民出版社，2014：15.

奉行"法无授权不可为"。坚持权力法定，政府权力必须在法律上有明确的规定；只有在法律上规定了的权力，才能行使；凡法律上无明文规定的，不能随意推定为政府的权力；应当正确处理政府与社会、政府与市场的关系，既要依法管理社会与调控市场，又要确保市场自由和社会自治。二是在权力行使上，遵循"法定职责必须为"。政府的法定职权也是政府的法定职责，必须严格按照法律的实体和程序要求，依法依规加以履行，不得消极怠权，也不得越权滥权。三是在权力约束上，坚持"违法用权必问责"。无论是作为的违法用权还是不作为的违法用权，均应追究法律责任。不受法律追究的政府违法行为，必然损害法治政府的根基。为此，要明确法治政府下的问责主体、问责对象、问责依据与法定方式。在具体实践中，加强法治政府建设，应当依法设定权力、行使权力、制约权力、监督权力，依法调控和治理经济，推行综合执法，将政府活动全面纳入法治轨道。

法治社会是法治中国建设自上而下的必然要求，是创新社会治理、确保社会安定有序、人民安居乐业的生动表现。法治社会指法治得到全社会公认和践行的一种社会状态，旨在通过公民、社会组织或社会团体等社会主体及其行为的法治化而达致社会治理。与法治国家、法治政府相对应，法治社会具有以下基本特点：一是社会依法治理。从命令服从式的社会管理转变到上下良性互动共治的社会治理是法治社会的基本条件。要加强和创新社会治理，完善党委领导、政府主导、社会协同、公众参与、法治保障的社会治理体制，推进社会治理精细化，构建全民共建共治共享的社会治理格局。健全利益表达、利益协调、利益保护机制，引导群众依法行使权利、表达诉求、解决纠纷。二是社会依法自治。国家的"硬法"和社会的"软法"在社会治理中应共同发挥应有作用。其中，尤其要保证基层组织和部门、行业依法治理，各类社会主体自我约束、自我管理，重视发挥市民公约、乡规民约、行业规章、团体章程等社会规范在社会治理中的价值功能。增强社区服务功能，实现政府治理和社会调节、居民自治的良性互动。三是法治的社会信仰。即全体社会成员自觉服从和维护宪法法律权威，自觉尊法守法依法用法服法尚法，自觉弘扬法治精神和法治文化，形成普遍的法治信仰。四是营造依法治国的人文环境，形成人民不愿违法、不能违法、不敢违法的法治环境。此外，建设法治社会，还必须正确处理政府与社会、自治与他治、维权与维稳、活力与秩序、法律规范与其他社会规范的关系。

法治国家、法治政府和法治社会建设三者的相互关系体现为：一方面，在区别上，三者定位各有侧重。法治国家是从宏观层面对法治中国进行的顶层设计及实践，法治政府是在中观层面对行政机关提出的法治要求，而法治社会则是从微观层面对法治中国建设的基本保障。另一方面，在关联上，三者功能互补互促。法治国家是法治政府和法治社会建设的根本保障，法治政府是法治国家的关键环节和法治社会的主导，法治社会是法治国家和法治政府建设的基本前提和力量源泉。